# Sommaire

## Thématique : Éthique et économie dans les philosophies anciennes



## Recensions

# Table of contents

## Theme: Ethics and Economy in Ancient Philosophies



## Book reviews

# Les philosophies anciennes et l'économie, entre désir et besoin

Pierre-Marie Morel *

Il est communément admis que les philosophes de l'Antiquité grecque et romaine ont déprécié les activités économiques et l'accumulation de richesses matérielles, estimant qu'elles sont moralement dangereuses : directement liées à la satisfaction des désirs et des intérêts, elles conduiraient inéluctablement à des passions et des actions contraires au bien. Ce verdict est globalement juste et cette situation est aisément compréhensible dans une culture et un imaginaire collectif qui invitent à la méfiance à l'égard de l'argent, des échanges et du commerce, et même du travail rétribué. Au IVe siècle encore – alors que le Ve siècle avait confirmé le développement des échanges et de l'industrie et vu, par exemple, l'apparition du prêt à intérêt –, on note de fortes réserves à l'égard des activités liées à l'argent, en particulier les activités spéculatives. C'est le cas chez Aristote, on y reviendra, mais aussi dans des textes plus favorables à l'enrichissement personnel, comme l'*Économique* de Xénophon. Socrate, dans la seconde partie du traité, s'entretient avec un riche propriétaire, Ischomaque, qui passe pour quelqu'un de « bien », à la fois par sa position sociale et par ses qualités morales (c'est un καλός κἀγαθός). Il peut en effet se targuer d'administrer son domaine avec ordre et efficacité, grâce à un mode de vie particulièrement sain et à une connaissance parfaite de l'agriculture. Ischomaque concilie ainsi l'augmentation de ses biens matériels avec une conduite personnelle modérée – y compris avec ses esclaves et sa femme – et avec ses

* Université Paris 1 Panthéon-Sorbonne, UMR 7219 Sphere – Gramata. <pierre-marie.morel@univ-paris1.fr>.

devoirs envers les dieux, ses amis et la cité[1]. Il rend d'ailleurs hommage à son père pour lui avoir appris son art et pour avoir été, de tous les Athéniens, « le plus amoureux d'agriculture » (φιλογεωργότατος). Mais Socrate relève que son père s'est surtout enrichi en spéculant sur le prix du blé, comme les marchands qui vont de port en port pour le revendre à chaque fois au meilleur prix. Il ajoute : « Voilà donc à peu près comment ton père semble avoir été amoureux d'agriculture »[2]. On discerne sans mal le trait d'ironie.

Cependant, l'apport de la philosophie ancienne à la réflexion sur l'économie[3] et ses implications éthiques et politiques est bien plus riche et plus complexe[4], et il est loin de se limiter à la condamnation morale. Indépendamment même de la diversité de leurs points de vue, Platon, Aristote, les épicuriens ou les stoïciens entretiennent le plus souvent un rapport subtil aux échanges, à la monnaie, à l'administration des biens de la famille ou de la cité. Ils n'ignorent pas que l'économie constitue une dimension essentielle de l'existence, aussi bien privée que collective, parce qu'elle concerne, au-delà de la nécessaire satisfaction des besoins, la régulation des relations sociales, la justice au sens éthique et politique, ou encore les relations internationales[5]. On ne peut envisager, ni la vie bonne ni une politique juste, sans analyser le rôle positif de la monnaie dans l'organisation des échanges ou les conditions d'un accroissement harmonieux de la propriété.

J'en donnerai deux exemples. Aristote, au livre I de la *Politique*, ne se contente pas de dénoncer l'acquisition de richesses, ou chrématistique, quand elle vise une augmentation spéculative illimitée des ressources et ainsi un enrichissement « contre nature »[6]. Il esquisse aussi les contours d'une économie « naturelle », limitée, subordonnée à une

1. Xénophon, *Écon.* XI, 9.

2. Xénophon, *Écon.* XX, 26-28. Sur la position de Xénophon à l'égard des richesses, voir Dorion 2016.

3. Qu'on entendra ici comme la science ou la technique de l'organisation domestique et de l'administration des ressources, en tenant compte de la prévalence de l'*oikos*, famille ou domaine, dans la construction du terme.

4. Voir Helmer 2016 ; Helmer 2021.

5. Pour prendre un exemple dans la littérature récente, Föllinger (2016, 157) conclut son analyse des dialogues de Platon en estimant que celui-ci ne dévalue pas l'activité économique *per se*, mais la perçoit comme une composante de l'être humain, parce qu'il n'est pas autarcique mais voué à la vie en communauté.

6. Voir notamment, sur ce point et sur le fait qu'Aristote intègre l'économie à l'ensemble plus vaste des relations sociales, l'analyse fameuse de Polanyi (1957).

définition, à la fois éthique et politique, des nécessités réelles et des fins proprement humaines. De même, dans son analyse de la monnaie, il montre qu'elle est un « substitut du besoin », un étalon conventionnel permettant d'établir une commune mesure entre les biens, étalon sans lequel, en dehors du troc, les échanges seraient impossibles[7]. Mais le « besoin » (χρεία) n'est pas oublié pour autant : il est à la fois la base objective (ou le référent naturel), le motif permanent et la fin légitime des échanges. En représentant et en mesurant le besoin, la monnaie reste indirectement liée – au moins dans son principe – à la valeur d'usage et ainsi à la nature. Platon avait d'ailleurs bien compris que le besoin était au principe des associations politiques, comme le montre, au livre II de la *République*[8], son analyse des communautés fondées sur la satisfaction des nécessités vitales.

Un second exemple nous est proposé par l'épicurien Philodème, au premier siècle avant notre ère. Il estime en effet que le sage, en principe habitué à se satisfaire du strict nécessaire, doit se montrer bon gestionnaire, suivant en cela une sentence d'Épicure qui, si elle est quelque peu mystérieuse dans sa formulation, est au moins claire dans son intention fondamentale :

> Il faut en même temps rire, philosopher, administrer sa maison (οἰκονομεῖν) et, pour le reste, s'occuper de ses affaires domestiques (οἰκειώμασι), et ne jamais cesser de proclamer les formules qui trouvent leur origine dans la droite philosophie. (Épicure, *Sent. Vaticane* 41)

Mener la vie d'un sage, c'est aussi faire place au rire – qu'il s'agisse des joies quotidiennes ou des sarcasmes du rire philosophique – et se soucier de la bonne gestion de son domaine. Celle-ci, tout au moins, n'est pas une obligation incompatible avec la pratique de la philosophie. Philodème va plus loin encore, en estimant qu'il y a une manière « convenable » d'acquérir et de préserver ses biens, et cela en relation directe avec les principes de la philosophie du Jardin épicurien :

7. Aristote, *Éthique à Nicomaque*, V, 8, 1133a25-31. Voir ci-dessous les analyses de T. Gautier et F. Masi ; sur le contexte de cette définition de la monnaie, Morel 2021, 219-23. L'analyse de C. Murgier, ci-dessous, souligne les différences entre Aristote et Platon dans leur appréciation du rapport à l'argent. La libéralité, par exemple, est pour Aristote l'un des instruments de l'activité morale.

8. Voir Platon, *Rép.* II, 369b-c et, ci-dessous, l'étude de C. Murgier.

> si l'on parvient à se couper, dans toute la mesure du possible, du désir de ce qui n'est pas à désirer, et de la peur de ce qui n'est pas à redouter, on sera à même de se procurer un revenu, et de le sauvegarder, de la manière qui convient. (Philodème, *Écon.* XXIV, 6-11 ; trad. D. Delattre, V. Tsouna).[9]

Ce que la philosophie ancienne a en tout cas souligné, c'est le rôle de pivot que joue l'économie dans la relation entre le besoin – naturel en son principe – et le désir – potentiellement contraire à la nature. La plupart des philosophes constatent en effet que, ni la juste distribution des biens quand elle a lieu, ni les contrats commerciaux, ni la fonction régulatrice de la monnaie, ne sont des remparts suffisamment efficaces contre la démesure des désirs de richesse. Concernant la satisfaction des besoins objectifs, ils entendent précisément préserver l'individu, la famille ou la cité de la dépendance, à la fois psychique et matérielle, à laquelle conduisent les pulsions d'appropriation. Un mot grec, à lui seul, résume cette préoccupation : *pleonexia* ou avidité, la tendance à désirer au-delà du strict besoin et à exercer par ce biais une forme de prépondérance sur autrui[10].

On observe ainsi une certaine ambivalence dans le regard des philosophes de l'Antiquité sur l'économie. Cette ambivalence est, il est vrai, asymétrique, quand il s'agit avant tout de mettre en garde contre les effets du désir de profit sur la conduite morale et sur la stabilité sociale. Elle impose toutefois de nuancer le verdict initial et d'adopter une perception plus complexe du discours des philosophes sur les faits – moraux, psychologiques, sociaux et politiques – qui sont liés à l'économie. Dans l'Antiquité, le rapport entre éthique et économie ne se réduit pas à l'opposition entre le besoin naturel et le désir incontrôlé, entre l'évaluation du nécessaire et la condamnation du superflu : il s'agit également, en observant les effets dévastateurs de l'avidité, de tendre à la satisfaction sereine et mesurée des exigences économiques, par la médiation des vertus et des institutions. Comme si, finalement, à l'épreuve des richesses et des comportements excessifs qu'elles suscitent, les doctrines philosophiques avaient saisi une occasion décisive pour adapter et affiner leurs modèles théoriques

9. Sur le contexte et la signification de cette prise de position, voir Asmis 2004, Tsouna 2007, Morel 2016.

10. Sur la *pleonexia*, voir notamment les observations de M. Peixoto et de C. Murgier, ci-dessous. Pour une analyse récente de ce vice en rapport avec le comportement injuste et la recherche excessive des honneurs, et ainsi avec l'*hybris*, voir Cairns 2020.

et leurs catégories normatives. De fait, comme on va le voir ici, la cartographie des vertus et des vices doit beaucoup à la réflexion sur l'économie.

Les analyses qui suivent, sans prétendre aucunement à l'exhaustivité, aborderont donc la question de manière inclusive, c'est-à-dire dans le contexte global de la réflexion sur les attitudes et les normes éthiques et politiques. On ne peut comprendre, en effet, le rapport aux biens matériels et aux activités économiques sans envisager corrélativement l'exigence de modération, la justice et l'injustice, l'organisation de la cité, ou encore la perspective d'une vie « contemplative », un genre de vie dédié au loisir intellectuel indépendamment de tout bénéfice extérieur.

L'étude de M. Peixoto, « Les richesses et le désir des richesses chez Démocrite », montre ainsi l'importance de l'économie dans la pensée morale de Démocrite, la première éthique philosophique consistante de l'Antiquité. Démocrite reprend l'idéal de la mesure hérité des Sept Sages, l'intègre à sa propre conception de la vie bonne – une vie fondée sur l'équilibre raisonné des désirs et des mouvements psychiques, ainsi que sur l'autarcie morale – et l'applique à l'économie. Il met en garde contre les dangers de la *pleonexia*, mais il invite également à la nuance : il est toujours possible de se servir des richesses d'une manière intelligente, en vue de fins bonnes. La réflexion sur les richesses conduit ainsi à une réévaluation des besoins et, corrélativement, du rapport à la nature, comme le signale la comparaison avec l'animal : alors que l'être humain perd généralement de vue la limite de ses possibles et de ses besoins, l'animal qui éprouve un besoin sait de quoi il a besoin.

Que l'économie et les problèmes moraux qu'elle pose façonnent pour partie le paysage éthique, on le constate aisément en passant de la *République* de Platon aux *Caractères* de Théophraste, ainsi que le montre l'analyse de C. Murgier : « Ce que l'amour des richesses fait au caractère, de Platon à Théophraste ». La question est à la fois éthique et politique : la *République* de Platon montre qu'il y a dans le désir humain une tendance à outrepasser le besoin, qui pourrait rendre inévitable le basculement de la cité saine à la cité malade. On le perçoit dans la genèse du régime oligarchique, au livre VIII, les espèces de régime correspondant à des attitudes-types à l'égard des richesses. L'homme démocratique est ainsi dépensier, mettant l'argent au service de ses désirs et de ses plaisirs. L'attitude de l'oligarchique, quant à elle, se caractérise par l'accumulation privée, la dépense pour les plaisirs et la désobéissance vis-à-vis des lois. C. Murgier montre que, dans l'analyse platonicienne, l'amour des richesses finit par nommer et remplacer la tendance psychique tout entière dont il est issu, la tendance désirante. Les portraits de caractères que l'on trouve chez Théophraste ne s'appuient pas, pour leur part, sur une théorie des facultés, ou tout au moins pas explicitement. Ils n'en traduisent pas moins ce double mouvement – du désir aux biens extérieurs et de ceux-ci à l'analyse de la conduite –, où la définition des vertus et des vices reflète la diversité des attitudes liées aux richesses. C. Murgier note d'ailleurs que le thème de l'argent et des richesses est omniprésent dans les *Caractères*, y compris dans les portraits dont il ne constitue pas le vice principal.

L'Antiquité connaît aussi une tradition plus radicale, de rejet pur et simple des richesses au profit du dénuement, attitude ouvertement revendiquée par le Socrate de Platon, notamment dans l'*Apologie de Socrate*, mais aussi par les Cyniques. M. Chapuis, « Prendre et jeter : éléments d'une gestualité économique du Cynisme » étudie les formes et les raisons d'une telle attitude, qu'il qualifie de véritable « fureur antiéconomique ». On observe en effet un refus Cynique de l'économie, qu'il s'agisse de l'administration des biens de l'*oikos* ou de la production et de l'administration des richesses. Selon M. Chapuis, cette attitude est même essentielle à la philosophie telle que la conçoivent Diogène et ses héritiers : « les Cyniques [...] ont dû, pour la plupart, adopter la pauvreté, se défaire de leurs biens et richesses pour pouvoir naître à la philosophie ». Deux gestes symbolisent et incarnent la décision cynique : prendre et jeter. C'est là, fondamentalement, une revendication d'autarcie individuelle. C'est aussi, corrélativement, une dénonciation radicale des valeurs politiques et sociales, en accord avec l'invitation fameuse de Diogène à « falsifier la monnaie ». Il s'agirait avant tout de falsifier les fausses valeurs collectives. Contre les liens sociaux traditionnels, ceux qui régissent la famille grecque et l'*oikos*, Diogène revendique la simplicité d'un geste de préhension accompli par soi-même.

Comme on l'a vu plus haut, les traités éthiques et politiques d'Aristote témoignent de manière exemplaire de l'ambivalence asymétrique du rapport aux biens extérieurs : d'un côté, dénonciation du désir d'accumulation des richesses et de la spéculation contre nature, comme dans la pratique du prêt à intérêt ; de l'autre, prise en compte des conditions concrètes d'existence et réflexion sur la possibilité d'une économie compatible avec les fins proprement humaines[11]. Les deux études de T. Gautier et de F. Masi exposent les raisons de cette double approche. T. Gautier, « Aristote et la limitation politique de l'économie » part de la question de l'autonomie des activités : celle des activités économiques, mais aussi l'autonomie des activités proprement « libérales », c'est-à-dire indépendantes de toute finalité extérieure, parce qu'elles ne visent que le « bien-vivre » propre de l'être humain. Derrière l'apparence d'un fonctionnement propre des échanges et de la spéculation, on observe que la sphère qui est ou doit être véritablement autarcique, non assujettie aux exigences de satisfaction des besoins, c'est d'abord celle de la politique. L'éducation des citoyens, dans la mesure où elle est l'une des tâches essentielles qui incombent au bon politique, participe directement de cette entreprise et contribue ainsi à subordonner les objectifs économiques à la science architectonique que constitue la politique.

Cependant, Aristote entend aussi définir les conditions d'une technique économique efficace. Dans cette perspective, l'étude de F. Masi, « Wealth, Habits and Happiness. Chrematistics in Aristotle's Ethics », invite à prendre en compte la tension caractéristique de l'approche aristotélicienne. Le cadre de l'enquête est le *topos* bien connu des genres de vie (vie de plaisir, vie politique-pratique, vie intellectuelle ou contemplative), à l'intérieur duquel l'acquisition des richesses ne saurait avoir qu'une fonction instrumentale. Pour y parvenir, il faut encore définir et savoir développer les vertus, comme la libéralité ou l'équité, qui permettent d'accorder, d'acquérir et d'échanger les richesses de manière modérée. Inversement, étant donné que l'ensemble des biens nécessaires à la vie d'une famille ou d'une cité sont naturellement limités, il faut prévenir les vices opposés, qui résultent toujours d'un désir illimité et d'une rupture dans l'égalité entre les parties. La question du désir de richesses et de ses nécessaires limites renvoie ainsi à la question de la justice, celle-ci étant toujours caractérisée par une forme d'égalité. Aristote assigne ainsi une place

11. Rappelons l'existence, dans la tradition péripatéticienne, de trois petits traités rassemblés sous le titre *Économique* et faussement attribués à Aristote. Ils portent, dans l'ordre : (I) sur l'administration matérielle du domaine, sur le mariage et les relations conjugales, sur la relation aux esclaves et les devoirs du maître ; (II) sur les différences entre administration privée et administration publique, et sur les différentes manières pour les cités et les chefs de se procurer de l'argent ; (III, connu par une traduction latine médiévale) sur les devoirs respectifs de l'époux et de l'épouse.

subalterne à la chrématistique en instituant un ordre des savoirs où domine la politique au sens large, c'est-à-dire une « politique » qui inclut nécessairement l'éthique.

Un des échos les plus caractéristiques de la double manière d'envisager les biens extérieurs est celui que nous trouvons chez Sénèque. Ainsi que le montre l'étude de M. Cassan, « Perspectives sur la richesse dans la philosophie de Sénèque », celui-ci reste fidèle à la tradition des premiers stoïciens en incitant à la méfiance face aux richesses matérielles. Elles comptent parmi les indifférents préférables, c'est-à-dire parmi les avantages qui n'ont pas de valeur en eux-mêmes, parce qu'ils ne sont ni des biens ni des maux. De fait, la vertu est le seul bien. On les choisira toutefois *de préférence* à leur contraire. Le sage préférera la richesse à la pauvreté. D'une manière générale, l'usage des indifférents, quels qu'ils soient, ne doit pas être négligé et ses règles dépendent des circonstances dans lesquelles nous devons agir. Sénèque peut ainsi justifier sa propre fortune – dont on sait qu'elle était considérable – et l'acquisition des richesses, surtout si l'on considère que les profits sont occasions, tout autant que les pertes, d'exercer sa vertu[12].

## RÉFÉRENCES

Asmis, E. 2004. "Epicurean Economics." In *Philodemus and the New Testament World*, edited by J. T. Fitzgerald, D. Obbink & G. S. Holland, 133-76. Leiden - Boston : Brill.

Cairns, D. 2020. "Aristotle on *Hybris* and Injustice." In *Les Philosophes face au vice, de Socrate à Augustin*, éd. par C. Veillard, O. Renaut et D. El Murr, 147-74. Leiden-Boston : Brill.

Dorion, L.-A. 2016. "Richesse et pauvreté dans l'œuvre de Xénophon." In *Richesse et pauvreté chez les philosophes de l'Antiquité*, éd. par É. Helmer, 167-96. Vrin : Paris

Föllinger, S. 2016. *Ökonomie bei Platon.* De Gruyter : Berlin-Boston.

Helmer, É. 2016. *Richesse et pauvreté chez les philosophes de l'Antiquité.* Vrin : Paris.

–. 2021. *Oikonomia. Philosophie grecque de l'économie.* Paris : Classiques Garnier.

Morel, P.-M. 2016. "Épicure et les biens matériels, ou la pauvreté bien tempérée." In *Richesse et pauvreté chez les philosophes de l'Antiquité*, éd. par É. Helmer, 111-23. Paris : Vrin.

–. 2021. *La Nature et le bien. L'éthique d'Aristote et la question naturaliste.* Leuven : Peeters.

Polanyi, K. 1957. "Aristotle discovers the Economy." In *Trade and Market in the Early Empires. Economies in History and Theory*, edited by K. Polanyi, C. M. Arensberg & H. W. Pearson, 64-94. Glencoe, Illinois : The Free Press and the Falcon's Wing Press.

Tsouna, V. 2007. *The Ethics of Philodemus.* Oxford : Oxford University Press.

12. Timothée Gautier et Christelle Veillard ont contribué à la préparation de ce numéro, et je tiens à les en remercier.

# Les richesses et le désir des richesses chez Démocrite

Miriam C. D. Peixoto *

**Résumé**

« La mesure est le plus grand des biens » et « rien de trop » apparaissent dans les sentences attribuées aux Sept Sages de l'Antiquité Grecque. Elles font état d'une sagesse qui blâme l'excès et invite à la modération. Les échos de ces propos résonnent dans différentes périodes de l'Antiquité et chez des auteurs appartenant aux traditions les plus variées, parmi lesquels se trouve notamment Démocrite. Nombreux sont en effet les fragments qui attestent de sa condamnation des excès, de sa réflexion critique sur les richesses et de son éloge de la modération et de l'équilibre entendus comme conditions du bien-être et de l'action bonne. « La juste proportion est belle en toutes choses » (DK 68 B 102), proclame le philosophe. Cette juste proportion est érigée en condition pour atteindre la « bonne humeur » (*euthymiê*) et le « bien-être » (*euestô*). La réflexion de Démocrite se fonde sur une sorte de principe économique qui s'exprime par la notion de « mesure » (*metriotês*). La capacité à être modéré est aussi le signe distinctif de l'être humain bien accompli (DK 68 B 70), et s'oppose aux différentes formes de l'avidité. Lorsque l'on examine les fragments qui traitent de ce sujet, l'on constate que le philosophe a dressé un inventaire qui prend en compte les domaines les plus divers de la vie. Il est en effet question de la mesure aussi bien dans le cadre des affections comme le plaisir et le désir, que dans celui de la satisfaction de nos besoins élémentaires. Il en est également question pour ce qui est de notre attitude à l'égard des biens matériels et des richesses. Dans cet article nous avons choisi de faire porter l'attention sur la réflexion du philosophe sur les richesses et les biens matériels, en prenant tout particulièrement en compte sa mise en cause du désir dans l'économie de la vie humaine.

**Mots-clés** : Démocrite, mesure, modération, pléonexie, richesses, bien-être.

* Departamento de Filosofia da Universidade Federal de Minas Gerais, équipe de recherche « Filosofia Antiga » <mcdpeixotobh@gmail.com>

**Abstract**
"The measure is excellent" and "nothing too much" are some of the sentences attributed to the Seven Sages of Greek Antiquity. They speak of a wisdom that blames excess and appeals to moderation. Echoes of these words will be heard in different periods of antiquity and from authors of the most varied traditions, including Democritus. We count on several fragments that attest, on the one hand, to his condemnation of excess and a critical reflection on wealth, and on the other hand, to his praise of moderation and balance as a condition of well-being and good action. "The right proportion is beautiful in all things" (DK 68 B 102), Democritus says. This fair proportion is set up as a condition for waiting for "good mood" (*euthymiê*) and "well-being" (*euestô*). Democritus' reflection is based on a sort of economic principle which is expressed by the notion of "measure" (*metriotês*). The ability to be moderate is also the distinctive sign of the well-accomplished human being (DK 68 B 70) and opposes the various forms of avidity. When we examine the fragments that deal with the theme, we see that the philosopher has drawn up an inventory that considers the most different areas of life. The issue is not only about measurement in the context of affections such as pleasure and desire, but also about the satisfaction of our basic needs. This is also tied up with of our attitude towards material goods and wealth. In our text we have chosen to pay attention to the philosopher's reflection on wealth and material goods, considering, more particularly, his questioning of desire in the economy of human life.
**Keywords**: Democritus, measure, moderation, pleonexy, wealth, well-being.

**Classification JEL** : B1.

## INTRODUCTION

Au cours des trente dernières années, un certain nombre d'historiens de la philosophie antique se sont penchés sur la pensée économique de Démocrite (470-370 av. J.-C.), le philosophe d'Abdère, et nous ont livré le résultat de leurs enquêtes à travers une série d'articles publiés entre 1988 et 2011[1]. La pensée du philosophe y est abordée sous différents angles : certains optent pour une approche centrée sur l'histoire de l'économie politique et sur les apports de la philosophie de Démocrite

1. Voir Vannier 1988 ; Karaynnis 1988 ; Michaelides *et al.* 2011. Plus récemment, sur les réflexions antiques sur les richesses en général, voir Helmer 2016. Très intéressant dans son ensemble – notamment en raison de la diversité des auteurs et des traditions qui y sont examinés –, cet ouvrage ne fait pourtant pas mention de Démocrite. C'est d'autant plus dommage qu'il fut l'un des premiers penseurs à proposer un volume important de réflexions sur le sujet.

en la matière, là où d'autres mettent l'accent sur le jugement qu'il porte sur la convoitise et ses conséquences, dans le contexte de ses réflexions éthiques. Dans cet article, il s'agit de revisiter la pensée de Démocrite en examinant les fragments qui nous ont été transmis et qui, selon nous, peuvent contribuer à mieux saisir l'importance qu'a eu cette question dans le cadre de ses réflexions éthiques. Il s'agit, par là même, de porter un regard nouveau sur certains aspects de sa pensée encore insuffisamment examinés.

Pour ce faire, il est intéressant de commencer par une analyse des premières réflexions sur les richesses, les excès, et plus particulièrement sur l'avidité, à l'époque archaïque. Cela permettra, entre autres choses, de mieux saisir la place qu'occupe la pensée de Démocrite par rapport à celle de ses prédécesseurs. Dans cette perspective, nous porterons une attention toute particulière à la poésie d'Hésiode et de Théognis, ainsi qu'à la tradition des Sept Sages.

À plus d'un titre, Démocrite fut le contemporain de Socrate. Il a non seulement vécu à la même époque que lui, mais il s'est aussi intéressé à bon nombre de thèmes qui occupaient également l'attention du philosophe Athénien dans le domaine des choses humaines (τὰ ἀνθρωπεία). Il a en effet élargi l'horizon de son enquête sur la nature afin d'y inclure les affaires humaines et c'est dans ce cadre qu'il a déployé ses réflexions relatives à l'attachement aux richesses et aux biens matériels. Sur ce point particulier Démocrite peut même être considéré, selon Trever (1916, p. 17)[2], non seulement comme le

2. Dès sa thèse de doctorat soutenue auprès de l'Université de Chicago, *A History of a Greek Economic Thought*, Trever avait souligné le rôle déterminant joué par Démocrite dans l'histoire de la pensée économique. Dans un chapitre où il présente un panorama des idées économiques avant Platon, il écrit : « Democritus wrote a work on agriculture. Like the other philosophers, he taught that happiness was to be sought in the gold of character, rather than in material wealth.To his mind, poverty and wealth alike were but names for need and satiety (κόρου). Wealth without understanding was not a safe possession, depending for its value on right use. The amassing of wealth by just means, however, was good, though unjust gains were always a source of evil. Excessive desire for wealth was worse than the most extreme poverty. It is possible also that Democritus held to a mild form of the social contract theory of the origin of society » (Trever 1916, 10). En parlant de Prodicus, il écrit : « He emphasized the necessity of labor in the production of material good, and, like Democritus, was the forerunner of the Socratics in his insistence upon right use as a criterion of wealth. » Toutefois, il nous semble étrange qu'il n'ait pas inclus Démocrite parmi ceux qu'il juge avoir été les premiers représentants de la pensée économique grecque : « Aside from the fragmentary hints presented above, Greek economic thought begins with the Socratics, Plato, Xenophon, and Aristotle, and is continued, in a very incidental way, in the orators, and in the Stoics and their contemporaries. » (Trever 1916, 19).

contemporain mais encore comme le précurseur de Socrate. Par « son insistance sur le bon usage comme critère de richesse », il annonce en effet les développements socratiques.

Pour mettre en évidence la contribution de Démocrite, il convient de faire porter l'analyse sur un certain nombre de sentences et d'aphorismes qui offrent un aperçu particulièrement intéressant de la pensée du philosophe à l'égard du comportement humain face aux richesses et aux bien matériels. La pensée éthique du philosophe nous a notamment été livrée par l'intermédiaire de deux recueils qui constituent une source privilégiée pour essayer de la reconstituer : les *Sentences de Démocrate*[3] et les fragments concernés des *Florilèges*[4] de Jean Stobée.

Avant de nous livrer à cet examen, et afin de bien saisir la place importante qui est réservée aux questions humaines dans le cadre de l'enquête démocritéenne, il convient tout d'abord de donner rapidement quelques indications sur ce qui constitue sa singularité par rapport à celle de ses prédécesseurs et de ses contemporains. Il s'agira ensuite de faire porter l'attention sur les témoignages qui concernent la vie – *bios* – de Démocrite et notamment sur un texte qui, malgré sa dimension fictive, nous paraît offrir une forme de version abrégée des idées du philosophe à l'égard des biens matériels. Il est question, dans ce texte, de la place réservée aux biens matériels et de la valeur qui leur est attribuée dans l'horizon de la vie humaine, et notamment de l'évaluation des actions auxquelles se livrent les hommes poussés par

3. Les *Sentences d'or du philosophe Démocrate* (Δημοκράτους φιλοσόφου γνῶμαι χρυσαῖ) sont un ensemble de sentences qui correspondent aux fragments B 35 à 115 de la section dédiée à Démocrite dans la collection des témoignages et fragments initialement édités par H. Diels. Les fragments et témoignages issus de ce recueil seront indiqués au long de notre texte par les initiales « DK ». Sur ces maximes en particulier et sur la question de leur attribution à Démocrite, je renvoie à : Burchard 1830 ; Laue 1921 ; Philipson 1924 ; Flamand 1994. En ce qui nous concerne, nous pensons qu'il faut apprécier ces sentences au cas par cas, en les comparant à d'autres fragments dans lesquels les mêmes propos sont réitérés afin d'en évaluer l'authenticité.

4. L'anthologie de Jean Stobée (V$^{e}$-VI$^{e}$ siècles ap. J.-C.) est un recueil regroupant quelques 500 auteurs grecs et constitue une précieuse collection de fragments issus d'ouvrages qui se sont postérieurement perdus. Les sentences et aphorismes attribuées à Démocrite correspondent aux fragments B 169 à 297 et constituent un ensemble non négligeable de 130 fragments. En faveur de leur authenticité, voir notamment Voros 1973 qui estime que le recueil de Stobée est plus authentique que celui des *Maximes*. Il faut noter qu'il existe d'autres sources, comme les anthologies des pères de l'Église, ou encore des manuscrits où figurent des sentences du philosophe. Parmi les travaux récents consacrés à la gnomologie démocritéenne, voir Gerlach 2008.

le désir d'obtenir de tels biens, et des conséquences qui en découlent. Nous examinerons par la suite son analyse du comportement humain, ainsi que le rôle joué par les affections et la réflexion dans la conduite de l'action humaine vis-à-vis de l'argent, des richesses et de toute sorte de biens matériels. Cela nous amènera à procéder à un bref examen du rôle joué par l'âme dans l'organisation du vivant, à une analyse des activités par l'intermédiaire desquelles elle exerce son rôle – c'est-à-dire les sensations et l'intellection –, et à l'étude des conditions dont dépend sa réussite dans chacune de ces activités. Il s'agit, à travers ces réflexions, de mettre en évidence ce qui constitue, selon nous, l'arrière-plan ou l'horizon ultime des préoccupations du philosophe : l'enquête sur les conditions pour atteindre la bonne humeur – *euthymia* ou *euthymiê* – et le bien-être – *euestô* –, termes qui expriment, dans le cadre de la pensée démocritéenne, ce que le philosophe identifie comme la fin – *télos* – de la vie humaine.

*In fine*, on s'efforcera de montrer comment Démocrite a su s'approprier une notion issue de la tradition sapientielle, celle de mesure, tout en lui donnant une résonnance nouvelle dans le cadre de sa réflexion sur le bien vivre.

## 1. RIEN DE TROP : LA MESURE EST LE PLUS GRAND BIEN

La condamnation de l'avidité ou de la convoitise était déjà présente chez les Grecs de l'époque archaïque. La lecture des sentences attribuées à la tradition des Sept Sages[5], et celle des poèmes d'Hésiode[6] et de Théognis, permettent de le constater aisément. Les échos des propos tenus par ces sages et poètes se font en effet entendre tout au long de l'Antiquité et dans les registres les plus variés de toute la littérature grecque.

Les sentences des sept sages datent probablement du VI^e^ siècle av. J.-C. Amplement diffusées dans l'Antiquité, on en trouve des traces à partir du IV^e^ siècle av. J.-C. de l'Égypte à l'Afghanistan. Écrites dans

5. Les deux principaux recueils de sentences des Sept sages sont ceux de Démétrios de Phalère et de Sosiade, Parmi les études récentes sur la question, voir Tziatzi-Papagianni 1994.

6. À certains égards, la sagesse des Sept Sages consonne avec les propos que tient Hésiode dans ses vers, comme nous voyons, par exemple, dans l'emploi de la formule « la moitié vaut plus que le tout » (*Op.* v. 40), et avec l'exigence de valeurs et de normes de conduite neuves et plus stables, qui sont à l'origine des poésies de Théognis et Phocilis.

un style concis et aigu, elles expriment, sous une forme suffisamment simple et directe pour être accessible à tous, une série de conseils de teneur morale adressés à tous et à chacun. Selon Santoni (1983, p. 93), malgré la complexité et le caractère lacunaire de cette tradition, il est possible d'y voir tout à la fois les échos des événements économiques et sociaux qui ont marqué la fin de la période archaïque, une anticipation de certaines doctrines philosophiques particulières, et la présence de motifs courants et bien diffusés à l'époque aux quatre coins de la Grèce[7]. Thème omniprésent dans ces sentences, l'invitation à la modération et à la mesure concerne tantôt l'envie d'avoir toujours plus, tantôt l'attachement à l'argent et aux biens matériels en général. On trouve également des appels à ne pas vouloir ce qui est au-delà de ses possibilités et l'affirmation de la nécessité de la censure du comportement de ceux qui ne savent pas se tenir dans les limites du convenable. « Rien de trop »[8] et « la mesure est le plus grand des biens »[9] font donc partie des sentences les plus connues et les plus répandues chez les Grecs de l'Antiquité. Beaucoup d'autres sentences se rapprochent d'ailleurs de celles-ci, et véhiculent un message similaire, bien qu'exprimé en d'autres termes : « Ne t'enrichis pas d'une mauvaise façon »[10] ; « L'intempérance est une chose nuisible »[11] ; « Soyez modéré »[12] ; « Le gain est insatiable »[13] ; « Ne louez pas un homme indigne pour sa richesse »[14], entre autres. Dans leur ensemble, ces sentences font état d'une sagesse qui nous met en garde contre les excès et qui, en même temps, fait l'apologie de la modération[15].

7. Selon Santoni, deux types de jugement sur la richesse ressortent de ces sentences : l'un qui lui attribue sans hésitation une fonction sociale et éthique qui reconnaît aux riches une supériorité admise et reconnue par les dieux et cela sans conteste, et l'autre qui, à l'inverse, fait l'éloge d'une condition de vie modeste et laborieuse, sans ambition, même politique, mais qui possède ses vertus propres et est appréciée des dieux. On retrouve ces jugements, presque complémentaires, à l'œuvre dans toute l'éthique grecque.

8. Stobée, III, 1, 172 (DK 10, II. 1) : μηδὲν ἄγαν.

9. Stobée, III, 1, 172 (DK 10, III. 1) : μέτρον ἄριστον.

10. Stobée, III, 1, 172 (DK 10, IV. 4) : μὴ πλούτει κακῶς.

11. Stobée, III, 1, 172 (DK 10, IV. 12) : βλαβερὸν ἀκρασία.

12. Stobée, III, 1, 172 (DK 10, I. 10 ; IV. 18) : μέτρῳ χρῶ.

13. Stobée, III, 1, 172 (DK 10, V. 11) : ἄπληστον κέρδος.

14. Stobée, III, 1, 172 (DK 10, VI. 13) : ἀνάξιον ἄνδρα μὴ ἐπαίνει διὰ πλοῦτον.

15. Nous retrouverons la plupart des termes qui constituent le vocabulaire de ces sentences dans les fragments de Démocrite ainsi que dans les témoignages qui le concernent : μετρεῖν (DK 68 B 285), μέτριος (DK 68 B 285 et 286), μετριότης (DK 68 B 191), ἀμέτρητος (DK 68 B 285), ἀμετρίη (DK 68 C 3), ἄμετρος (DK 68 B 70], συμμετρία (DK 68 A 167),

Le problème qui se pose est, d'une part, celui des excès et de l'absence de modération, et, d'autre part, celui de l'insatiabilité et de l'avidité qui se traduit par un désir qui ne sait pas reconnaître les limites du convenable et ne parvient pas à se tenir dans les limites du possible. On voit aussi s'esquisser un tableau des conséquences qui peuvent en découler et qui engendrent l'*hybris*. Certaines de ces remarques évoquent les effets d'une convoitise démesurée et de possessions qui iraient au-delà du nécessaire.

On retrouve les mêmes idées à la lecture des poèmes d'Hésiode. Dans *Les Travaux et les jours* le poète mobilise ainsi plusieurs expédients pour inviter à se mettre à l'écoute de la Justice et à fuir l'excès. « Justice triomphe toujours de la démesure », vaticine-t-il en conseillant son frère :

> Mais toi, Persès, écoute la justice ; ne laisse pas en toi grandir la démesure. La démesure est chose mauvaise pour les pauvres gens : les grands eux-mêmes ont peine à la porter, et son poids les écrase, le jour où ils se heurtent aux désastres. Bien préférable est la route qui passant de l'autre côté, mène aux œuvres de justice. Justice triomphe de la démesure, quand son heure est venue : pâtir rend le bon sens au sot[16].

Le poète appelle donc à la justice et dénonce comme le pire des maux la démesure et l'insolence, en attribuant à celle-ci la cause de la plupart des maux qui touchent les mortels. L'ensemble du poème est ainsi structuré selon deux axes principaux : l'apologie de la justice et la condamnation des excès[17]. Le jugement sur l'*hybris* est assez clair : elle est nuisible au mortel (v. 214 : κακὴ βροτῇ), difficile à supporter pour le noble (v. 214-215 : οὐδὲ μὲν ἐσθλὸς ῥηιδίως φερέμεν), et l'on y succombe lorsque l'adversité se présente (v. 215-216 : βαρύθει δὲ θ'ὑπ'αὐτῆς ἐγκύρσας ἄτησιν). Le poète recourt, pour le montrer, à la métaphore des chemins : un chemin de justice

σύμμετρος (DK 68 A 135] ; πλοῦτος (DK 68 B 77,185, 218, 283, 284, 288, 302) κέρδος (DK 68 B 197, 220, 221, 262).

16. Hésiode, *Les travaux et les jours*, v. 213-218 (trad. Mazon).

17. Le vocabulaire propre au champ de la réflexion sur la justice est assez riche chez Hésiode. Pour traduire l'idée de justice, que ce soit la divinité ou sa forme humaine, nous trouvons *Dikê* (la déesse) et *dikê* (la justice), ainsi que l'institution humaine, *dikaion* (juste) et *dikaioteron* (plus juste). S'ajoutent à ces termes, ceux qui composent le champ lexical de la justice, à savoir les notions de *métron* (mesure) et de *kairos* (moment opportun), qui sont également pertinents dans la caractérisation de l'action juste. Quant à l'injustice, le terme qui la traduit le mieux est sans conteste l'*hybris* : excès, insolence ou démesure.

et un chemin d'injustice. Il évoque les difficultés et les défis auxquels sont confrontés ceux qui parcourent l'un ou l'autre de ces chemins, ainsi que les conséquences qui peuvent survenir dans chaque cas. Il y a deux chemins différents (*hetêrai*) et opposés, tous deux susceptibles d'être parcourus (*parelthein*) : le chemin de *l'hybris*, ou de l'injustice, facile et plat ; l'autre, le chemin escarpé et difficile de la justice[18]. Le destin humain se voit ainsi confronté à une bifurcation, face à laquelle chacun va devoir choisir le chemin à parcourir.

Dans la période archaïque, une autre voix s'est élevée pour appeler à la modération : celle du poète Théognis de Mégare qui, dans ses distiques élégiaques, adresse au jeune noble Cyrnos les conseils suivants : « Préfère vivre modestement (ὀλίγοις σὺν χρήμασιν) et dans la piété qu'être riche en possédant des biens mal acquis (ἢ πλουτεῖν ἀδίκως χρήματα πασάμενος). Dans la justice en somme, existe toute la vertu ; tout homme est bon, Cyrnos, quand il est juste aussi. »[19]. Les *Élégies* sont riches d'énoncés moraux sur le thème de la modération, qui soulignent à chaque fois la nature éphémère des richesses et le caractère permanent de la vertu. Selon le poète, la possession de nombreux biens, voire une simple condition prospère, peuvent engendrer un préjudice moral et social : « la richesse (ὑπὸ τοῦ πλούτου), écrit le poète, engendre la satiété (τὸν κόρον γεννᾶσθαι), et la satiété l'insolence (τῆν δὲ ὕβριν ὑπὸ τοῦ κόρου) »[20]. En rapprochant la richesse de la satiété et la satiété de l'insolence, Théognis formule un jugement foncièrement négatif sur la richesse en voyant dans cette dernière la source même de l'insolence.

Si les réflexions tenues par les sages et les poètes de l'époque archaïque sont assez incisives, elles ne résultent pas pour autant d'une enquête authentique et véritable qui permettrait de mettre au jour les causes à l'origine de la démesure et d'indiquer quels seraient les moyens et les ressources à la disposition des êtres humains pour l'éviter. Elles laissent néanmoins entrevoir quelques-unes des questions qui seront au cœur de la pensée des premiers philosophes et de leurs réflexions

18. Hésiode, *Les travaux et les jours*, v. 287-292 : « De la misère, on en gagne tant qu'on veut et sans peine (ἰλαδὸν ἔστιν ἑλεσθαι ῥηιδὶως) : la route est plane (λείη ὁδός), et elle loge tout près de nous (μάλα δ'ἐγγύθα). Mais, devant le mérite (τῆς δ'ἀρετῆς), les dieux immortels ont mis la sueur. Long, ardu est le sentier qui y mène (μακρὸς δὲ καὶ ὄρθιος οἶμος), et âpre tout d'abord (τρηχὺς τὸ πρῶτον). Mais atteins seulement la cime (ἐπὴν δ'είς ἄκρον ἵκηαι), et le voici dès lors aisé (ῥηιδίη), pour difficile qu'il soit (χαλεπή περ ἐοῦσα). »

19. Théognis, *Élégies*, I, v. 145-148.

20. Diogène Laërce, *Vies et doctrines des philosophes illustres*, I, 59.

sur la nature humaine. Mais si ceux-ci prolongent l'appel qui se dégage de la sagesse archaïque, ils entendent également lui conférer un sens nouveau.

Démocrite est sûrement, dans ce contexte nouveau, celui à qui l'on doit le traitement le plus abouti du thème de la démesure et de la mesure. La présence importante de cette thématique dans les fragments qui nous ont été transmis l'atteste clairement. On y trouve en effet, à la fois, une condamnation des excès, dans tous les domaines de la vie humaine, et un éloge de la mesure et de la modération. Le fragment suivant le manifeste tout particulièrement et exprime synthétiquement l'avis du poète en la matière : « L'équilibre (τὸ ἶσον) est beau en toutes choses (καλὸν ἐν παντὶ) : l'excès et le défaut (ὑπερβολὴ δὲ καὶ ἔλλειψις) ne me paraissent pas bonnes (οὔ μοι δοκέει) » (DK 68 B 102). Sa réflexion se fonde ainsi sur une sorte de principe économique qui s'exprime par l'intermédiaire des termes tels que *metriotês*, *metrios*, *metreô*, *symmetria* et *sôphrôsyne*, pour ce qui est du vocabulaire de la mesure, et, pour exprimer ce qui serait à son extrême opposé, des termes tels que *hyperbolê*, *hyperballô* et toute une série de vocables qui appartiennent au champ lexical de la pléonexie, le désir de posséder quelque chose en plus de ce que l'on a déjà et sans que l'on n'en ait vraiment besoin.

## 2. DÉMOCRITE ET LES RICHESSES

Dans un passage de la *Lettre à Damagète* – lettre qui figure dans le recueil des lettres pseudo-hippocratiques –, on trouve des indices de la réputation qui était encore celle de Démocrite huit siècles après sa mort. Cette lettre fictive témoigne de la réception des idées démocritéennes concernant les biens matériels et les richesses dans les premiers siècles de notre ère. L'anecdote est la suivante. Les concitoyens de Démocrite craignent qu'il soit devenu fou et font donc appel au médecin de Cos, qui accepte de se déplacer jusqu'à Abdère pour l'examiner. Hippocrate trouve alors le philosophe plongé dans ses recherches, entouré d'animaux éviscérés[21]. En entendant

21. Le portait de la rencontre imaginée par cette lettre a inspiré toute une génération de peintres dont nous pouvons admirer les tableaux dans différents musées, ainsi que l'œuvre de Robert Burton, *Anatomy of Melancholy* de 1621, dont une longue préface est signée par « Democritus Junior ».

ses concitoyens qui pleurent et se lamentent des vicissitudes et de l'adversité qu'ils traversent, Démocrite commence tout d'abord par se mettre à sourire, puis finit par éclater de rire. Le médecin l'interrompt, lui demande la cause de son hilarité et Démocrite lui répond que c'est la déraison (ἄνοια) de l'être humain qui le met dans un tel état. Puis, pour mieux se faire comprendre, il dresse un inventaire de tous les symptômes qui conduisent à un tel état. Dans la *Lettre à Damagète*, Démocrite peint ainsi la déraison humaine : jugé à plus d'un titre puéril dans ses projets, l'homme est poussé dans ses actions par des désirs immodérés (ἀμετρίῃσιν ἐπιθυμίῃς) et ne connaît pas de limites dans sa recherche de l'argent et de l'or (ἀργύριον καὶ χρυσίον μαστεύοντες), il ouvre les veines de la terre pour s'enrichir et ne cesse jamais d'acquérir (μὴ παυόμενον τῆς κτήσιος), et s'affaire sans cesse pour posséder davantage (αἰεὶ δὲ θορυβεύμενον περὶ τὸ πλέον). Il s'achète des animaux, délimite un territoire et marque sa propriété pour devenir maître de son domaine. Voici la suite des propos tenus par le philosophe au médecin :

> […] fouillant la terre, ils cherchent de l'argent, l'argent trouvé, ils veulent une terre ; la terre acquise, ils en vendent les fruits ; les fruits écoulés, ils remettent la main sur de l'argent. […] Quand ils ne sont pas riches, ils désirent la richesse ; l'acquièrent-ils, ils la cache et la soustraient aux regards (οὐσίην μὴ ἔχοντες οὐσίην ποθέουσιν, ἔχοντες κρύπτουσιν, ἀφανίζουσιν). […] ils transgressent les lois de la vérité ; rivalisant de haine, ils livrent combat à leurs frères, à leurs parents, à leurs concitoyens, tout cela pour des biens dont nul en mourant ne demeure le maître ; ils se massacrent mutuellement ; insoucieux des lois, ils regardent de haut leurs amis ou leur patrie en difficulté ; ils donnent du prix à ce qui est indigne et inanimé ; toute leur fortune passe dans l'achat de statues, sous prétexte que l'œuvre sculptée semble parler, mais ils exècrent ceux qui parlent vraiment. Ce qu'ils convoitent, ce c'est que se tient hors de leur portée (Τῶν μὴ ῥηϊδίων ἐφίενται) : quand ils habitent le continent, ils veulent la mer ; insulaires, il leur faut vivre sur le continent. Ils détournent tout dans le sens de leur désir particulier (πάντα διαστρέφουσιν ἐς ἰδίην ἐπιθυμίην). À la guerre, ils semblent louer la virilité, mais jour après jour ils succombent à la débauche, à l'amour de l'argent (νικῶνται... ὑπὸ τῆς φιλαργυρίης), à toutes les passions qui les rendent malades[22].

22. Hersant 1989.

Le passage est assez éloquent et, dans son ensemble, offre une sorte de panorama des propos qui figurent dans les fragments attribués dans la doxographie au philosophe. Nous y voyons s'esquisser une sorte d'anthropologie de l'homme ambitieux, dont les attitudes et les comportements sont guidés par une convoitise qui ne connaît pas de limites, et qui ne montre aucune pudeur à employer tous les moyens et voies disponibles pour obtenir ce que son désir irréfléchi le pousse à se procurer.

## 3. LA MISE EN QUESTION DES RICHESSES

En excluant de sa pensée l'appel à toute sorte de causes surnaturelles, Démocrite s'est efforcé de comprendre l'ensemble des phénomènes naturels, nature humaine comprise, au moyen des mêmes principes[23]. Il en va ainsi pour l'action et les comportements humains, comme en attestent les fragments qui font l'objet de l'analyse qui va suivre. Le lecteur de la section 68 des *Fragmente der Vorsokratiker* de Diels et Kranz[24] ne peut qu'être frappé par le nombre important de fragments consacrés aux questions d'ordre éthique. Et parmi ceux-ci, un nombre non négligeable font état de sa pondération vis-à-vis des richesses et des biens matériels en général et des conséquences induites par la convoitise ou entraînées par le manque de réflexion à leur égard[25]. Le ton est celui d'un reproche adressé aux hommes pour la manière dont ils agissent afin d'acquérir des biens matériels et satisfaire leurs désirs, plutôt qu'une condamnation sommaire des richesses. Ce que Morel écrit à propos d'Épicure paraît donc pouvoir s'appliquer à Démocrite : « la possession matérielle n'a rien de critiquable en

23. Le catalogue des ouvrages de Démocrite dressé par Thrasylle fait état de la variété de thèmes dont il s'est occupé dans ses recherches. Et même si l'on peut mettre en doute le système d'ordination et classification des titres répertoriés par Thrasylle et transmis par Diogène Laërce (IX, 45-49 ; DK 68 A 33), il ne reste pas de doutes quant à la diversité de thèmes auxquels Démocrite a dirigé son attention, ce qui peut être constaté par l'examen des témoignages et fragments qui nous ont été transmis.

24. Diels et Kranz 1996. Pour la traduction française, nous avons consulté Dumont 1988 ainsi que Solovine 1993.

25. Les termes employés par Démocrite pour évoquer les richesses sont nombreux : χρῆμα (DK 68 B 40, 50, 78, 182, 219, 222, 279, 280, 281, 282 et 286) ; πλοῦτος (DK 68 B 77, 185, 283, 284 et 302) ; κέρδος (DK 68 B 220 et 222) ; κτῆμα (DK 68 B 77). D'autres termes désignent des formes particulières de richesse, telles que le bétail (βόσκημα), et l'or (χρυσός) (DK 68 B 171).

soi »[26]. Car si Démocrite soutient que le bonheur ne réside pas dans les avantages du corps ni dans les richesses[27], il reconnaît par ailleurs, également, que gagner de l'argent peut être utile. Toutefois, pour que cette utilité se vérifie, il faut prêter attention à la manière dont se fait cette acquisition : « Gagner de l'argent n'est pas chose inutile, mais si l'on y arrive par l'injustice (ἐξ ἀδικίης), c'est le plus grand des maux »[28]. Démocrite met ainsi en cause les richesses acquises par l'exercice d'une activité mauvaise (ἀπὸ κακῆς ἐργασίης)[29] ou d'un gain malhonnête (κακὰ κέρδεα)[30]. La première porte la marque du déshonneur, et le second entraine la perte de la vertu. La perspective qui se dégage de la lecture des fragments ci-dessus rejoint donc celle qui consiste à soutenir que les choses ne sont en soi ni bonnes ni mauvaises. C'est ce que permet de comprendre le fragment suivant :

> Pour les hommes les maux naissent des biens, quand on ne sait ni tenir les rênes, ni bien conduire. Cependant, il n'est pas juste de les ranger au nombre des maux, c'est au contraire pour des biens qu'il faut les tenir, et il est encore possible d'user des biens en vue de fins mauvaises, puisque nous sommes libres de le vouloir[31].

Dans ce fragment, l'accent est mis sur les capacités, indiquées par les verbes ποδηγετέω (« conduire ») et ὀχέω (« tenir, supporter »). Il est ici question de la reconnaissance du pouvoir qui appartient à

26. Selon Morel, l'autarcie épicurienne « est à la fois matérielle et psychique », car d'une part elle réduit la dépendance matérielle et d'autre part elle « favorise l'absence de troubles ». L'attention se porte ainsi vers le jugement correct à l'égard des nécessités et des ressources matérielles, une fois que celles-ci participent de l'autosuffisance du sage, définie comme « la capacité à se satisfaire de ce qui est à notre disposition ». Autrement dit, le bon usage des richesses consiste à ne pas éprouver le manque ; cela étant, il faut observer la limite fixée par les besoins naturels. Cette analyse a conduit Morel à définir l'autosuffisance épicurienne comme la capacité du sage à « aller au-delà du strict nécessaire et de jouir du superflu », ce qui a lieu lorsqu'il apprécie correctement la satisfaction de ses besoins (Morel 2016, 121-3).

27. *Sentences de Démocrate*, 6 (DK 68 B 40) : Οὔτε σώμασιν οὔτε χρήμασιν εὐδαιμονοῦσιν ἄνθρωποι, ἀλλ᾽ ὀρθοσύνηι καὶ πολυφροσύνηι.

28. *Sentences de Démocrate*, 43 ; Stobée, IV, 31, 121 (DK 68 B 78) : Χρήματα πορίζειν μὲν οὐκ ἀχρεῖον, ἐξ ἀδικίης δὲ πάντων κάκιον.

29. Stobée, III, 10, 36 ; IV, 92, 15 (DK 68 B 218) : Πλοῦτος ἀπὸ κακῆς ἐργασίης περιγινόμενος ἐπιφανέστερον τὸ ὄνειδος κέκτηται.

30. Stobée, III, 10, 44 (DK 68 B 220) : Κακὰ κέρδεα ζημίαν ἀρετῆς φέρει. *Cf.* aussi Stobée, III, 10, 58 (DK 68 B 221) : Ἐλπὶς κακοῦ κέρδεος ἀρχὴ ζημίης.

31. Stobée, II, 9, 2 (DK 68 B 173) : Ἀνθρώποισι κακὰ ἐξ ἀγαθῶν φύεται, ἐπήν τις τἀγαθὰ μὴ ᾽πιστῆται ποδηγετεῖν μηδὲ ὀχεῖν εὐπόρως. Οὐ δίκαιον ἐν κακοῖσι τὰ τοιάδε κρίνειν, ἀλλ᾽ ἐν ἀγαθοῖσιν ὧν· τοῖς τε ἀγαθοῖσιν οἷόν τε χρῆσθαι καὶ πρὸς τὰ κακά, εἴ τινι βουλομένωι, ἀλκῆι.

l'être humain de « conduire » sa propre vie ainsi que ses envies, de se maîtriser soi-même et ses actions, bref de conférer aux choses le caractère qui sera le leur en raison de l'usage que l'on en fait. Par l'emploi du verbe κρίνω (« séparer, distinguer »), Démocrite semble évoquer une capacité qui devrait être mobilisée pour bien procéder aux jugements dont dépend la juste appréciation de la valeur des choses. Or ce jugement ne pourrait pas avoir lieu si les choses étaient déjà en elles-mêmes bonnes ou mauvaises. La « liberté de vouloir » évoquée à la fin du fragment présuppose cette liberté du jugement. Cela signifie que les choses elles-mêmes n'ont pas une valeur intrinsèque, et que leur valeur extrinsèque résulte des évaluations que l'on en fait. Pour ce qui est des richesses, nous pouvons donc estimer que, pour Démocrite, il est toujours possible de s'en servir d'une manière intelligente (ξὺν νόωι)[32] pour des fins bonnes. En revanche, les richesses privées d'intelligence (ἄνευ ξυνέσιος) ne constituent pas un bien solide[33].

Démocrite dénonce d'ailleurs l'ignorance humaine qui consiste justement à ne pas connaître ses besoins et ses limites. En comparant les êtres humains aux animaux, il dit que « l'un (l'animal) sait ce qu'il lui faut et en quelle quantité il en a besoin, alors que l'autre (l'être humain), qui est vraiment en manque, ne le connaît pas »[34]. La capacité à connaître ses besoins et reconnaître ses limites est donc signe de sagesse. Le recours à cette forme de connaissance de soi peut ainsi empêcher que l'on se laisse entrainer dans une recherche qui serait disproportionnée par rapport à notre nature et qui, pour cette raison, finira par laisser place à l'affliction propre à celui qui se croit malheureux parce qu'il ne possède pas ce qu'il croit nécessaire à cause de son manque de sagacité. C'est ici qu'intervient l'idée d'une « richesse selon la nature » (κατὰ φύσιν) : « Celui qui se contente de la richesse selon la nature est beaucoup plus riche que celui qui possède beaucoup de biens, mais désire en posséder encore plus : en fait, au premier ne manque rien, tandis qu'au second manque beaucoup

32. Stobée, IV, 94, 24 2 (DK 68 B 282) : Χρημάτων χρῆσις ξὺν νόωι μὲν χρήσιμον εἰς τὸ ἐλευθέριον εἶναι καὶ δημωφελέα, ξὺν ἀνοίηι δὲ χορηγίη ξυνή ( ? ).

33. *Sentences de Démocrate*, 42 (DK 68 B 77) : Δόξα καὶ πλοῦτος ἄνευ ξυνέσιος οὐκ ἀσφαλέα κτήματα.

34. Stobée, III, 4, 72 (DK 68 B 202) : Τὸ (sc. ζῶιον) χρῆιζον οἶδεν, ὁκόσον χρήιζει, ὁ δὲ (sc. ἄνθρωπος) χρήιζων οὐ γινώσκει.

plus qu'il ne possède déjà. »[35]. Comment comprendre cette sorte de richesse ? Dans le *Contre les hérésies* d'Épiphane Démocrite se voit attribuer les propos suivants : « ce qui semble juste n'est pas juste, et l'injuste est le contraire de la nature (ἄδικον δὲ τὸ ἐναντίον τῆς φύσεως). »[36]. Nous pouvons donc émettre l'hypothèse que le juste serait ici ce qui est en accord avec la nature. Et si nous considérons que, dans le fragment DK 68 B 78 examiné ci-dessus, Démocrite veut bien dire que les biens acquis par l'injustice (ἐξ ἀδικίης) constituent le plus grand des maux, nous pouvons aboutir à la conclusion, bien que provisoire en l'état, que le critère qui permet de juger de l'utilité de la richesse et des biens matériels se trouve dans sa conformité à la nature et, donc, dans la conformité à ce qui se trouve dans les limites de nos besoins. C'est peut-être pour cette raison qu'il affirme également que « celui qui se laisse dominer par la richesse ne peut jamais être juste. » C'est donc la richesse qui doit être au service des hommes et non le contraire, puisqu'il appartient à la nature humaine de ne pas se laisser dominer par les choses.

Tout cela apparaît plus nettement encore lorsque l'on se penche sur le fragment dans lequel Démocrite établit une contraposition entre ce qu'il appelle les « biens du corps » (τὰ σκήνεος ἀγαθὰ) et les « biens de l'âme » (τὰ ψυχῆς ἀγαθὰ). Prenant pour critère la distinction divin / humain, Démocrite range les biens du corps dans la catégorie des choses humaines (τὰ ἀνθρωπήϊα), et les biens de l'âme dans celle des « choses divines » (τὰ θειότερα).[37] Cette distinction et l'évaluation qui s'ensuit ne conduisent pourtant pas à un mépris des biens humains. Autrement dit, les « biens humains » ou « du corps » ne sont pas chassés de l'horizon de la vie humaine, mais une sorte de hiérarchie s'établit, par laquelle Démocrite reconnaît le primat des biens de l'âme sur ceux du corps. Car si les premiers sont préférables, les seconds n'en restent pas moins valables. Pour comprendre cette distinction, il faut considérer attentivement le rôle joué par l'âme en tant qu'animatrice

35. Maximus Confessor, *Loci communes*, 12, 570 (*P.G.* 91, 797 B), (Lurie, 643d) : ὁ τῶι κατὰ φύσιν ἀρχούμενος πλούτωι τοῦ πολλὰ κεκτημένου πλείονα δὲ ἐπιθυμοῦντος πολὺ ἐστι πλουσιώτερος: τῶι μὲν γὰρ οὐδὲν ἐλλείπει, τῶι δὲ καὶ ὧν κέκτηται πολλῶι πλείονα.

36. Épiphane, *Contre les hérésies*, III, 2, 9 (DK 68 A 166).

37. *Sentences de Démocrate*, 3 (DK 68 B 37) : « Celui qui choisit (ὁ αἱρεόμενος) les biens de l'âme (τὰ ψυχῆς ἀγαθὰ) choisit les plus divins (τὰ θειότερα αἱρέεται), celui qui choisit ceux du corps (ὁ τὰ σκήνεος), les humains (τὰ ἀνθρωπήϊα). ».

des corps vivants. À l'âme sont en effet associées deux activités essentielles à l'entretien de la vie humaine qui sont les sensations et l'intellection. Pour Démocrite, les sensations et l'intellection sont les deux activités par l'intermédiaire desquelles l'âme exerce sa fonction d'animatrice des corps vivants. C'est donc dans l'âme qu'il faut chercher la source première d'où proviennent les actions et les choix humains. Cela explique pourquoi, selon Démocrite, il faut prêter plus d'attention à l'âme qu'à l'enveloppe corporelle : grâce aux activités psychiques qui sont les siennes et aux opérations qui se produisent dans le déploiement des sensations en objet d'intellection[38], elle se montre apte à corriger les imperfections du corps.[39] Quand Démocrite attribue la cause de « ce qui afflige la vie » à une « mauvaise disposition de la pensée (ἡ τῆς γνώμης κακοθιγίη) » plutôt qu'au désir (ἵμερος) du corps, il reconnaît donc ce primat de l'âme sur le corps[40]. Dans l'économie du vivant, tant pour ce qui est de la gestion biologique de la vie, que pour ce qui est de la connaissance et de l'action humaines, l'âme joue ainsi le rôle décisif. En fin de compte, le bonheur comme le malheur trouvent leur siège dans l'âme[41].

38. Un fragment transmis par Galien évoque le propos que Démocrite aurait fait tenir aux sens à l'égard de l'entendement : « Misérable raison, c'est de nous que tu tires les éléments de ta croyance, et tu prétends nous réfuter ! Tu te terrasses toi-même en prétendant nous réfuter. » Galien, *De la médecine empirique*, fgm., éd. H. Schöne, 1259, 8 (DK 68 B 125). Pour une analyse plus approfondie de l'activité de l'âme chez Démocrite, voir Peixoto (2012), en particulier sur la connexion entre les activités sensorielle et intellective de l'âme.

39. Stobée, III, 1, 27 ; III, 1, 45 (DK 68 B 187) : « Il convient que les hommes soient plus attentifs à l'âme qu'à l'enveloppe (ψυχῆς μᾶλλον ἢ σώματος λόγον ποιεῖσθαι). Car la perfection de l'âme (ψυχῆς τελεότης) corrige la faiblesse du corps (σκήνεος μοχθηρίην ὀρθοῖ), mais la force de l'enveloppe (σκήνεος ἰσχὺς) privée de raisonnement (ἄνευ λογισμοῦ) ne rend l'âme meilleure en rien (ψυχὴν οὐδέν τι ἀμείνω τίθησιν). ».

40. Stobée, III, 10, 65 (DK 68 B 223) : « Ce dont le corps a besoin est à disposition de tous sans effort et sans tribulation (Ὧν τὸ σκῆνος χρήιζει, πᾶσι πάρεστιν εὐμαρέως ἄτερ μόχθου καὶ ταλαιπωρίης), alors que ce qui demande effort et tribulation et qui afflige la vie (ὁκόσα δὲ μόχθου καὶ ταλαιπωρίης χρήιζει καὶ βίον ἀλγύνει), ce n'est pas désiré par le corps (τούτων οὐκ ἱμείρεται τὸ σκῆνος), mais la mauvaise disposition de la pensée (ἀλλ' ἡ τῆς γνώμης κακοθιγίη). ».

41. Stobée, II, 7, 3i (DK 68 B 170) : εὐδαιμονίη ψυχῆς καὶ κακοδαιμονίη.

## 4. L'AVIDITÉ : UN DÉSIR RÉFRACTAIRE AUX LIMITES

Le fragment qui suit offre une première idée du désir[42] : « Le désir sans mesure est le propre de l'enfant, non de l'homme »[43]. Le désir apparaît ici comme une affection innée chez l'enfant qui ne sait pas encore le mesurer. Un désir démesuré est donc le signe d'une conscience qui n'est pas pleinement développée. L'image de l'enfant semble être ici une métaphore étant donné que la raison (*phronesis*) n'est pas forcément associée à l'âge mais à l'apprentissage, ce qui peut expliquer la différence entre les jeunes et les vieillards[44].

Démocrite insère son analyse du désir dans le cadre général d'une réflexion portant à la fois sur les affections, c'est-à-dire les plaisirs et les douleurs qui concernent la santé de l'âme et du corps, et sur les biens matériels et les richesses. Si certains textes peuvent laisser penser que le désir doit être mis à l'écart, un examen plus approfondi permet de nuancer une telle affirmation[45].

Le désir peut être associé aux sensations, dans la mesure où l'acte de désirer (*epithumein*) a presque toujours lieu en présence d'un objet sensible (*to aistheton*). Mais il peut également être associé à l'intellection, soit parce qu'il est toujours possible de choisir de satisfaire ou non un désir et la manière de le satisfaire, soit parce que l'homme se montre aussi capable d'inventer ses objets de convoitise. Le désir constitue ainsi un principe actif, qui pousse à se procurer les moyens d'obtenir les objets qui sont en mesure de satisfaire celui qui l'éprouve. Le désir est aussi une affection, une sorte d'altération qui se produit dans l'âme

42. Démocrite emploie plus d'un terme pour exprimer les différentes nuances de l'acte du désirer. Outre *epithymia* et *epithymein*, on y trouve aussi trois autres termes dont le sens est plus au moins proche : *ethelô/ thelô*, *boulomai*, et *orexis*. En présence de ces termes, nous nous sommes interrogés si serait possible d'établir une différence dans l'emploi qu'il en fait. Si *epithymein*/*epithumia*, ainsi que *orexis*, semblent être des manifestations plus immédiates, instantanées, voire plus impulsives en face des objets qui plus directement les suscitent, l'emploi de *boulomai* et *ethelô/ thelô*renvoie plutôt à des manifestations médiates, d'une certaine manière plus susceptibles de se faire accompagner par un certain degré de raisonnement.

43. *Sentences de Démocrate*, 35 (DK 68 B 70) : Παιδός, οὐκ ἀνδρὸς τὸ ἀμέτρως ἐπιθυμεῖν.

44. *Cf.* Stobée, II, 31, 72 (DK 68 B 183) : « Il y a, en un sens, de la réflexion chez les jeunes gens, et le l'irréflexion chez les vieillards : ce n'est pas le temps qui apprend à être raisonnable (χρόνος γὰρ οὐ διδάσκει φρονεῖν), mais bien une éducation précoce jointe à la nature (ἀλλ' ὡραίη τροφὴ καὶ φύσις) ».

45. Le lexique byzantin de la Souda définit le désir comme « un appétit irrationnel » (ἐπιθυμία ἐστὶν ἄλογος ὄρεξις). Il est intéressant de voir la valeur attribuée dans cette définition à l'*orexis* et à *l'epithumia*. L'*orexis* est traitée comme la catégorie le plus large, dont l'*epithumia* serait une forme, c'est-à-dire comme la version « irrationnelle » du désir.

et mobilise le corps en vue de sa satisfaction, lorsque l'on est affecté par la présence des objets que l'on ne possède pas ou que l'on juge ne pas encore posséder suffisamment.

Le désir peut être immodéré (τὸ ἀμέτρως ἐπιθύμειν) ou excessif (πλειόνων), il peut se prolonger dans le temps (τὸ πιθήμεινεὶ) et impliquer, dans une perspective circulaire, les trois dimensions temporelles : passé, présent et futur (ἡ ἐπιθυμία διηνεκής). Il peut être petit (σμικρά ὀρεξις) tout en étant suffisant. Et il peut aussi être violent (τὸ τῶν ἐπιθυμιῶν τῶν ἰσχυρῶν) et représenter une menace importante, comme le considérait, selon Jamblique, une certaine tradition pythagoricienne. Dans chacune de ces expressions, l'adverbe et l'adjectif, lorsqu'ils qualifient l'acte de désirer et le désir, renvoient tantôt à l'aspect spatial, tantôt à l'aspect temporel. Nous retrouvons ici les traces de la tradition sapientielle : les oppositions fondamentales – excès/mesure ; excès/suffisance – réapparaissent et constituent les paramètres par excellence de l'évaluation des affections et, en particulier, du désir.

Dans le fragment DK 68 B 191, il est question d'un désir qui ne connait pas de limites et qui, par son manque de modération, est à l'origine de souffrances pour l'âme. Cette souffrance, d'ailleurs, est peut-être une des raisons qui permettent de comprendre les réserves de Démocrite concernant l'acte de désirer. Un autre groupe de fragments permet de préciser cette idée et de mieux cerner la conception démocritéenne du désir. Dans un de ces fragments, Démocrite évoque en effet ceux qui se trouvent enfermés à un point tel dans leurs désirs de richesse qu'ils n'arrivent plus à se sentir satisfaits de ce qu'ils ont déjà. Leur malaise a trois aspects : le premier concerne une chose qu'ils n'ont pas encore, car « ils se rongent de ne la point posséder » ; le second concerne une chose qu'ils possèdent actuellement, car « ils se tourmentent quand ils la possèdent » ; enfin, le troisième concerne une chose qui n'est plus présente, car ils « se lamentent quand ils l'ont perdue. »[46]. Le second fragment met en relation l'appétit des richesses et la satiété : « L'appétit des richesses, s'il n'est pas contenu dans les limites de la satiété, est bien plus insupportable que l'extrême pauvreté ; car plus grands sont les appétits, plus grands sont les

46. *Corpus sententiarum Frobenianum*, p. 208 ; (*Cod. Paris.* gr. 1168 nach Elter) 184 ; Antonii Melissa, *Sententiae* I, p. 31, p. 62 (*P.G.* 136, p. 883 C) ; *Corpus parisinum profanum*, n. 184 ; (DK 68 B 302.184).

besoins. »[47]. Nous observons ici une sorte de renversement par lequel un appétit immodéré des richesses finit par aboutir à une situation qui constitue son extrême opposé. Au lieu de la satisfaction que l'on se procure grâce à la possession des richesses, on éprouve le manque qui est le signe de l'extrême pauvreté. Une nouvelle équation est alors établie : « plus grands sont les appétits, plus grands sont les besoins ». Démocrite exhorte implicitement à mesurer ses appétits, de manière à ne pas subir les désagréments causés par l'éventuelle impossibilité de les satisfaire.

Le fragment suivant identifie la mesure au bien-être et son contraire au chagrin : « Bienheureux est celui auquel des biens mesurés apportent le bien-être ; infortuné celui à qui de nombreux biens n'apportent que le chagrin. »[48]. La modération apparaît ainsi comme la source du bien-être, et c'est elle qui doit tenir les rênes du désir pour qu'il n'échoue pas dans la recherche de l'objet qui l'inspire. Cet ensemble de fragments peut être résumé par l'affirmation suivante : « Si ton désir est mince, le peu te semblera beaucoup. Car la minceur de l'appétit rend la pauvreté égale à la richesse. »[49]. Cette fois-ci, la réflexion est orientée par Démocrite dans une direction différente. Si un désir immodéré est à l'origine d'un sentiment pire que celui de l'extrême pauvreté, un désir mince, en revanche, rend capable d'opérer une sorte de métamorphose qui, par la maîtrise des appétits, peut faire de la pauvreté une richesse.

Il nous reste encore à considérer un dernier aspect de la réflexion de Démocrite sur les effets du désir sur la conduite générale de l'être humain. Il s'agit de la discussion relative à la qualification des objets du désir en fonction de la possibilité que l'on a, ou non, de les posséder. À l'arrière-plan d'une telle question se trouve la reconnaissance d'une certaine distorsion ou faiblesse de la perception du jugement qui porte les humains à vouloir posséder des choses qui sont en dehors de leurs atteintes. Cette thématique rappelle la sentence attribuée à Chílon : « ne

47. Stobée, III, 10, 43 (DK 68 B 219) : Χρημάτων ὄρεξις, ἢν μὴ ὁρίζηται κόρωι, πενίης ἐσχάτης πολλὸν χαλεπωτέρη· μέζονες γὰρ ὀρέξεις μέζονας ἐνδείας ποιεῦσιν.

48. Stobée, IV, 103, 17 (DK 68 B 286) : Εὐτυχὴς ὁ ἐπὶ μετρίοισι χρήμασιν εὐθυμεόμενος, δυστυχὴς δὲ ὁ ἐπὶ πολλοῖσι δυσθυμεόμενος.

49. Stobée, IV, 33, 24-25 ; 34, 58 et 62 ; Maximus Confessor, *Loci communes*, 12, p. 569 (*P.G.* 91, p. 797 A) ; Antonii Melissa, *Sententiae* I, p. 33, p. 67 (*P.G.* 136, p. 891 D) ; *Corpus parisinum profanum*, n. 748 (DK 68 B 284) :῏Ην μὴ πολλῶν ἐπιθυμέῃς, τὰ ὀλίγα τοι πολλὰ δόξει· σμικρὰ γὰρ ὄρεξις πενίην ἰσοσθενέα πλούτωι ποιέει.

désire pas l'impossible » (μὴ ἐπιθύμειν ἀδύνατα)[50]. Dans cette courte maxime, le verbe ἐπιθύμειν est lié à un terme qui qualifie et spécifie une certaine classe d'objets du désir ; il établit ainsi un paramètre qui permet d'orienter le choix relatif aux limites du désirable. Comme chez Démocrite, cette maxime présuppose la distinction de deux classes d'objets du désir : celle des choses « impossibles » (ἀδύνατα) à obtenir et celle des objets ou choses auxquels on peut effectivement avoir accès, c'est-à-dire celle des « possibles ». Il est donc essentiel ne pas se bercer d'illusions et de focaliser son désir dans les objets possibles, c'est-à-dire ceux qui sont à la portée de celui qui les souhaite.

Revenons encore une fois au fragment DK 68 B 191. Dans ce fragment, nous lisons que, lorsque la quête pour la satisfaction des désirs devient incessante, elle finit par être à l'origine d'actions irrémédiables (ἐπιβάλλεσθαι δὶ ἐπιθυμίην τοῦ τι πρήσσειν ἀνήκεστον ὧν νόμοι κωλύουσιν). Le désir semble donc être impliqué dans une sorte de relation de causalité dans la mesure où il pousse celui qui désire agir à tout faire pour obtenir ce dont il a envie, sans prendre le temps de considérer les conséquences que cette action pourrait entraîner. Ceci explique que Démocrite recommande d'appliquer sa « réflexion au possible », de se contenter « de ce qu'on a », de ne faire « que peu de cas de ce qu'on désire » et, enfin, de ne pas arrêter sa réflexion à ce que l'on admire.

> Celui qui bée d'admiration devant les riches propriétaires que les autres hommes tiennent pour bienheureux, et est obsédé constamment, connaît la nécessité d'imaginer sans cesse de nouveaux expédients et de se lancer, pour répondre à ses désirs, dans des affaires louches que les lois interdisent. C'est pourquoi il ne faut pas désirer ce qu'on n'a pas, mais s'accommoder de ce qu'on a, en comparant son sort à celui des malheureux, et en se jugeant bienheureux à la pensée de leurs maux, en comparaison desquels tes actions et ta vie sont d'autant meilleures[51].

50. Stobée, III, 1, 172 (DK 10, 3, 3).

51. Stobée, III, 1, 210 (DK 68 B 191) : Ὁ γὰρ θαυμάζων τοὺς ἔχοντας καὶ μακαριζομένους ὑπὸ τῶν ἄλλων ἀνθρώπων καὶ τῇι μνήμηι πᾶσαν ὥραν προσεδρεύων ἀεὶ ἐπικαινουργεῖν ἀναγκάζεται καὶ ἐπιβάλλεσθαι δι᾽ ἐπιθυμίην τοῦ τι πρήσσειν ἀνήκεστον ὧν νόμοι κωλύουσιν. Διόπερ τὰ μὲν μὴ δίζεσθαι χρεών, ἐπὶ δὲ τοῖς εὐθυμέεσθαι χρεών, παραβάλλοντα τὸν ἑαυτοῦ βίον πρὸς τὸν τῶν φαυλότερον πρησσόντων καὶ μακαρίζειν ἑωυτὸν ἐνθυμεύμενον ἃ πάσχουσιν, ὁκόσωι αὐτέων βέλτιον πρήσσει τε καὶ διάγει.

Si Démocrite reconnaît que, dans plusieurs domaines, l'homme est le « disciple » des animaux et que ce qui s'applique aux seconds doit aussi, sous un certain aspect, s'appliquer aux premiers, il reconnaît également la présence dans la nature humaine d'une ressource qui l'éloigne de la condition de la plupart des animaux. Les êtres humains sont par nature capables de réflexion et d'un agir réfléchi. Cette disposition préalable, une fois développée, pourra lui venir en aide pour l'aider à connaître ses limites et ses possibilités, et pour lui permettre, afin de mieux agir, de discerner et de délibérer. Si au contraire, ils agissent d'une manière irréfléchie, les hommes se bestialisent. C'est ce que souligne Démocrite dans le fragment ci-dessous :

> Ceux qui se roulent dans les flots de la volupté comme des vers de terre dans les marais et les bourbiers, et se nourrissent de jouissances vaines et vides de sens, ceux-là sont des hommes comparables à des porcs : Car, dit-il, les porcs tirent plus grande volupté de la boue que de l'eau pure et se vautrent de la fange, selon Démocrite[52].

Nous devons examiner un dernier fragment qui concerne directement le thème de cet article. Cette fois-ci, l'expression « ce que l'on a » réapparait dans un contexte un peu différent des précédents : « Désirer davantage que ce que l'on a, c'est lâcher la proie pour l'ombre, comme dans le cas du chien d'Ésope »[53]. Démocrite évoque ici la fable bien connue d'Ésope qui raconte l'histoire du chien et du morceau de viande :

> Un chien tenant un morceau de viande traversait une rivière. Ayant aperçu son ombre dans l'eau, il crut que c'était un autre chien qui tenait un morceau de viande plus gros. Aussi, lâchant le sien, il s'élança pour enlever celui de son compère. Mais le résultat fut qu'il n'eut ni l'un ni l'autre, l'un se trouvant hors de ses prises, puisqu'il n'existait même pas, et l'autre ayant été entraîné par le courant. Cette fable s'applique au convoiteux (Πρὸς ἄνδρα πλεονέκτην ὁ λόγος εὔαιρος)[54].

52. Clément d'Alexandrie, *Protreptique*, 92, 4 (DK 68 B 147) : Οἱ δὲ σκωλήκων δίκην περὶ τέλματα καὶ βορβόρους τὰ ἡδονῆς ·εὐματα καλινδούμενοι ἀνονήτους καὶ ἀνοήτους ἐκβόσκονται τρυφάς, ὑώδεις τινὲς ἄνθρωποι. ὕες γάρ, φησίν, ἥδονται βορβόρωι μᾶλλον ἢ καθαρῶι ὕδατι καὶ ἐπὶ φορυτῶι μαργαίνουσιν κατὰ Δημόκριτον.

53. Stobée, III, 10, 68 (DK 68 B 224) : Δημοκρίτου. Ἡ τοῦ πλέονος ἐπιθυμίη τὸ παρεὸν ἀπόλλυσι τῆι Αἰσωπείηι κυνὶ (233 H.) ἰκέλη γινομένη.

54. Ésope, *Fables*, « Le chien qui porte sa viande. (Κύων κρέας φέρουσα) » (trad. Chambry).

Il est question dans ce texte d'une des formes de la pléonexie. L'allusion à la fable offre une piste intéressante pour comprendre le sens que Démocrite confère à l'expression « se contenter de ce que l'on a ». À notre avis il veut attirer l'attention vers cette sorte de calcul qu'est le calcul du risque. Quand le chien laisse le morceau de viande, poussé qu'il est par l'envie d'en avoir un second morceau, il finit par se retrouver sans rien du tout. Il faut donc conduire une réflexion avant d'agir et ne pas pousser son désir trop loin, au risque d'être dépossédé de la chose même que l'on possédait avant.

Les occurrences du terme *pleonexia*, chez les Présocratiques, sont assez rares[55]. Toutefois, comme nous l'avons vu, la notion y est bien attestée. Elle montre à quel point les questions liées à la convoitise et à l'avidité sont alors à l'ordre du jour[56]. Jamblique, dans sa *Vie de Pythagore*, attribuait à l'école pythagoricienne la condamnation d'un désir qui ne connaît pas de limites : « le désir (τὸ ἐπιθυμεῖν) est, de toutes les passions humaines, celle qui a, pour ainsi dire, la plus grande propension à ne pas connaître de cesse (μηδαμοῦ ἵστασθαι) et à progresser à l'infini (προάγειν εἰς ἄπειρον) » ; les désirs « vains, nuisibles, superflus et excessifs (τάς τε ματαίους καὶ τὰς βλαβερὰς καὶ τὰς περιέργους καὶ τὰς ὑβριστικὰς τῶν ἐπιθυμιῶν) surgissent surtout chez ceux qui vivent dans l'abondance (παρὰ τῶν ἐν ἐξουσίαις

55. Nous n'avons que trois occurrences du terme dans les *Vorsokratiker* de Diels et Kranz (1996) : une chez Archytas (DK 47 B 3) ; une chez Démocrite (DK 68 B 86) et quatre dans le long fragment de l'Anonyme de Jamblique (DK 89 B 6 et 7.3). On trouve aussi les termes dérivés de πλέον tels que : πλεονάσμος, « excès », « surabondance » (DK 31 A 81 ; DK 64 A 30 ; DK 67 A 34) ; πλεονέκτημα, « avantage », « gain » (DK 82 B 11a) et les verbes πλεονάζω « être en grande quantité », « surabondant », « être en excès » (DK 37 B 7) et πλεονεκτέω, « aspirer à avoir en plus », « désirer gagner » (DK 58 C 6). À notre avis, le petit nombre d'occurrences ne constitue pas en soi une raison suffisante pour mettre la notion de côté.

56. Selon Ponchon 2013 on n'avait pas accordé autant d'importance à la *pléonexie* avant Thucydide, auteur qui, selon lui, aurait été le premier à développer ce thème. Toutefois, la présence de cette sorte de préoccupation chez les Présocratiques est également très significative. Voir Ponchon 2013, 2 : « Si la place jouée par la *pleonexia* dans le *Gorgias* est reconnue, une difficulté préalable pourrait sembler tenir à la faible présence des occurrences (3 ou 4) du terme de *pleonexia* dans l'œuvre de Thucydide. On peut cependant apporter deux réponses complémentaires. D'une part, l'importance considérable des quelques mentions du terme, importance soulignée par beaucoup de commentateurs et sur laquelle nous reviendrons. D'autre part, la présence d'autres formules qui peuvent renvoyer à cette notion : toutes les manières de désigner le fait d'« avoir plus », en particulier les formes comme πλέον ἔχειν, à côté de πλεονεκτεῖν, ou bien encore τοῦ πλέονος ὀρέγεσθαι (IV. 17.4, par exemple). ».

ἀναστρεφομένων γινομένας) »[57]. Jean Tzetzes, par ailleurs, rapporte qu'Héraclite, en s'adressant à ses concitoyens, leur aurait tenu les propos suivants : « Que la richesse ne vous abandonne jamais, ô Ephésiens, afin que vous puissiez prouver à quel point votre condition est malheureuse. »[58]. Cependant, pour Démocrite, richesse et bonheur ne sont pas incompatibles, du moins pas dans le sens où ils le sont chez Héraclite. Ce point est attesté par des fragments qui témoignent que ce ne sont pas les richesses qui constituent la cible de ses attaques, mais le mauvais usage qu'on en fait, la cupidité, l'ambition et le désir d'avoir toujours plus. Ce sont donc les excès que Démocrite refuse, soit dans la possession des biens matériels, soit dans les comportements et les affections humaines : « Si l'on excède la mesure, les choses les plus agréables deviennent les plus désagréables. »[59].

Et c'est précisément pour faire face à ces affections et aux actions qu'elles déclenchent que se fait entendre son appel à la mesure (μετριοτῆς) et à la modération (σωφροσύνη), notions qui sont à l'extrême opposé des excès sommairement condamnés. Dans le cadre de sa réflexion, l'aptitude à réaliser un juste calcul et à parvenir aux délibérations bonnes et opportunes joue donc un rôle de pièce-clé à l'intérieur de la mécanique de l'agir éthique. Elle est par conséquent la condition pour éprouver la « bonne humeur » et le bien-être.

## 5. L'ÉLOGE DE LA MODÉRATION

Derrière la critique démocritéenne des différentes formes de la *pléonexie*, nous reconnaissons l'omniprésente condamnation de toute sorte d'excès, la mise en question de l'importance attribuée aux biens matériels, des moyens que l'on mobilise pour les obtenir et du prix que l'on se montre prêt à payer pour y parvenir, ainsi que l'évaluation des comportements insolents et de l'incapacité dans la maîtrise de ses affections. Démocrite a indiqué les circonstances ainsi que les raisons qui font qu'un désir ou un plaisir, en excès ou en défaut, deviennent la cause des souffrances et des malheurs qui affectent le bien-être humain. Au travers de sa description du comportement humain, il

57. Jamblique, *Vie pythagorique*, 206 (DK 58 D 8).

58. Jean Tzetzes, *Ad Aristoph. Plut.* 88 (DK 22 B 125a).

59. Stobée, III, 17, 38 (DK 68 B 233) : Εἴ τις ὑπερβάλλοι τὸ μέτριον, τὰ ἐπιτερπέστατα ἀτερπέστατα ἂν γίγνοιτο.

invite à atteindre un certain degré de maturité dans la maîtrise des affections et notamment du désir. C'est une condition nécessaire pour conduire sa vie à l'abri des effets négatifs de l'avidité et du manque de réflexion en matière de satisfaction des désirs et des besoins.

Démocrite formule par ailleurs une critique de la polymathie, qui serait une sorte d'excès concernant les connaissances, dont l'accumulation ne suffit pas à faire du *polymathe* un véritable sage : « Nombreux sont ceux qui savent tout (Πολλοὶ πολυμαθέες) et qui non pas d'intellect (νοῦν οὐκ ἔχουσιν) »[60]. L'intellect est le trait distinctif de l'être humain, de sorte que, pour Démocrite, la beauté humaine n'est qu'animale si l'intellect ne la sous-tend pas[61]. C'est donc « l'intelligence qu'il faut chercher à développer et non le savoir »[62], car celui qui a l'ambition de tout connaître finira par devenir « ignorant de toutes choses »[63].

L'horizon qui constitue la fin de la vie humaine, c'est-à-dire la bonne humeur et le bien-être, se produit donc dans l'âme lorsqu'elle se trouve dans un état d'équilibre à l'intérieur de la dynamique qui lui est propre. Revenons au fragment DK 68 B 191 déjà cité, qui, à notre avis, est celui qui exprime le mieux l'axe principal de la pensée éthique de Démocrite. Il y est question de la « bonne humeur » (εὐθυμίη), terme par lequel Démocrite exprime sa conception du bonheur. Dans les deux premières lignes du fragment, nous sommes d'emblée confrontés à une idée déterminante pour comprendre les enjeux de l'éthique démocritéenne :

> Pour les humains (ἀνθρώποισι), la bonne humeur (εὐθυμίη) naît (γίνεται) de la modération du plaisir (μετριότητι τέρψιος) et d'une vie équilibrée (βίου συμμετρίηι). Les manques et les excès vont fréquemment en empirant et produisent en l'âme de grands bouleversements : les âmes que ces passages d'un extrême à l'autre ébranlent ne sont ni stables ni heureuses[64].

60. *Sentences de Démocrate*, 29 ; Stobée, III, 4, 81 (DK 68 B 64).

61. *Sentences de Démocrate*, 71 (DK 68 B 105) : Σώματος κάλλος ζωιῶδες, ἢν μὴ νοῦς ὑπῆι.

62. *Sentences de Démocrate*, 30 (DK 68 B 65) : πολυνοΐην, οὐ πολυμαθίην ἀσκέειν χρή.

63. Stobée, II, 1, 12 (DK 68 B 169) : Μὴ πάντα ἐπίστασθαι προθυμέο, μὴ πάντων ἀμαθὴς γένηι.

64. Stobée, III, 1, 210 (DK 68 B 191) : Ἀνθρώποισι γὰρ εὐθυμίη γίνεται μετριότητι τέρψιος καὶ βίου συμμετρίηι· τὰ δ' ἐλλείποντα καὶ ὑπερβάλλοντα μεταπίπτειν τε φιλεῖ καὶ μεγάλας κινήσιας ἐμποιεῖν τῆι ψυχῆι.

Cet état présuppose à son tour une opération de la pensée, dont une des attributions est d'opérer des distinctions, de juger et de conduire à une bonne et opportune délibération dans la sphère des affections et des actions. Il s'agit de la *phronesis*, l'action du *phronein* (« penser »)[65], c'est-à-dire d'une pensée qui se tourne vers les sensations et les affections et qui a pour but d'orienter les délibérations et les actions. C'est par la *phronesis* qu'il est possible, pour les êtres humains, de réfléchir sur ce qu'ils doivent faire en toute circonstance[66], de poursuivre la réalisation de leurs espoirs[67] et de recevoir plus d'honneurs[68]. Selon Démocrite, la *phronesis* est pour les humains la source d'où proviennent les opérations directement impliquées dans la détermination du caractère d'une action. Lorsqu'il propose une justification de l'attribution à la déesse Athéna de l'épithète « *Tritogeneia* », Démocrite affirme ainsi que, de la *phronesis*, « procèdent trois choses (ἐκ τοῦ φρονεῖν τρία ταῦτα) : bien délibérer (βουλεύεσθαι καλῶς), parler sans faire de fautes (λέγειν ἀναμαρτήτως) et agir comme il se doit (πράττειν ἃ δεῖ) »[69]. La *phronesis* se manifeste ainsi concrètement dans ces trois opérations qui sont en rapport direct avec les idées de mesure et de modération. Autrement dit, elle est à l'origine de l'action mesurée, car c'est elle qui rend possible le calcul permettant que l'on ne se laisse pas entraîner par une ambition excessive, par un désir irréfléchi qui ne connaît pas de limites et qui nous conduit à nous lancer dans la recherche aveugle de l'impossible. Elle s'oppose à la fortune (τύχη) et voit en celle-ci sa pire ennemie, car les insensés attribuent à la fortune tout ce que leur manque de sagacité les empêche de voir comme étant la conséquence de leurs propres actions[70].

65. D'après Théophraste, pour Démocrite le *phronein* se produit quand l'âme se trouve dans une disposition bien proportionnée (συμμέτρως ἐχούσης τῆς ψυχῆς). Il fait donc dépendre cette opération psychique d'un état d'équilibre physique (ἐὰν δὲ περίθερμός τις ἢ περίψυχρος γένηται, μεταλλάττειν) (DK 68 A 135.57-58).

66. *Sentences de Démocrate*, 8, Stobée, IV, 44, 68 (DK 68 B 42) : Μέγα τὸ ἐν ξυμφορῆισι φρονεῖν ἃ δεῖ.

67. *Sentences de Démocrate*, 23 a ; Stobée, IV, 46, 18 (DK 68 B 58) : Ἐλπίδες αἱ τῶν ὀρθὰ φρονεόντων ἐφικταί, αἱ δὲ τῶν ἀξυνέτων ἀδύνατοι.

68. *Sentences de Démocrate*, 61 (DK 68 B 95) : Τιμαὶ παρὰ τοῖς εὖ φρονέουσι μέγα δύνανται, οἳ ξυνιᾶσι τιμώμενοι.

69. *Etymologicum Orionis*, p. 153, 5.

70. Dionyse d'Alexandrie, *in* Eusèbe, *Préparation évangelique*, XIV, 27, 5 (DK 68 B 119).

## CONCLUSION

L'examen du comportement humain dans sa capacité ou son incapacité à reconnaître ou à établir par soi et pour soi la mesure inclut également une analogie avec le comportement animal. Démocrite constate que « l'animal qui éprouve un besoin sait "exactement" de quoi il a besoin » tandis que « l'homme qui éprouve un besoin ne le sait pas »[71]. Cette ignorance concernant leurs besoins réels rend les humains plus fragiles car, si le bon lignage du bétail, dit encore Démocrite, réside dans la force du corps, la noblesse de l'homme n'est pas une affaire de force, mais bien plutôt la manifestation de la bonne disposition de son caractère[72]. Si celle-ci n'est pas présente, l'être humain dégénère, puisqu'en ne se servant pas des moyens dont il dispose par nature pour établir cet état optimal de son caractère, il s'éloigne de sa propre nature. Quand les hommes s'adonnent aux excès et à la démesure, ils renoncent finalement aux ressources dont la nature les a dotés. Ainsi, c'est en repérant les différentes formes d'excès qu'on révèle le mécanisme du psychisme humain sous ses différents aspects et que les causes du comportement démesuré peuvent être expliquées et identifiées.

En examinant les attitudes et les comportements humains qui sont à l'origine des troubles et des impulsions qui perturbent la sérénité et produisent la souffrance dans l'âme et le corps, Démocrite souligne le caractère éphémère de la vie humaine, marquée par la vieillesse et la mort (DK 68 B 285, 296, 297), les fatigues (DK 68 B 243), les maladies (DK 68 B 234, 288), la torpeur (DK 68 B 290), les tourments (DK 68 B 285), mais aussi par des affections connotées positivement comme les plaisirs et les désirs. Face à chacune de ces affections, le conseil que donne Démocrite est clair : « Il faut prendre conscience que la vie humaine est fragile, éphémère et mêlée de nombreux soucis et ennuis, afin de borner ses désirs à une possession mesurée [...] »[73].

71. Stobée, III, 4, 72 (DK 68 B 198) : Τὸ (sc. ζῷιον) χρῆιζον οἶδεν, ὁκόσον χρήιζει, ὁ δὲ (sc. ἄνθρωπος) χρήιζων οὐ γινώσκει.

72. *Sentences de Démocrate*, 23 (DK 68 B 57) : Κτηνέων μὲν εὐγένεια ἡ τοῦ σκήνεος εὐσθένεια, ἀνθρώπων δὲ ἡ τοῦ ἤθεος εὐτροπίη.

73. Stobée, IV, 34, 65 (DK 68 B 285) : Γινώσκειν χρεὼν ἀνθρωπίνην βιοτὴν ἀφαυρήν τε ἐοῦσαν καὶ ὀλιγοχρόνιον πολλῆισίν τε κηρσὶ συμπεφυρμένην καὶ ἀμηχανίηισιν, ὅκως ἄν τις μετρίης τε κτήσιος ἐπιμέληται καὶ μετρῆται ἐπὶ τοῖς ἀναγκαίοις ἡ ταλαιπωρίη.

## RÉFÉRENCES


BURCHARD, J.F.W. 1830. *Commentatio critica de Democriti Abderitae de sensibus philosophia.* Progr. Minden.

BURTON, R. 2001 [1621]. *The Anatomy of Melancholy.* New York : New York Review of Books.

DIELS, H. & W. KRANZ. 1996 [1903]. *Die Fragmente der Vorsokratiker.* 3 vols., 6e édition, Berlin : Weidmann.

DUMONT, J.-P. 1988. *Les Présocratiques.* Paris : Gallimard.

ÉSOPE. 2002 [1927]. *Fables*, introduction, traduction et notes par É. Chambry Illustrations par S. Pennor's. Paris : Les Belles Lettres.

FLAMAND, J.-M. 1994. "Démocrate." In *Dictionnaire des Philosophes Antiques*, éd. par R. Goulet, 644-7. Paris : CNRS Éditions.

GERLACH, J. 2008. *Gnomica Democritea. Studien zur gnomologischen Überlieferung der Ethik Demokrits und zum Corpus Parisinum mit einer Edition der Democritea des Corpus Parisinum.* Wiesbaden : Dr. Ludwig Reichert Verlag.

HELMER, É. 2016. *Richesse et pauvreté chez les philosophes de l'Antiquité.* Paris : Vrin.

HERSANT, Y. 1989. *Hippocrate. Sur le rire et la folie.* Paris : Rivages.

HESIODE. 1996. *Théogonie. Les travaux et les jours. Le Bouclier*, texte établi et traduit par P. Mazon. Paris : Les Belles Lettres.

KARAYNNIS, A. 1988. "Democritus on ethics and economics." *Rivista Internazionale di Scienze Economique e Commerciali* 35(4-5) : 369-391.

LAUE, H. 1921. *De Democriti fragmentis ethicis.* Diss. Göttingen.

MICHAELIDES, P., KARDASI, O. & J. MILIOS. 2011. "Democritus's economic ideas in the context of classical political economy." *The European Journal of the History of Economic Thought* 18(1) : 1-18.

MOREL, P.-M. 2016. "Épicure et les biens matériels, ou la pauvreté bien tempérée." In *Richesse et pauvreté chez les philosophes de l'Antiquité*, éd. par É. Helmer, 111-123. Paris : Vrin.

PEIXOTO, M. C. D. 2011. "L'activité de l'âme démocritéenne : de la sensation et de l'intellection." *Chôra, Revue d'Études Anciennes et Médiévales* 9-10 : 217-42.

PHILIPPSON, R. 1924. "Demokrits Sittensprüche." *Hermes* 59(4) : 369-419.

PONCHON, P. 2013. "L'anthropologie politique de la *pleonexia* : sur une lecture possible de Thucydide par Platon." In *Avoir plus : une figure de l'excès ? Zetesis – Actes des colloques de l'association.* [En ligne], éd. par S. Alexandre et E. Rogan. Consulté le 13 octobre 2021 sur : http://www.zetesis.fr.

SANTONI, A. 1983. "Temi e motivi di interesse socio-economico nella legenda dei 'Sette Sapienti'." *Annali della Scuola Normale Superiore di Pisa* série 3, 13(1) : 91-160.

SOLOVINE, M. 1993. *Démocrite et l'atomisme ancien : fragments et témoignages*, trad. fr. M. Solovine ; revision de la traduction, introduction et commentaires de P.-M. Morel. Paris : Pocket.

TREVER, A. A. 1916. *A History of Greek Economic Thought.* Chicago : The University of Chicago Press.

TZIATZI-PAPAGIANNI, M. 1994. *Die Sprüche der sieben Weisen Zwei byzantinische Sammlungen : Einleitung, Text, Testimonien und Kommentar.* Stuttgart und Leipzig : B.G. Teubner.

VAN GRONINGEN, B. A. 1966. *Théognis. Le premier livre édité avec un commentaire.* Amsterdam : N. V. Noord-Hollandsche Uitgevers Maatschappu.

VANNIER, F. 1988. "Sagesse, richesse et pouvoir selon Démocrite." *Dialogues d'histoire ancienne* 14 : 109-16.

VOROS, F. K. 1973. "The Ethical Fragments of Democritus." *Hellenika* 26 : 193-206.

# Ce que l'amour des richesses fait au caractère, de Platon à Théophraste

Charlotte Murgier *

**Résumé**
Cette contribution vise à étudier les effets que l'amour des richesses a sur le caractère moral et les relations sociales, depuis les descriptions qu'en donne Platon au livre VIII de la *République* à travers le portrait de l'homme oligarchique, jusqu'à la déclinaison des quatre formes de l'avarice dans le traité des *Caractères* de Théophraste, dans lequel l'argent et les échanges marchands constituent par ailleurs un thème récurrent et structurant. On remonte avec Platon aux sources psychologiques de l'amour des richesses avant d'en développer les conséquences morales, et, avec Théophraste plus particulièrement, les conséquences sur les relations de l'individu aux autres.
**Mots-clés** : Platon, Théophraste, avarice, désir, caractère.

**Abstract**
This contribution aims at examining how the love of money impacts moral character and social relations. It starts with the depiction of the oligarchic man in *Republic* book VIII and then turns to the four forms of meanness in Theophrastus' *Characters*, a work in which money and market exchanges are a recurrent and structuring topic. Going back to how Plato points out the psychological sources of the love of wealth, I will then elaborate on its moral consequences, and with an emphasis on Theophrastus more specifically, on its impact on social interactions.
**Keywords**: Plato, Theophrastus, meanness, desire, character.

**Classification JEL** : B11.

* Université Paris 1 Panthéon-Sorbonne, UMR 7219 Gramata-Sphere <charlotte.murgier@univ-paris1.fr>.

## INTRODUCTION

La caractérologie antique[1] a eu tôt fait d'isoler un type humain particulier, l'ami des richesses. Comment se forme(nt) le ou les caractères épris des richesses ? Quelles sont les conséquences de cet amour de l'argent sur la vie morale de l'individu, ses rapports avec autrui, son insertion dans une communauté ? De ce phénomène si fréquent dans la nature humaine, que les moralistes n'ont eu de cesse de fustiger, deux traitements philosophiques qui en dissèquent les mécanismes et en dépeignent les diverses nuances retiendront plus particulièrement notre attention.

La première description qui nous intéresse se trouve dans le livre VIII de la *République* de Platon, à travers le type humain de l'homme oligarchique qui incarne les effets de l'amour de l'argent lorsqu'ils s'incarnent dans un caractère spécifique. Il s'agira de remonter en amont de la constitution de ce type psychologique, en partant de la manière dont Platon la fait dériver d'une instance psychique, le désir, dont il étudie les métamorphoses depuis la genèse de la cité jusqu'au livre IX rebaptisant les trois parties de l'âme à partir de leurs objets de prédilection.

Nous verrons ensuite ce qui subsiste de l'analyse platonicienne du caractère oligarchique dans la description donnée par Théophraste des quatre caractères définis par leur attachement excessif à l'argent, quelles que soient d'une part les divergences de diagnostic sur l'argent séparant les philosophies platonicienne et péripatéticienne, d'autre part la différence de forme entre une analyse psychologique d'un côté, une description comportementale de l'autre. Ces deux regards philosophiques portés sur le caractère amoureux de l'argent nous paraissent à la fois continus et complémentaires, manifestant l'omniprésence de cet objet, et de son potentiel corrupteur, dans la vie morale et sociale des individus.

1. Voir Joly 1962, 5-6 citant Archiloque (fr. 22), Pythagore (Cicéron, *Tusculanes*, V, 8-9).

## 1. PLATON ET L'AMOUR DES RICHESSES : D'UNE TENDANCE NATURELLE À LA CONSTITUTION D'UN CARACTÈRE

La méfiance de Platon vis-à-vis de l'argent est bien connue. Elle est au centre du dispositif communautaire de la *République* dont le premier geste à la fin du livre III est de priver les gardiens d'or et d'argent, et de toute propriété privée, afin d'éliminer toute tentation de chercher autre chose que l'intérêt commun. Si les *Lois* ne sont pas aussi radicales, en réintroduisant la propriété sous la forme d'un lot (*klèros*) incessible, elles n'en limitent pas moins l'étendue des patrimoines et démontrent qu'il est impossible de cumuler vertu et grande richesse (V, 743a-c)[2].

Cette méfiance vis-à-vis de l'argent se manifeste aussi dans la volonté de reléguer le commerce aux marges de la cité dans les *Lois* : l'agora est divisée en deux pour rendre le non-marchand étanche au marchand et les professions chargées du commerce sont laissées aux non-citoyens[3]. Cette relégation est également sensible dans la *République* lors de la constitution de la cité au livre II où ce sont les citoyens les plus faibles, inaptes à d'autres tâches, qui seront affectés à l'organisation des échanges commerciaux (371c-d).

De ce diagnostic sur les ravages politiques de la tendance à l'argent, facteur de division des cités qui n'en méritent donc pas le nom (IV, 422a-423b) puisqu'elles sont plutôt deux qu'une, Platon remonte à sa cause psychologique, qu'il situe dans une certaine partie de l'âme, la partie appétitive. Nous partirons de cette origine psychique, pour voir comment elle donne lieu, au livre VIII, à un type psychologique et politique précis, afin d'observer ce que l'argent fait au caractère. Nous emploierons les termes d'argent et de richesses de manière équivalente, en vertu de la plasticité du terme grec *chrèmata* désignant aussi bien l'argent lui-même que les biens monnayables[4].

2. L'antagonisme entre richesse et vertu est souligné dès *Rép.* VIII, 550e.

3. Voir Helmer 2017, § 7-8.

4. Voir Berkel 2020, 49 soulignant que le terme grec *chrèmata* renvoie à l'argent autant qu'aux marchandises, à tout ce qui peut faire l'objet d'une transaction commerciale, ce qui nous paraît recouper ce qu'en dit Aristote en *EN* IV 1, 1119b 26-27 décrivant les *chrèmata* comme des biens dont la valeur est mesurée par la monnaie.

### 1.1. *Du besoin au désir*

La question du désir est omniprésente dans la *République*[5], tant il s'agit d'une notion cruciale pour l'éthique et la politique, puisque le désir, en raison de son insatiabilité, est le premier facteur de l'injustice et un fauteur de troubles au niveau politique[6]. Avant même de s'interroger sur sa localisation psychique au livre IV, Platon en met en scène les effets, dans la formation de la cité et son basculement rapide dans la recherche insatiable du superflu, avec ses conséquences politiques, à commencer par la guerre.

La construction de la cité au livre II est chargée de répondre au défi de Thrasymaque relayé par les deux frères, Glaucon et Adimante : il s'agit pour le Socrate de Platon non seulement de montrer que la justice est un bien intrinsèque, désirable pour lui-même et ses conséquences, mais aussi peut-être aussi de réfléchir à la possibilité d'une vision alternative de l'humain, différente de l'anthropologie amoraliste de la *pleonexia*[7] défendue par les sophistes et explicitée par Glaucon en 359c. Le constat de départ expliquant la tendance des êtres humains à s'assembler, commun à Platon et à Aristote, tient dans l'absence d'autosuffisance de l'être humain. L'homme est un être de besoin, fondamentalement dépendant, en manque de beaucoup de choses (369b), de sorte que la naissance de la cité s'explique d'abord par la nécessité de satisfaire les besoins liés à la sauvegarde du corps et au maintien de la vie[8], ceux-là mêmes que Socrate qualifie plus tard, au livre VIII, de désirs nécessaires.

Suivent les besoins de s'abriter, de se vêtir, de se chausser, et tout ce qui concerne la protection et le soin du corps (369d9), même si la nécessaire spécialisation des tâches, qui permet le fonctionnement

5. Et cela dès le prologue qui introduit ce thème à travers la citation de Sophocle se félicitant d'être enfin délivré de la tyrannie du désir amoureux (329b-c).

6. Une telle analyse sera partagée par Aristote pointant à plusieurs reprises l'insatiabilité du désir humain – donnée psychologique dont des législateurs « en chambre » comme Phaléas de Chalcédoine n'ont pas suffisamment tenu compte, en voulant égaliser les patrimoines. Voir *Pol.* II 7, 1266a-1267b.

7. Sur ce point, voir Kamtekar (2017, 132 *sq.*) montrant que la psychologie tripartite du livre IV et son analyse de l'*epithumètikon* visent à contrer une vision sophistique réduisant l'âme à la *pleonexia*. Cette analyse, appliquée au livre II, pourrait alors signifier que Socrate commence par faire voir, avec la première cité précédant l'intervention de Glaucon, ce qu'aurait pu demeurer l'humanité sur la base d'autres postulats anthropologiques.

8. « Mais le premier et le plus important des besoins est de se procurer de la nourriture, en vue de subsister et de vivre » (*Rép.* II 369d, je traduis, ici et ci-après).

optimal de la communauté, voit l'apparition de nombreuses autres professions (369d-371e). Cependant, même à l'échelle de la cité, l'autosuffisance n'est pas encore atteinte, justifiant la nécessité, restreinte au minimum, d'importer ce qui ferait encore défaut (370e) et d'exporter les biens qu'on peut échanger[9] contre ce qu'on importe (371a). Cela donne naissance à la profession de commerçants, d'abord en gros (*emporos*), puis en détail (*kapèlos*). On remarque donc que les professions commerciales sont présentes dans la cité première dépeinte par Socrate, avant même la dégénérescence en cité gonflée d'humeurs. Il faudra s'en souvenir à propos de la classe des producteurs. Si cette dernière est essentiellement désignée par les termes de « paysans » (*geôrgoi*, 420e) ou « artisans » (*dèmiourgoi*, 421d), au livre IV, une autre désignation, ayant trait à l'art d'acquisition (*chrèmatismos*), apparaît – désignation qui s'explique aussi par la présence du commerce dès les débuts de la cité.

La description de la cité complète (τελέα, 371e10) s'achève dans le tableau idyllique d'une humanité heureuse, exempte des maux de la pauvreté et de la guerre, vivant dans la santé (372d1) et la paix. Elle se caractérise par un sens de la mesure[10] dont l'origine n'est pas précisée. Néanmoins l'intervention de Glaucon, qui n'est pas prêt à se limiter à la simple satisfaction des besoins élémentaires, fait rapidement basculer cet état de limitation au nécessaire dans la démultiplication des désirs superflus (II, 373d-e)[11].

À ce dépassement des nécessités vitales, responsable de l'apparition de l'injustice dans la cité, il n'est pas donné dans un premier temps d'explication. Il survient sur une revendication de Glaucon, dont l'interprétation est délicate : est-elle la conséquence de sa vision de l'homme gouverné par la *pleonexia* – vision qu'il avait déjà exprimée dans l'expérience de pensée figurée par la parabole de Gygès ? est-elle l'expression de son naturel philosophe déplorant l'absence de

9. Platon ne fait pas de l'apparition de la monnaie une étape spécifique, on comprend *a posteriori* (371b) que ces échanges dans les importations/exportations se faisaient par l'intermédiaire de la monnaie, *sumbolon* de l'échange (371b). Comme le relève Helmer (2017, § 27), il ne semble pas avoir isolé le moment du troc.

10. οὐχ ὑπὲρ τὴν οὐσίαν, « non au-delà de leur avoir » (372b8) ; μετρίως, « avec modération » (372d1).

11. Voir les nombreuses expressions de négation du nécessaire en quelques lignes : οὐκέτι τἀναγκαῖα (373a5), οὐκέτι τοῦ ἀναγκαίου ἕνεκά ἐστιν (373b4), ὑπερβάντες τὸν τῶν ἀναγκαίων ὅρον (373d10), en lien avec « l'acquisition sans limites de richesses (χρημάτων κτῆσιν ἄπειρον) » (373d9-10).

philosophie et de culture dans cette cité par trop rustique, ou plutôt la traduction de ses aspirations d'ores et déjà perverties par son environnement social et culturel moralement défaillant ? Par ailleurs, il est troublant de noter que Socrate accède sans résistance à cette demande d'introduire le superflu dans la cité première, même s'il en pointe immédiatement les conséquences morales, en soulignant que la cité, de saine, deviendra malsaine, gonflée d'humeurs. Car vouloir avoir plus, c'est littéralement la *pleonexia*, l'avidité, la convoitise, qui est à la racine des conflits opposant les hommes. Elle avait d'ores et déjà été identifiée par Glaucon comme la racine de la tentation de l'injustice (359c3-4), lorsqu'il s'agissait de voir jusqu'où mène le désir (*epithumia*) de l'homme juste ou injuste. La *pleonexia* est, en effet, l'un des noms de l'injustice lorsque ce terme est employé en contexte politique[12].

Même si la *pleonexia* n'est pas nommée explicitement au livre II de la *République*, la double remarque de Socrate selon laquelle la justice et l'injustice difficiles à localiser dans la cité première (371d) mais perceptibles dans la seconde cité amollie et enflée (372e), semble bien sous-entendre que c'est avec la volonté d'avoir plus que le nécessaire qu'apparaissent justice et injustice, puisque cette convoitise dégénère rapidement en désir d'accaparer le bien d'autrui, à commencer par le territoire des cités voisines, engendrant guerre et conflits. Se trouve ainsi vérifiée, en même temps que précisée, l'affirmation du *Phédon* selon laquelle ce sont les appétits du corps qui sont la source des guerres :

> En effet, les guerres, les séditions, et les combats, ce n'est rien d'autre que le corps et ses appétits qui les entraînent, car toutes les guerres naissent à cause de l'acquisition des richesses (διὰ γὰρ τὴν τῶν χρημάτων κτῆσιν), et nous sommes contraints d'acquérir des richesses à cause du corps, asservis à son service. (*Phédon* 66c-d).

Le parallélisme des formules entre ces lignes du *Phédon* et le livre II de la *République* est notable, même si la version de la *République* est plus complexe et plus subtile : ce n'est pas en soi le soin du corps qui nous contraint, c'est l'appétit qui en déborde la limite, comme le

12. Cf. *Lois* X 906c. Comme le montre Helmer (2010, 85) le principe de *pleonexia* est identifié par Platon comme cause générique du mal, en tant que rupture d'un équilibre, dans d'autres domaines que la morale et la politique (santé, saisons).

précise à nouveau le livre VIII en distinguant désirs nécessaires et non nécessaires.

Cette acceptation de la part de Socrate signifie-t-elle que Glaucon a pointé là une tendance inhérente au désir humain, celle de dépasser la simple satisfaction du besoin, une propension à l'illimitation[13] ? Les livres IV et IX mettront en lumière l'infinité potentielle des objets de la partie de l'âme dont la fonction est spécifiquement de désirer. De plus, l'introduction de la distinction entre désirs nécessaires et non nécessaires au livre VIII semble confirmer que les désirs non nécessaires sont presque aussi originaires que les désirs nécessaires, puisqu'ils sont à discipliner et éduquer « dès la jeunesse » (559b9)[14].

La réponse à la question de savoir si et pourquoi la limite du nécessaire est vouée à être dépassée pourrait aussi être solidaire de la manière dont on interprète le statut de la première cité. Son rôle est très disputé parmi les interprètes, oscillant du modèle au repoussoir[15], de l'image d'un âge d'or à une vision grossière de la condition humaine réduite à une forme d'animalité. L'origine du basculement du nécessaire vers le superflu semble ainsi laissée dans une forme d'indétermination. Ce que le livre II permet néanmoins déjà de pressentir, c'est qu'il y a dans le désir humain une tendance à outrepasser le besoin, qui pourrait rendre inévitable le passage de la cité saine à la cité malade. L'impulsion de Glaucon, en introduisant le luxe dans la cité, n'aurait alors fait que porter au jour le destin humain de l'*epithumia*, vouée à l'illimitation, expliquant la tentation de la *pleonexia*[16].

### 1.2. *La polymorphie du désir*

Lorsqu'il s'agit de vérifier que la définition des vertus obtenue à l'échelle de la cité vaut aussi appliquée à l'âme individuelle, Socrate

13. Helmer (2010, 74-5) voit dans l'instabilité inhérente au corps la cause de ce basculement vers la cité malsaine, outrepassant la satisfaction des besoins nécessaires, renvoyant à *Timée* 72a.

14. Même si la catégorie des désirs nécessaires est sans doute plus étroite que les besoins recensés dans la cité première. Ces derniers admettent un certain raffinement dans leur satisfaction (le premier ajout de Socrate à la protestation de Glaucon – les « desserts »), même avant de basculer dans le luxe superflu. Ce raffinement n'est peut-être pas exclu des désirs nécessaires car Socrate y inclura l'*opson* (559b). L'*opson* qui désigne l'accompagnement, tout ce qui se mange avec autre chose que les céréales servant de base au repas (*cf.* Roubineau 2015, 153) est dit utile à la bonne condition (*euexia*) du corps. Il est dans ces lignes distingué du *sitos* indispensable à la vie.

15. Ces débats sont rappelés par Rowe 2017.

16. Voir Föllinger 2016, 36.

doit s'assurer que l'âme ait la même structure tripartite. L'*epithumètikon* constitue ainsi une force spécifique, qui se distingue, provisoirement, des autres fonctions et actes de l'âme. Cette partie désirante est certes plus évidente à isoler que la partie ardente (*thumoeidès*) car son opposition avec la raison est manifeste, mais elle pose un problème spécifique qui tient à la pluralité de ses dénominations, indice du caractère insaisissable de ses objets. En effet, elle est d'abord dénommée à partir des formes les plus communes et les plus évidentes de désir qu'elle abrite, les appétits du corps. Les premiers exemples donnés par Socrate laissent entendre qu'il s'agit de penchants vers la satisfaction des besoins liés à notre nature corporelle : « nous apprenons par un élément, nous nous emportons par un autre élément en nous, et nous désirons par un troisième les plaisirs qui concernent la nourriture et la génération et tout ce qui y est apparenté » (*Rép.* IV 436a).

Que les objets de la partie désirante soient liés, de près ou de loin, au corps et à ses besoins, est confirmé lorsque Socrate se lance dans l'analyse de l'*epithumia* à partir des désirs les plus simples et les plus évidents (faim, soif et en général les appétits 437b) analyse qui conclut en distinguant de la raison « le principe par lequel elle est amoureuse, et a faim, et a soif, et est transportée par le reste des désirs » (439d). Cette partie est alors appelée « irrationnelle et désirante (ἐπιθυμητικόν)[17], compagne de certaines réplétions et certains plaisirs » (439d). Cette appellation est reprise quelques pages plus loin, lorsqu'il est signalé que cette partie de l'âme a tendance à « se remplir de ce qu'on appelle les plaisirs qui concernent le corps » (442a8)[18].

Mais dès cet instant Socrate a ajouté sans prévenir une nouvelle description de cette partie désirante : « ce qui est la plus grande partie de l'âme en chacun et par nature la plus insatiable de richesses (χρημάτων φύσει ἀπληστότατον) » (442a6-7). Cette nouvelle description ajoute trois éléments nouveaux : la situation majoritaire du désir dans l'âme, son caractère insatiable et son attirance pour les *chrèmata*. Cette redescription semble directement suscitée par le parallèle psycho-politique, puisque, comme le montre l'élaboration

17. Je traduis ici *epithumètikon* par désirant (et non pas appétitif), car l'*epithumia* est généralement chez Platon un terme générique qui ne se limite pas à l'appétit d'origine corporelle, comme on le verra plus loin.

18. Voir aussi *Timée* 70d « la partie de l'âme qui désire (ἐπιθυμητικὸν) nourritures, boissons et tout ce dont elle a besoin à cause de la nature du corps ».

de la définition de la modération (*sôphrosunè*) en 430e-432b, la classe, inférieure, des producteurs est effectivement majoritaire dans la cité[19] et occupée à produire les divers biens de consommation dont le livre II a énuméré les espèces.

C'est par un terme lié aux *chrèmata* que Socrate a identifié la classe des producteurs en 434c en parlant de la classe des « acquéreurs d'argent » (χρηματιστικοῦ), appellation reprise en 441a[20]. Mais si elle est effectivement suscitée par le parallèle psycho-politique, cette nouvelle caractérisation n'en contient pas moins une indication supplémentaire et essentielle sur le désir.

En effet, l'attirance de cette partie de l'âme pour l'argent tend à devenir la description dominante au livre IX. L'épithète *epithumètikon* qui était utilisé principalement dans le livre IV s'avère approximatif pour deux raisons. La première est que chaque partie de l'âme est le siège d'un désir qui lui est spécifique – le fait de désirer n'est donc nullement restreint à une seule partie de l'âme[21]. La seconde est que cette appellation d'*epithumètikon* ne s'est faite que sur la base des désirs les plus évidents (437c) et les plus forts que cette partie de l'âme contient, mais que ses objets n'y sont nullement restreints, si bien qu'on peut aussi la nommer tout aussi bien « amie des richesses ». En effet, explique alors Socrate, c'est l'argent qui permet d'acquérir ce qui donne satisfaction aux multiples désirs issus, entre autres, des besoins du corps.

> Les espèces d'âme étant trois, il m'apparaît que les plaisirs aussi seront triples, chacune ayant un seul plaisir qui lui soit propre ; et il en va de même pour les désirs (ἐπιθυμίαι) et les principes. Que veux-tu dire ? dit-il. Il y avait, disons-nous, ce par quoi l'homme apprend (ᾧ μανθάνει), ce par quoi il s'emporte (ᾧ θυμοῦται), et le troisième élément auquel nous n'avions pas attribué de dénomination

19. Voir la critique d'Aristote en *Pol.* II 5, 1264a11-14.

20. De même en VIII, 547b « les races de fer et de bronze tournées vers l'art d'acquisition (ἐπὶ χρηματισμὸν) et la possession de terres, de maisons, d'or et d'argent ».

21. Au livre V, Socrate réfléchit sur le sens de l'appellation *philo-*, ami/ passionné de, et l'analyse comme un désir visant l'intégralité des objets d'un genre donné, n'en dédaignant aucune forme : « est-ce que celui dont on dit qu'il est désireux (ἐπιθυμητικὸν) de quelque chose, nous dirons qu'il désire (ἐπιθυμεῖν) l'ensemble de l'espèce de cet objet ou bien une partie mais non l'autre ? La totalité, dit-il, Donc nous dirons que le philosophe est désireux (ἐπιθυμητὴν) de la sagesse, non pas d'une partie, mais non de l'autre, mais de la sagesse en totalité ? » (475b) Le vocabulaire de l'*epithumia* employé dans ces lignes montre que Platon en fait généralement le terme générique pour désigner le désir.

> particulière, en raison de son caractère multiforme (διὰ πολυειδίαν), mais que nous avons baptisé à partir de ce qui était en lui le plus important et le plus fort. En effet, nous l'avons appelé désirant (ἐπιθυμητικὸν) à cause de l'intensité des désirs portant sur la nourriture, la boisson, les plaisirs sexuels (τῶν τε περὶ τὴν ἐδωδὴν ἐπιθυμιῶν καὶ πόσιν καὶ ἀφροδίσια), et tout ce qui va avec, et ami des richesses (φιλοχρήματον) parce que de tels désirs (ἐπιθυμίαι) sont satisfaits la plupart du temps au moyen des richesses (διὰ χρημάτων). (*Rép.* IX, 580d-581a)

Ce qui a dans un premier temps justifié l'appellation de désirante, nous dit Socrate, c'est la force, l'intensité de ces désirs liés aux besoins du corps, inextinguibles : il n'est pas possible de les faire cesser (558d11), ce qui justifie leur appellation de nécessaires. Cependant, comme les interprètes le font souvent remarquer[22], les désirs de la partie appétitive excèdent rapidement la simple satisfaction des besoins élémentaires du corps (faim, soif, désir sexuel). L'exemple de Léontios (439e-440a) désireux de regarder des cadavres suffirait à le montrer. Les objets de l'*epithumètikon* débordent largement le champ des nécessités corporelles : la distinction des désirs nécessaires et non-nécessaires élaborée au livre VIII confirme ainsi ce qu'avait déjà révélé, au livre II, le basculement de la cité saine à la cité malsaine.

Mais le moyen de cette satisfaction tend finalement à recouvrir ce qui est son objectif premier, les jouissances corporelles. Dès lors la substitution de l'amour des richesses à l'élément désirant permet de pointer cette pluralité et la complexification des désirs de l'*epithumètikon*. Que ces désirs, dont l'origine première se trouve dans les besoins du corps, se trouvent satisfaits au moyen de l'argent en démultiplie les objets possibles, et nourrit leur tendance à l'illimitation[23]. Le désir de richesses ne connaît pas de limites[24], l'argent étant par nature illimité, et il va lui-même susciter de nouveaux désirs[25] – désir de thésauriser

22. Par exemple Cooper 1999, 129.

23. Le désir des richesses est également expliqué comme destiné, au moins au départ, à satisfaire les appétits du corps en *Lois* VIII 831c-e et en *Phédon* 66c-d cité plus haut, dans un passage qui prépare les analyses de *Rép.* IX en distinguant déjà les trois mêmes caractères : l'ami de la sagesse, l'ami des honneurs, et l'ami des richesses.

24. Cf. *Rép.* IV 442a, *Lois* VIII 831d, 832a.

25. Voir Helmer 2010, 81. On peut se demander lequel des éléments, du désir ou de l'argent, est illimité, comme le fait Schofield (2006, 261). Il semble que cela vaille pour l'un et l'autre. Qu'il y ait dans l'*epithumia* un principe d'illimitation est aussi montré à partir de l'analyse du plaisir dans le *Philèbe* par Delcomminette (2006).

et désirs de dépenser, comme le montre l'analyse des tempéraments oligarchique et démocratique au livre VIII.

L'appellation d'ami des richesses (*philochrèmaton*) se trouve ultimement complétée au livre IX par le qualificatif de *philokerdès* (ami du profit, du gain) :

> Si donc nous disions que son plaisir comme son amour (τὴν ἡδονὴν αὐτοῦ καὶ φιλίαν) se portent sur le profit (τοῦ κέρδους), nous ferions reposer notre discours sur un point absolument capital, de sorte qu'il serait clair pour nous, chaque fois que nous parlons de cette partie de l'âme, qu'en l'appelant « amie des richesses » (φιλοχρήματον) et « amie du profit » (φιλοκερδὲς), nous aurions raison de l'appeler ainsi ? (IX, 581a)

Qu'ajoute ce nouveau qualificatif qui ne soit pas déjà contenu dans le *philochrèmaton* ? On peut remarquer qu'il semble appelé par le mouvement général de l'argument qui ressaisit la propriété de chacune des parties de l'âme par un couple d'adjectifs : amie de l'apprentissage (*philomathès*) / amie de la sagesse (*philosophon*) pour le *logistikon* ; amie de la victoire (*philonikon*) / amie de l'honneur (*philotimon*) pour le *thumoeidès* ; amie des richesses (*philochrèmaton*) / amie du profit (*philokerdès*) pour l'*epithumètikon.* Les deux premiers couples sembleraient distinguer d'un côté l'action ou le moyen par lequel on obtient quelque chose (l'apprentissage pour la sagesse, le fait de vaincre pour l'honneur) et de l'autre le résultat obtenu ou l'objet visé dans cette entreprise (la sagesse, l'honneur). Ce doublet (action/ résultat ou moyen/fin) est moins évident à appliquer au dernier couple, pour lequel on pourrait avoir l'impression qu'on a affaire à deux résultats, deux objets visés : l'argent et le profit. Certes il est possible de comprendre les *chrèmata* comme ce par quoi on fait du profit. On aurait ainsi le fait d'utiliser des biens monnayables, de faire des affaires d'un côté[26], et de l'autre le résultat de cette activité marchande – à savoir le profit, le gain qu'on en retire, qu'il soit monétaire ou d'un autre ordre[27]. D'après Descat (2007, 38) le *kerdos* « c'est le profit qu'on retire d'une relation

26. Voir le doublet *philochrèmatistai* (amis de l'acquisition) / *philochrèmatoi* (amis des richesses) en VIII 551a.

27. Cf. *EN* V 4, 1130b2-3 où Aristote dit à propos de l'injustice partielle, faite en vue du profit (*kerdainein* 1130a28, 31), qu'elle peut porter sur ces objets que les hommes se disputent (cf. *EE* VIII 3, 1248b27) : l'honneur, les richesses (*chrèmata*), le salut, ou « si nous avions un nom pour recouvrir tout cela », ce qui nous paraît désigner les avantages matériels.

avec autrui, et non directement du travail »[28]. Le *kerdos* pourrait donc apparaître comme la finalité recherchée, le résultat à obtenir, et les *chrèmata*, instrument de l'échange commercial, comme le moyen de réaliser ce profit[29]. Mais ce qui fait difficulté dans le cas du couple *philochrèmaton/philokerdès*, à savoir la difficulté de distinguer ce qui relève de la fin et ce qui relève du moyen, de l'action et du résultat, pourrait aussi faire sens. C'est, en effet, une caractéristique de l'argent, de la richesse, que de se transformer de moyen en fin dans l'âme des hommes, si bien que moyens et fins en deviennent indistincts, et que le moyen finit par être désiré comme une fin.

Il apparaît dès lors que la redescription de l'*epithumètikon* au livre IX fait passer le moyen de satisfaire les désirs, les richesses, devant ce qui semblait à l'origine en être la fin, à savoir la satisfaction des désirs ayant les besoins du corps pour origine. Or cette inversion, cette autonomisation du moyen qui devient fin a été préparée par la description d'un caractère psychologique au livre précédent. Dans le caractère oligarchique, on observe la tendance du désir à s'éloigner de son origine corporelle pour acquérir une existence propre, capable de s'autoalimenter, et de transformer ce qui n'est qu'un moyen (l'argent, les richesses) en une fin.

### 1.3. *L'ami des richesses : naissance du type oligarchique.*

Le livre VIII présente la dégénérescence de la cité, destinée à incarner les différentes facettes de l'injustice, suivant le projet de Socrate annoncé à la fin du livre IV (445c-e), avant l'interruption de Polémarque et Adimante ayant entraîné la longue digression des livres centraux. Si un caractère en particulier incarne l'amour de l'argent – c'est l'oligarque –, notons que cet amour des richesses est déjà manifeste chez le timocrate, qui le précède, même si cette tendance ne s'exprime qu'en privé, et pas encore en public. Comme le note Helmer

28. D'après Helmer (2021, 162) le terme signifie « bénéfice personnel ou privé », et négativement « amour du profit » aux dépens de la justice. Cette notion est le sujet de l'*Hipparque*, dialogue platonicien inauthentique, dont on retiendra notamment une caractérisation du *kerdos* (profit) : « toute possession qu'on acquiert ou bien sans rien dépenser ou bien en dépensant moins tout en recevant plus » (231a), qui décrira les mécanismes à l'œuvre chez l'homme oligarchique.

29. Voir aussi *Lois* VIII 831c où « le profit journalier » (τοῦ καθ' ἡμέραν κέρδους) est présenté comme la finalité d'un comportement dépourvu de loisir. Je remercie L. Mouze de m'avoir signalé ce passage.

(2010, 112-3), le désir d'avoir, qui va de pair avec une privatisation de l'intérêt, commande toute la dégénérescence des régimes, dès la timocratie, et jusqu'à la tyrannie.

Les hommes du régime timocratique sont les premiers à apparaître « désireux des richesses (ἐπιθυμηταὶ [...] χρημάτων), comme ceux des oligarchies » (548a). Mais leur amour de l'argent reste dans le domaine privé, retranché dans le secret des chaumières. Par ailleurs, on remarque aussi qu'en dépit de cet amour de l'argent, ils n'en sont pas moins prêts à faire de grandes dépenses pour des femmes ou d'autres personnes (548b1), comme s'ils annonçaient déjà l'homme démocratique, très dépensier, qui met l'argent au service de tous ses désirs et plaisirs.

En l'homme timocratique les parties irrationnelles de l'âme se sont émancipées de la tutelle du principe raisonnable (550b2-3). S'expriment donc en lui des tendances liées à la partie désirante : l'appât du gain qui se manifeste par la tendance à thésauriser, et l'attrait du plaisir qui se manifeste dans ses dépenses pour satisfaire ses désirs sensuels. Les hommes timocratiques sont « économes de leur argent » (φειδωλοὶ χρημάτων), mais « dépensiers avec celui des autres pour satisfaire leur désir » (φιλαναλωταὶ δὲ ἀλλοτρίων δι' ἐπιθυμίαν) (548b). L'absence de scrupules pour le bien d'autrui est encore un trait amené à prendre de l'ampleur dans les caractères qui suivront. Ce qui, chez l'homme timocratique, n'est encore qu'une tendance parmi d'autres devient chez l'homme oligarchique un véritable caractère, entièrement gouverné par l'amour des richesses.

La seconde caractéristique de cet homme timocratique est de faire en cachette[30] ce que l'homme oligarchique puis l'homme démocratique feront au grand jour (554a-d), sans en avoir plus honte, signe que le sentiment de ce qui est moralement louable ou blâmable, et la retenue (*aidôs*), se sont effacés chez ces derniers. La timocratie étant un milieu entre l'aristocratie et l'oligarchie (547c), on comprend que se lisent dès le timocrate des traits du caractère oligarchique. Ce caractère timocratique a déjà « part à la nature de celui qui aime les richesses (τῷ τε μετέχειν τῆς τοῦ φιλοχρημάτου φύσεως) » (549b2)[31]. Il

30. « dans l'ombre » ὑπὸ σκότου (548a7), « ils les cacheront » κρύψειαν (548a6), « non ouvertement » οὐ φανερῶς (548b5), « en cachette » λάθρᾳ (548b6), « se soustrayant à la loi » τὸν νόμον ἀποδιδράσκοντες (548b6-7).

31. Comme le souligne Helmer (2016, 204) cette expression peut s'entendre en deux sens, soit en renvoyant à la nature comme tendance psychologique, soit au naturel comme

s'agit là d'une tendance qui se renforce avec l'âge, au moment où les qualités de la jeunesse et sa sensibilité aux valeurs morales viennent à s'estomper[32].

La naissance du caractère oligarchique se fait à partir de trois comportements déjà repérables dans le caractère précédent : l'accumulation privée, la dépense pour les plaisirs, la désobéissance vis-à-vis des lois (550d-e, qui reprend et résume la description de 548a-b)[33]. Le caractère oligarchique naît de l'expérience d'une forme de déchéance sociale et politique : le père de l'homme oligarchique a vu ses biens confisqués et s'est vu déchu de ses droits de citoyen suite à une mise en accusation injuste. Ce sont d'abord des passions réactives, la peur et l'humiliation (553b-c), qui suscitent l'inversion de la hiérarchie des parties de son âme. Le *thumoeidès* jusqu'alors dominant est remplacé par l'élément désirant et ami des richesses (553c5). Socrate décrit comme un asservissement l'instrumentalisation par le désir des autres parties de l'âme, contraintes de satisfaire cet amour de l'argent. Leurs capacités propres, à calculer pour le *logistikon* et à tenir en estime pour le *thumoeidès*[34], sont détournées vers cet objet qui leur est étranger, et subordonnées à l'obtention de cette valeur qui leur est inférieure (553d).

Si on retrouve en 553c5, décrivant ce bouleversement de l'ordre de l'âme, la double qualification (τὸ ἐπιθυμητικόν τε καὶ φιλοχρήματον) de la partie de l'âme déjà aperçue au livre IV 442a5-7, c'est le deuxième qualificatif, l'amour des richesses, qui l'emporte à présent dans ce caractère, le conduisant même à avoir une attitude restrictive vis-à-vis des désirs, qu'il limite au strict nécessaire.

un type psychologique déjà constitué. C'est en ce second sens que nous le comprenons étant donné que la timocratie comme forme politique et psychologique est entre l'aristocratie et l'oligarchie (547d).

32. Aristote redira que les personnes vieillissantes sont davantage portées à l'avarice (*EN* IV 3, 1121b13 ; *Rhét.* II 13, 1389b27-28).

33. L'objet de cet article étant le caractère psychologique, sont volontairement laissés de côté les principaux maux politiques diagnostiqués dans le régime oligarchique qui tiennent dans l'abandon du principe de la compétence pour gouverner la cité (551c), la division de la cité en deux, riches et pauvres (551d-552a), et dans l'apparition d'une classe inutile et/ou dangereuse, celle des ruinés qui finissent mendiants (les faux bourdons sans dard) ou malfaiteurs (les faux bourdons avec dard) (552a-e). Cette comparaison avec les faux bourdons est analysée par Peigney (2016).

34. Pour un développement du *thumoeidès* comme fonction de valorisation de son objet, voir Renaut 2014.

Un certain désir, celui de l'argent, de devenir le plus riche possible (555b), va contenir tous les autres. Tout se passe comme si la partie désirante se fixait sur ce seul et unique objet, qui d'instrument de satisfaction des désirs, devient but et objet de désir pour lui-même, à l'instar de la manière dont la mauvaise forme de la chrèmatistique naît de sa forme naturelle chez Aristote (cf. *Pol.* I 8-9).

> [L'homme oligarchique est semblable à l'oligarchie] par le fait d'être pingre (φειδωλός) et travailleur, ne satisfaisant que ceux des désirs chez lui qui sont nécessaires, ne faisant pas d'autres dépenses, tenant bien au contraire soumis les autres désirs [...] Il est quelqu'un de desséché (αὐχμηρός), qui épargne sur tout, un homme qui thésaurise. (554a)

L'adjectif αὐχμηρός qui signifie littéralement « desséché » ou « poussiéreux »[35] renvoie-t-il à l'aspect physique de l'homme oligarchique qui économise sur sa mise ou sa toilette ou à l'aspect moral, le terme désignant son austérité voire son comportement sordide ? La majorité des traducteurs le comprend dans ce sens figuré[36], qui est possible, même si cette connotation négative a quelque chose de troublant dans la mesure où l'homme oligarchique se contente des désirs nécessaires, qui sont pourtant positivement connotés, parce qu'ils ont un fondement naturel que les désirs non nécessaires ont, eux, perdu. En effet, l'étude de l'homme oligarchique conduit Socrate à introduire la catégorie de désir nécessaire (554a5-6), développée ensuite pour démarquer l'homme oligarchique de l'homme démocratique (558d-559d). Le désir nécessaire se caractérise par son utilité pour la santé (*hugieia*) ou pour la forme physique (*euexia*)[37], par opposition aux désirs non nécessaires. Le propre de l'homme démocratique sera de donner libre cours aux désirs non nécessaires, ceux-là même qui sont « nuisibles et pour le corps, et pour l'âme au regard de la sagesse et de la modération » (559b), qu'il faut réprimer dès l'enfance – désirs de dépense et non d'acquisition. On pourrait

35. On le retrouve dans la description d'Éros en *Banquet* 203d où il est souvent traduit par « sale » puisqu'Éros est vagabond, toujours sur les routes.

36. L. Robin (1950, t. I, 1153) fait exception, en le traduisant par « crasseux ».

37. Ce double critère (santé, bonne condition physique) reprend celui déjà énoncé dans le *Gorgias* (499d-e) pour distinguer bons et mauvais plaisirs. Le livre IX confirme cette positivité en décrivant le comportement de l'homme sain et modéré, lequel avant de s'endormir a pris soin de ne pas trop rassasier la partie désirante de son âme, mais aussi de ne pas la laisser en manque (571e), sans rien d'ascétique donc.

alors comprendre cette « sécheresse » de l'homme oligarchique comme le fait qu'il assèche à un point extrême et excessif ses désirs[38], alors que l'homme démocratique les arrose[39]. Sans spéculer davantage sur le sens de cet adjectif, concluons sur les ambivalences de l'homme oligarchique.

On perçoit rapidement les limites de la domination qu'il exerce sur ses désirs dans son comportement vis-à-vis du bien d'autrui. S'il présente une apparence raisonnable en ce qui concerne la gestion de son propre bien, apparence qui n'est nullement la vertu puisqu'elle se fait au prix d'un combat intérieur (quand la vertu véritable est, selon la conviction constante de Platon, une harmonie psychique *cf.* 554d-e), la puissance du principe désirant, dominé par la violence et la contrainte, se laisse voir quand il s'agit d'accaparer (554c) et dépenser (554d) le bien d'autrui. Ces différentes caractéristiques – épargne sordide, absence de scrupules vis-à-vis du bien d'autrui – sont deux directions amenées à être développées dans les deux types de portraits d'avares dressés par Théophraste : le parcimonieux (*mikrologos*) et le mesquin (*aneleutheros*) épargnent à l'excès, tandis que l'homme sans scrupules (*anaischuntos*) et le profiteur sordide (*aischrokerdès*) prennent sans hésiter sur le bien d'autrui. Les analyses platoniciennes, dans leur finesse psychologique, portent en germe certains éléments développés par Aristote et son disciple Théophraste.

En conclusion de cette analyse, on voit que si chez Platon l'amour de l'argent s'exprime dans des tendances qu'on retrouve à l'œuvre dans chaque type d'être humain dès lors qu'il n'est plus intégralement vertueux, avant de donner naissance à un caractère qui l'incarne à l'état pur – l'homme oligarchique – c'est parce que cet objet tend à se substituer aux autres objets du désir. L'amour des richesses en vient ainsi à nommer et remplacer la tendance psychique tout entière dont il est issu, la tendance désirante. Les effets de l'amour de l'argent sur le caractère oligarchique sont ainsi la conséquence poussée à l'extrême d'une tendance générale du désir humain, tendance à l'illimitation, que cet objet qu'est l'argent vient non seulement épouser, mais aussi transformer jusqu'à – momentanément – l'absorber car ce n'est pas

38. Les restrictions que s'impose le caractère oligarchique pour ne pas dépenser iraient alors jusqu'à le faire manquer du nécessaire comme l'avare d'Aristote qui rejoint en cela le prodigue (*EE* III 4, 1232a5-9).

39. Socrate emploie cette image au livre X à propos de la poésie qui arrose les passions qu'il faudrait au contraire assécher (*cf.* X 606d avec le verbe αὐχμεῖν).

là le dernier stade des métamorphoses du désir, qui prend encore de nouvelles formes chez l'homme démocratique et l'homme tyrannique.

## 2. LES CARACTÈRES RELATIFS À L'ARGENT CHEZ THÉOPHRASTE

### 2.1. *D'Aristote à Théophraste*

L'effet puissant et omniprésent de l'amour de l'argent sur les êtres humains n'a pas davantage échappé à Aristote, qui en fait un principe naturel au même titre que l'amour de soi :

> En effet, il n'est pas possible que l'amour que chacun a pour lui-même existe en vain, c'est au contraire quelque chose de naturel. On blâme à juste titre l'égoïsme (τὸ δὲ φίλαυτον) mais celui-ci ne consiste pas à s'aimer soi-même, mais à s'aimer plus qu'il ne faut, comme dans le cas de l'amour des richesses (τὸ φιλοχρήματον), puisque tous les hommes, pour ainsi dire, aiment chacun de ces objets. (*Pol.* II 5, 1263b)

Là où, chez Platon, cette tendance à l'amour des richesses (comme d'ailleurs à l'amour de soi[40]) est en soi perverse, chez Aristote c'est seulement son excès qui est condamnable. Ce mouvement de dissociation est également perceptible dans l'analyse aristotélicienne de la chrèmatistique qui distingue la forme naturelle de l'art d'acquérir de sa forme pervertie, contre nature (*Pol.* I 8, 1256b26-I 9, 1257a5).

Aristote est moins sévère et méfiant vis-à-vis des effets de l'argent que son prédécesseur et maître. Deux vertus éthiques, la libéralité (*eleutheriotès*) et la magnificence (*megaloprepeia*), sont ainsi dévolues au juste usage des richesses. Autant la libéralité est une vertu absente de la pensée platonicienne, autant elle est régulièrement mentionnée par Aristote, en plus des chapitres qui lui sont consacrés, dans les exemples de vertus éthiques (I 13, 1103a6) ou dans les reproches adressés aux dispositifs communautaires platoniciens (cf. *Pol.* II 4, 1262b15-24 ; II 5, 1263b8-14) – ce qui constitue un signe de son importance aux yeux du Stagirite. Sans développer ici les raisons de cette différence d'appréciation ni le rôle important qu'Aristote accorde au bon usage

40. Voir la condamnation de la *philautia* (amour de soi) dans les *Lois* (V 731d-e) et l'articulation entre *pleonexia* (désir d'avoir plus) et *idiopragia* (agir pour son propre intérêt) en IX 875b.

de l'argent, bien extérieur indispensable au déploiement de l'activité vertueuse[41], relevons simplement que le traitement de la libéralité chez Aristote met en exergue le caractère social de l'homme aristotélicien. Inséré dans une ou plusieurs communautés, il entretient avec ses semblables des rapports dans lesquels l'argent fait figure d'instrument, de support des actions éthiques.

Aristote demeure par ailleurs tout à fait lucide sur les ravages moraux (et politiques) que produit la richesse, ce dont témoignent tant le portrait acerbe qu'il dresse du riche imbu de lui-même dans la *Rhétorique* II 16 que les descriptions du groupe social des riches dans la *Politique* (IV 11). Il a également diagnostiqué dans l'appétit du profit (*kerdos*) le motif de l'injustice particulière (*EN* V 4, 1130a24-28), caractérisée par le fait de prendre plus que sa part (*pleonektein* 1130a17, 20). La vertu liée à l'usage de l'argent et des biens monnayables, la libéralité, est située, conformément à la théorie de la médiété, entre deux vices, les extrêmes que représentent l'avarice et la prodigalité. Cependant, comme souvent, ces deux vices ne se situent pas à équidistance de la médiété : l'avarice est un vice à la fois plus grave, plus éloigné du juste milieu, et plus fréquent (*EN* IV 2, 1221a19-30, b11-13). C'est même le vrai contraire de la libéralité (*EN* IV 3, 1122a13-16). Ce vice est plus grave parce qu'il contredit l'essence même de la libéralité, qui est de donner, c'est-à-dire de faire usage de sa richesse[42] en se dessaisissant de son bien. Il est aussi plus répandu parce qu'il prend racine dans cette tendance naturelle à s'attacher à ce qui est à soi, qui explique la cristallisation et la crispation de nos intérêts sur ce que nous possédons. Il prend enfin plus de formes (*polueidès* 1121b16).

Dans la continuité de ce triple constat du caractère plus grave, plus fréquent et plus diversifié de l'avarice, Théophraste, premier successeur d'Aristote à la tête du Lycée, nous présente quatre déclinaisons du vice de l'avarice dans les *Caractères*. Ses portraits se présentent comme une succession de notations, mettant en scène les paroles et actions du caractère sans prendre appui sur une théorie des facultés de l'âme, à la différence de ce qu'on a vu à l'œuvre en *République* VIII[43] ou de la

41. Je me permets de renvoyer à Murgier 2016.

42. La notion d'usage fait d'ailleurs partie prenante de la définition de la richesse en *Rhétorique* I 5, 1361a24-25.

43. Même si le genre lui-même de la peinture de caractères se situe dans une certaine continuité avec la caractérologie des livres VIII et IX de la *République*, voir Diggle 2004, 6.

psychologie morale qu'Aristote expose en *EN* I 13 et qui commande sa division entre vertus intellectuelles et vertus éthiques.

Théophraste s'inscrit pourtant dans la continuité de la théorie morale d'Aristote dont il semble avoir repris la théorie de la médiété[44], sans jamais l'expliciter dans les *Caractères*, opuscule étrange, dont la postérité n'efface pas le mystère. On se dispute encore sur la vocation de l'ouvrage : éthique ? comique ? L'état même du texte est aussi sujet à caution puisque certains spécialistes suspectent les définitions qui ouvrent chacun des trente caractères d'être apocryphes[45]. Ces définitions correspondent plus ou moins à celles qu'on trouve dans les traités aristotéliciens quand le travers portraituré correspond à un vice dont Aristote a lui-même traité dans ses exposés des vertus et de leurs extrêmes opposés. Théophraste, lui, ne s'intéresse qu'aux vices, qu'il traite d'une manière assez troublante pour le lecteur familier de Platon et d'Aristote. Autant Platon nous peignait les types humains de l'intérieur, depuis les tendances psychologiques qui les animent, autant Théophraste le fait par un regard extérieur, nous rendant spectateurs d'un comportement, sans accès à l'intériorité de ses personnages. S'il est vrai, comme le notent les interprètes[46], que l'homme de Théophraste est un caractère en situation, en chair et en os, inscrit dans un temps et dans un lieu, cet homme a beau être plus concret que le type brossé par Aristote, il n'en reste pas moins que c'est à nous lecteurs de reconstituer ce en quoi il déroge à la norme, sans que les motivations de ses actions ne soient jamais explicitées.

### 2.2. *L'argent comme matière des interactions sociales*

Les trente caractères de Théophraste développent principalement (à l'exception du lâche) les vices correspondants qui sont traités au livre IV de l'*Éthique à Nicomaque*, c'est-à-dire les dispositions éthiques qui concernent les biens extérieurs (richesses, l'honneur), et les vertus sociales (sincérité – *alètheia*, amabilité – *philia*, enjouement – *eutrapelia*). Il s'agit, autrement dit, des vertus qui sont appelées par la vie en société.

C'est sur les conséquences des vices sur nos interactions avec autrui que paraissent mettre l'accent ces portraits, et c'est ce décalage avec

44. Voir le fragment 449A FHSG dans Fortenbaugh *et al.* 1992, vol. 2, 278-9.
45. Sur ces différents points, voir l'introduction de Diggle 2004.
46. Diggle 2004, 7.

les attentes implicites du lecteur qui est à l'origine de leur potentiel comique. Théophraste nous peint, en effet, un homme en relation, dans sa vie quotidienne, mais dont les interactions sont perturbées par le vice dont le caractère est l'incarnation, dans une perspective qui n'est pas sans faire penser à la manière dont la micro-sociologie d'E. Goffman décrit les rites d'interaction, selon qu'ils se déroulent conformément ou contrairement aux attentes implicites des membres d'une société[47]. Le caractère de Théophraste est inscrit dans un *oikos* – on le voit chez lui, interagir avec ses esclaves, sa femme, ses enfants et même parfois ses parents – et au sein d'une *polis*, laquelle n'est pas réduite aux institutions politiques. On observe cet homme dans des lieux publics (l'*agora*, le tribunal, le bain) ou dans des occasions semi-privées (mariage, dîners).

Avant d'en venir à l'analyse des quatre caractères concernés par un rapport vicieux à l'argent, notons que le thème de l'argent et des richesses, et de leur usage, est omniprésent dans les *Caractères*, même pour les portraits dont il ne constitue pas le vice principal. Cette récurrence est le reflet de l'omniprésence de l'argent et de son usage dans les rapports sociaux, autant à l'époque de Théophraste qu'à la nôtre. Les interactions commerciales (achat/vente, prêt…) mettant aux prises deux individus, sont l'occasion d'exprimer des rapports de domination, des manières de (dé)considérer l'autre, et de se conformer ou non aux normes sociales, aux attentes plus ou moins codifiées de réciprocité qui les règlent[48]. L'argent y apparaît comme matière éthique, support des actions et des rapports humains, et à ce titre il est un révélateur puissant des caractères qu'il met en relation. C'est ainsi par exemple qu'on voit tout le caractère du « méfiant » (*apistos*), même s'il ne s'agit pas directement d'un vice relatif à l'usage de l'argent, entièrement focalisé sur des biens matériels. Les occasions faisant intervenir l'usage de l'argent ou des biens monnayables sont fréquentes dans les *Caractères* : dans un essai de typologie, nous en avons relevé neuf principales[49]. Parmi elles, le thème du prêt est le plus

47. Voir aussi Volt 2010.

48. Voir Millet 2007, 93-5.

49. (1) Le prêt à intérêt, la collecte, le prêt d'objets (caractères I, IV, VI, IX, X, XII, XIV, XV, XVII, XVIII, XXII, XXIII, XXX) ; ensuite viennent (2) l'achat, la vente, les affaires (I, IX, X, XII, XV, XVII, XVIII, XXI, XXIII, XXIV, XXX) ; (3) les courses (II, IX, X, XVIII, XXI, XXII), (4) l'argent, la monnaie (IV, XXVII, XVIII, XXI, XXVIII, XXX) (5) les dons (XXIII, XXX), (6) la caution (XII, XVIII) (7) les comptes (XIV, XXIII, XXX), (8) le prix des denrées (III, IV), (9) le prix des places de théâtre (VI, IX, XXX).

récurrent, qu'il s'agisse du prêt à intérêt (*daneizein*), de la collecte entre amis (*eranos*/*eranizein*[50]), ou du prêt d'objets. En effet, les prêts, qui sont encore majoritairement informels dans l'Athènes du IV^e^ siècle, sont un pilier d'une société appuyée sur des valeurs coopératives, où le prêt est encadré d'attentes morales[51].

L'argent et la richesse sont également présents de manière indirecte dans certains caractères en tant que supports d'une certaine image de soi. Cela se voit particulièrement pour le caractère du vantard (*alazôn*) qui se met en scène notamment comme riche soit en inventant un capital engagé en mer (§ 2) soit en forgeant divers dons dispendieux (§ 5-6), et du vaniteux (*mikrophilotimos*) dont tout le portrait est une longue énumération des signes extérieurs de richesse qu'il accumule. Ces portraits-là sont dans la continuité du portrait du riche dressé en *Rhétorique* II 16 où l'on voit la richesse être l'origine d'une surestimation de sa valeur, indexée sur son avoir au lieu de l'être sur sa vertu[52]. Ces deux caractères de Théophraste cherchent ainsi à exister aux yeux des autres à travers ce qu'ils ont plutôt que ce qu'ils sont.

### 2.3. *Les caractères rétifs à la dépense : le parcimonieux et le mesquin.*

Venons-en maintenant aux quatre caractères dont le vice tient précisément dans leur rapport à l'argent. Il y en a quatre déclinaisons, ce qui constitue une proportion importante pour un même vice. Il s'agit de l'homme sans scrupules (*anaischuntos* IX), du parcimonieux (*mikrologos* X), du mesquin (*aneleutheros* XXII), et du profiteur sordide (*aischrokerdès* XXX).

Aristote, qui soulignait le caractère polymorphe de ce vice, avait déjà égrené différentes formes de l'avarice en *EN* IV 3, 1121b21-1122b13 et *EE* III 4, 1232a11-15, et de même dans le traité pseudo-aristotélicien *Des Vertus et des Vices* 1251b7-15. Mais là où Aristote se contentait d'énumérer des qualificatifs en explicitant à peine les différences sous-jacentes (à l'exception du traité des *Vertus et des Vices*), Théophraste propose une définition et un portrait précis pour chacun

50. L'*eranos* est une forme de prêt sans intérêt, informel, entre amis. Voir Millett 1991, 153.

51. Nous nous appuyons ici sur les analyses de Millett 1991, 58 ; 140.

52. Voir aussi *EN* IV 8, 1124a29-b5 sur les opposés du magnanime qui méprisent les autres pour de mauvaises raisons.

des quatre types humains. Au sein de circonstances similaires[53], leurs comportements respectifs, quoique voisins, accusent de petites différences qui permettent de saisir la singularité du caractère en question.

On peut néanmoins les grouper en deux paires, lesquelles recoupent deux aspects distincts de l'avarice relevés par Aristote en *Éthique à Nicomaque* IV 3 :

> Il semble qu'il y ait de nombreuses formes d'avarice. En effet, vu qu'elle consiste en deux choses, le défaut du don et l'excès de l'acquisition, elle ne survient pas sous sa forme complète chez tous, mais parfois sous forme séparée, et les uns sont en excès dans le fait de prendre, les autres en défaut dans celui de donner (1121b17-21).

Ces deux formes correspondent chez Théophraste à une première paire défaillante dans le don ou la dépense, et une seconde excessive dans l'acquisition ou le profit.

Le parcimonieux (*mikrologos*) et le mesquin (*aneleutheros*) ne veulent pas donner. Ils font tout pour ne pas dépenser, comme l'explicite la définition de chacun des caractères qui met l'accent sur la dépense : « économie dans la dépense (*diaphoros*) au-delà de l'approprié » pour le parcimonieux (X), « une certaine absence de libéralité fuyant la dépense (*dapanè*) » pour le mesquin (XXII). Or le don ou la dépense constituent le cœur de la vertu de libéralité, dont Aristote a montré, à partir de cinq arguments développés au livre IV de l'*EN* (IV 1, 1120a11-23) qu'elle consistait prioritairement dans le fait de donner. Ils correspondent à une première tendance identifiée par Aristote en *EN* IV 3 : « les uns, sous les appellations telles que pingres (φειδωλοὶ), rapiats (γλίσχροι), grippe-sous (κίμβικες), font tous défaut dans le don, mais n'aspirent pas aux biens d'autrui, ni ne veulent les prendre » (1121a21-24).

Le pingre (*pheidolos*) est davantage caractérisé dans l'*Éthique à Eudème* III 2 : « il ne lâche pas ses sous » (1232a13), tandis que le grippe-sou (*kimbix*) est « excessivement scrupuleux pour de petites choses » (1232a14). Le traité pseudo-aristotélicien des *Vertus et des Vices* donne

53. Nous en avons relevé douze qui reviennent dans au moins deux caractères sur les quatre relatifs à l'argent : (1) prêter / emprunter, (2) faire un sacrifice, (3) inviter/être invité, (4) faire les courses, (5) aller au théâtre, (6) aller au bain, (7) contribuer pour les fêtes, (8) acheter/vendre, (9) repas en commun ou dépenses communes, (10) manière de traiter ses serviteurs, (11) argent perdu, trouvé ou gagné, (12) vêtements, chaussures et soins du corps.

quant à lui d'autres caractérisations, légèrement différentes, parfois un peu plus développées, de ces différents vices liés à l'avarice[54] : le pingre (*pheidolos*) ne veut pas dépenser d'argent pour les choses nécessaires (1251b7-8), le grippe-sou (*kimbix*) dépense, mais peu et mal et se cause davantage de tort en ne dépensant pas au moment opportun (1251b9-10).

Chez Théophraste on ne voit pas le parcimonieux (*mikrologos*) et le mesquin (*aneleutheros*) chercher directement à faire du profit aux dépens d'autrui. Le mesquin (*aneleutheros*) fait en sorte de n'avoir pas à donner : donner à la cité (en évitant les contributions volontaires § 3), donner à ses amis (en évitant la collecte § 9), à ses invités (en faisant vendre la viande qu'il était d'usage d'offrir aux invités § 4), à sa femme (en refusant de lui payer une servante § 10), à ceux qu'il emploie (en louant des serviteurs sans les nourrir § 4). Certains traits rapprochent l'*aneleutheros* de la petitesse (*mikroprepeia*) aristotélicienne (*EN* IV 6, 1123a27-32) : comme l'homme petit, il gâche la beauté de son geste (par exemple la chorégie qui suppose une grande dépense) par une attitude médiocre, en n'inscrivant que son nom et sur une simple bandelette de bois (XXII, § 2). On mesure aussi davantage les conséquences civiques de son comportement puisqu'il cherche à se soustraire à ses devoirs de citoyen en évitant les contributions volontaires (§ 3). Conséquence de son avarice, rejoignant la signification littérale du terme d'*aneleutheria*, il en perd presque le statut d'homme libre en s'infligeant des tâches domestiques, dont on suppose qu'elles reviendraient sinon plutôt aux esclaves ou aux femmes (§ 12 il balaie la maison et fait les lits). Son avarice tend à le refermer sur la sphère privée, au détriment de la vie publique : il ne sort plus de chez lui quand il a donné son manteau à laver (§ 8). En cela il rejoint le portrait du *mikrologos*, dont les actions relèvent avant tout de la sphère privée. On ne voit ce dernier surtout dans son domaine (maison, jardin, terres), obsédé par la conservation de son avoir, dans le souci de ne rien perdre[55], au point de vérifier sans cesse les bornes de sa propriété (§ 9) ou de rentrer des courses sans avoir rien acheté (§ 13). Le parcimonieux est attentif à de toutes petites choses, comme son nom le fait entendre littéralement (*mikro-*

54. Pour une traduction française de ce traité, voir Morel 2000, 9-11. Ce traité, comme Aristote, et à la différence de Théophraste, fait de l'*aneleutheria* le travers générique, dont les autres sont les espèces. Théophraste, lui, fait de l'*aneleutheria* un des vices spécifiques liés à l'argent, sur le même plan que les trois autres.

55. Voir Steinmetz 1960-1962, t. II, 136 et Diggle 2004, 301.

*logos*)[56], jusqu'à l'olive ou la datte tombée de ses arbres (§ 8), ou le moindre grain de sel, la moindre mèche de lampe, graine de cumin, d'origan, d'orge, les bandelettes, les galettes de sacrifice qu'il défend à sa femme de prêter (§ 13).

### 2.4. *Les caractères enclins au profit : l'homme sans scrupules et le profiteur sordide*

Le défaut moral est cependant plus accentué dans la définition de l'autre paire d'avares, qui fait intervenir directement la catégorie morale du honteux (*aischros*) dans leur définition même, rendant le blâme explicite : « l'absence de scrupules est, pour la saisir par une définition, le fait de mépriser l'opinion en vue d'un profit honteux (αἰσχροῦ ἕνεκα κέρδους) » (IX, § 1)[57] ; « l'appât du profit est le désir d'un profit honteux (κέρδους αἰσχροῦ) » (XXX, § 1)[58]. Ces deux types de profiteurs correspondent aussi à la deuxième catégorie d'avares identifiée par Aristote, ceux qui sont capables d'endurer l'opprobre pour faire du profit.

> Les autres, à l'inverse, sont en excès dans le fait de prendre, du fait qu'ils prennent de partout et tout, par exemple ceux qui accomplissent des métiers vils, ceux qui tiennent des maisons de prostitution et tous les individus de ce genre, et ceux qui prêtent de petites sommes à fort taux d'intérêt. En effet, tous ceux-ci prennent d'où il ne faut pas, et dans une quantité qu'il ne faut pas. Leur trait commun est manifestement le profit sordide (αἰσχροκέρδεια), car tous endurent le déshonneur, en vue du profit, même petit. (*EN* IV 3, 1121b31-1122a3)

Ils se distinguent du premier type d'avares, celui qui se refusait simplement à dépenser, mais qui était encore retenu, au moins dans certains cas, par un sentiment de la valeur : certains s'abstenaient de prendre « par une certaine honnêteté et une circonspection devant ce qui est laid » (1121b24). Les profiteurs, eux, sont dépourvus de scrupules.

56. Il correspond à la description du *kimbix* (grippe-sou) dans l'*EE* III 2, 1232a14.

57. Cette définition est semblable à celle des *Définitions* pseudo-platoniciennes (416a14-15).

58. Ces définitions rejoignent ce qui constitue l'une des tentatives de définition de « l'ami du profit » (*philokerdès*) dans le dialogue pseudo-platonicien *Hipparque*. La troisième tentative y décrit le *philokerdès* comme « celui qui fait effort pour, est déterminé à faire du profit (κερδαίνειν) à partir de ce dont les honnêtes gens n'oseraient pas tirer profit » (227d).

Leur refus de la dépense demeure commun avec la première paire examinée, mais il va plus loin, jusqu'à faire de cette absence de dépense un moyen d'accumuler du gain, et le plus souvent aux dépens d'autrui. Les portraits qui développent ces définitions montrent qu'ils prennent plus ou moins directement à autrui, en s'accaparant ce qui ne leur revient pas (a), ou en s'abstenant de faire une dépense ou un don normalement requis par la circonstance (b). Voici quelques illustrations de ce double travers.

L'homme sans scrupules (*anaischuntos*) (a) se sert sur l'étal du boucher (§ 4), fait manger son serviteur lorsqu'il est invité chez quelqu'un d'autre (§ 3), entre au théâtre sans payer sa place (§ 5), réclame une part de la bonne affaire de son ami (§ 6) ; (b) fait saler pour les revendre les viandes qu'il aurait dû offrir à ses amis (§ 2).

Il brave ostensiblement le regard d'autrui, par exemple en se moquant du baigneur qu'il vient de spolier de son dû (§ 8), ou en riant de ses rapines à l'étal du boucher (§ 4).

Le profiteur sordide (*aischrokerdès*) (a) se sert une double part (§ 4), prend l'huile du voisin au bain (§ 8), prend une part de l'argent trouvé par ses serviteurs (§ 9), utilise les esclaves des autres (§ 17), ne rembourse pas totalement sa dette (§ 13)... ; (b) s'absente pour ne pas avoir de cadeau de noces à offrir (§ 19), charge à l'excès son esclave en rognant sur sa nourriture (§ 7), défalque du traitement du maître d'école les journées d'absence de ses enfants (§ 14), recense les moindres denrées fournies au repas en commun pour en imputer la charge à la collectivité (§ 18)...

Le profiteur sordide rejoint ainsi un trait souligné par Aristote dans la *Rhétorique* en II 6, 1383b23 à propos de l'impudence (*anaischuntia*), à savoir qu'il fait son profit sur des êtres plus faibles que lui (*adunatôn*) : en effet, on le voit souvent exploiter ses esclaves (§ 7, § 9, § 11, § 15). Ce trait renforce encore sa bassesse morale.

L'immoralité de ce caractère est également soulignée par le fait qu'il n'a pas de scrupules à exploiter ses amis et à s'enrichir à leurs dépens : il vend du vin mélangé d'eau même à ses amis (§ 5), emprunte un manteau à son ami en tardant à le lui rendre (§ 10), utilise les esclaves de ses amis lors d'un voyage commun (§ 17), s'arrange pour ne pas avoir à faire de cadeau à son ami qui se marie ou marie sa fille (§ 19), emprunte à ses amis des petites choses que ceux-ci n'osent pas lui redemander (§ 20).

L'un et l'autre de ces deux caractères centrés sur le profit recouvrent donc la double caractérisation de l'avarice en *EN* IV sous sa forme complète qui peut conjuguer le fait d'accaparer et celui de ne pas dépenser. On se souvient qu'en amont même d'Aristote, cette double expression de l'avarice était contenue en germe dans la description du caractère oligarchique dans la *République*, lequel se montrait économe à l'extrême sur son bien, mais moins scrupuleux quand il s'agissait de dépenser le bien d'autrui, allant jusqu'à profiter des occasions de l'accaparer (VIII, 554c-d).

Le profit (*kerdos*), mentionné explicitement dans les définitions des caractères IX et XXX, constitue la finalité de leurs agissements, lesquels confinent donc à l'injustice sous sa forme particulière, motivée par la visée d'un profit dans l'éthique d'Aristote. Le profiteur sordide (*aischrokerdès*), en se servant une double ration (§ 4), prend plus que sa part, ce qui le rapproche de la description de l'injuste chez Aristote. Dans le tableau des vertus de l'*EE* II 3, 1221a4[59], la justice comme médiété est située entre deux extrêmes, le gain (*kerdos*) et la perte (*zèmia*), et le comportement qui lui associé, est lié à un désir d'avoir toujours plus (*pleonexia*). Or la *pleonexia* (V 2, 1129a32-b10) et l'appât du gain (V 4, 1130a24-b5) sont précisément les comportements diagnostiqués comme injustes dans l'*Éthique à Nicomaque* et dans l'*Éthique à Eudème* (II 3, 1221a23-24). Cette proximité des comportements profiteurs avec l'injustice trouve une confirmation indirecte dans la remarque faite par Aristote en *EN* IV 1, 1120a19-21 selon laquelle ceux qui ne prennent pas sont plutôt loués pour leur justice que pour leur libéralité. L'avarice peut d'ailleurs se conjuguer avec l'injustice, comme le suggère l'*Éthique à Eudème* qualifiant celui qui est « tricheur et spoliateur » « d'injuste par avarice » (1232a15). Toutefois, Aristote distingue entre cette forme d'avarice, tournée vers le profit, et l'injustice. La frontière entre les deux vices est très ténue puisqu'elle ne tient qu'à l'importance – petite ou grande – du gain en jeu, qui fait basculer tel comportement de l'avarice vers l'injustice (cf. *EN* IV 3, 1122a7). La description de Théophraste respecte ce critère quantitatif. En effet, les gains du profiteur sordide demeurent extrêmement menus : les pièces de cuivre trouvées par ses serviteurs (§ 9), la portion infime

59. Ce passage fait difficulté par rapport à ce qu'Aristote dit de la médiété particulière qu'est la justice en *EN* V (=*EE* IV), à savoir qu'elle n'a en fait qu'un contraire, puisque subir l'injustice (en étant lésé) ne peut pas être considéré comme un vice.

de nourriture économisée grâce à la cuillère à fond bombé (§ 11), les quatre drachmes de rabais sur une dette de trente mines (§ 13), le change de la monnaie de cuivre (§ 15)...

Ces quatre portraits de Théophraste développent donc par petites touches, depuis des comportements concrets, le double aspect de l'avarice – ne pas dépenser, acquérir – pointé par Aristote à la suite de ce qu'avaient déjà mis en évidence les analyses platoniciennes sur la « nature de celui qui aime les richesses » (*Rép.* VIII, 549b). On mesure, en même temps que la continuité d'un diagnostic, ce qu'apporte la mise en scène particulière de ces vices par Théophraste. Pris dans des interactions quotidiennes, parfois les plus banales, avec leurs amis, leurs concitoyens ou les membres de leur *oikos*, les caractères dont le rapport à l'argent est vicieux voient leurs relations avec autrui, leur vie politique et sociale, dégradées sous l'effet de leur convoitise. En présentant une série d'actions représentatives du type humain dont la définition a ouvert le portrait, la peinture de Théophraste, en même temps qu'elle fait sourire, invite à aussi à réfléchir, en s'interrogeant sur la manière dont un tel comportement exemplifie la définition qui en a été donnée, et sur la règle, explicite ou implicite, dont l'infraction suscite la réprobation. Cette réflexion sur la défaillance morale passe par le rire, vérifiant ainsi ce que Théophraste lui-même, d'après un témoignage transmis par Plutarque, aurait dit de la plaisanterie, à savoir qu'il s'agit d'un « reproche, sous une forme voilée, de la faute, où celui qui écoute supplée mentalement de lui-même ce qui fait défaut, comme s'il savait et y ajoutait foi » (FHSG 711 dans Fortenbaugh *et al.* 1992, 3, 556[60]). Les regards portés respectivement par Platon et par Théophraste sur les effets d'un amour excessif de l'argent sur le caractère nous paraissent donc complémentaires : l'un remonte en amont, en analysant la complexité de la partie désirante que l'argent vient épouser et progressivement aspirer, l'autre décline en aval les variétés ridicules et nocives de ces tempéraments aux conséquences antisociales, vérifiant au passage l'affirmation d'Aristote en *EN* IV 3 selon laquelle l'avarice est un vice plus grave, plus répandu, plus divers, et plus profondément ancré dans la nature humaine[61].

60. ὀνειδισμὸς γάρ ἐστιν τῆς ἁμαρτίας παρεσχηματισμένος τὸ σκῶμμα κατὰ τὸν Θεόφραστον ὅθεν ἐξ αὑτοῦ τῇ ὑπονοίᾳ προστίθησιν ὁ ἀκούσας τὸ ἐλλεῖπον ὡς εἰδὼς καὶ πιστεύων.

61. Je remercie vivement Claire Louguet, Pierre-Marie Morel et l'expert anonyme pour leurs corrections et suggestions sur une première version de ce travail.

## RÉFÉRENCES


BERKEL, T. 2020. *The economics of friendship : conceptions of reciprocity in classical Greece.* Leiden : Brill.

COOPER, J. 1999. *Reason and Emotion. Essays on Ancient Moral Psychology and Ethical Theory.* Princeton : Princeton University Press.

DELCOMMINETTE, S. 2006. "L'insatiabilité du désir dans le *Philèbe.*" *Philosophie Antique* 6 : 59-80.

DESCAT, R. 2007. "Aux origines de l'*oikonomia* grecque." In *Économie et société en Grèce ancienne,* edited by P. Brulé, J. Oulhen, F. Prost, 31-44. Rennes : Presses Universitaires de Rennes.

DIGGLE, J. 2004. *Theophrastus. Characters.* Cambridge : Cambridge University Press.

FÖLLINGER, S. 2016. *Ökonomie bei Platon.* Berlin : de Gruyter.

FORTENBAUGH, W., HUBY, P., SHARPLES, R. et D. GUTAS. 1992. *Theophrastus of Eresus. Sources for his Life, Writings, Thought and Influence.* Leiden : Brill.

JOLY, R. 1962. "La caractérologie antique jusqu'à Aristote." *Revue belge de philologie et d'histoire* 40(1) : 5-28.

HELMER, É. 2010. *La part du bronze. Platon et l'économie.* Paris : Vrin.

-. 2016. "Platon et le désir de richesse." In *Richesse et pauvreté chez les philosophes de l'antiquité,* éd. par É. Helmer, 197-220. Paris : Vrin.

-. 2017. "Le 'marché' chez Platon : un lieu de justice et de vérité." *Études platoniciennes* 13 : 1-16, https://doi.org/10.4000/etudesplatoniciennes. 1164.

-. 2021. *Oikonomia. Philosophie grecque de l'économie.* Paris : Garnier.

KAMTEKAR, R. 2017. *Plato's Moral Psychology, Intellectualism, the Divided Soul and Desire for the Good.* Oxford : Oxford University Press.

MILLETT, P. 1991. *Lending and borrowing in Ancient Athens.* Cambridge : Cambridge University Press.

-. 2007. *Theophrastus and his World.* Cambridge : The Cambridge Philological Society.

MOREL, P.-M. 2000. "Pseudo-Aristote." *De la vertu, Philosophie* 2002/2 (73) : 3-11.

MURGIER, C. 2016. "De l'usage d'un bien extérieur : richesse et vertu dans l'éthique aristotélicienne." In *Richesse et pauvreté chez les philosophes de l'antiquité,* éd. par É. Helmer, 59-84. Paris : Vrin.

PEIGNEY, J. 2016. "Platon et les faux bourdons (*République,* VIII, 552c-IX, 573b)." *Gaia : revue interdisciplinaire sur la Grèce Archaïque* 19 : 271-87.

RENAUT, O. 2014. *Platon, la médiation des émotions, l'éducation du thymos dans les dialogues.* Paris : Vrin.

ROBIN, L. 1950. *Platon. Œuvres complètes.* Paris : Gallimard.

ROUBINEAU, J.-M. 2015. *Les cités grecques (VIᵉ-IIᵉ siècle av. J.-C.). Essai d'histoire sociale.* Paris : PUF.

ROWE, C. 2017. "City of pigs : a Key Passage in Plato's *Republic..*" *Philosophie antique* 17 : 55-71. https : //doi.org/10.4000/philosant. 281

SCHOFIELD, M. 2006. *Plato. Political Philosophy.* Oxford : Oxford University Press.

STEINMETZ, P. 1960-1962. *Theophrast. Charactere,* 2 vol. München : Max Hueber Verlag.

VOLT, I. 2010. "Not valuing others : reflections of social cohesion in the Characters of Theophrastus." In *Valuing others in classical Antiquity,* edited by M. Rosen, I. Sluiter, 303-22. Leiden : Brill.

# PRENDRE ET JETER : ÉLÉMENTS D'UNE GESTUALITÉ ÉCONOMIQUE DU CYNISME

MAXIME CHAPUIS *

**Résumé**
Les questions de la pauvreté volontaire, de la mendicité, ou encore de la falsification de la monnaie ayant déjà donné lieu à plusieurs études directes, nous nous proposons de les aborder par le biais, jusqu'à présent négligé, des gestes effectués par les Cyniques à l'égard des biens matériels : prendre et jeter. S'élabore, ainsi, une gestualité économique du Cynisme, qui exprime à la fois une critique éthique de l'économie et un mode de vie philosophique incarné.
**Mots-clés** : Cynisme, Argent, Gestualité, Éthique.

**Abstract**
Many studies have been published about the topics of voluntary poverty, begging and counterfeit currency. Our purpose is to consider them from a different point of view, which has been neglected until now : the gesture of the Cynics towards material goods. The two main gestures are to take and to throw. Regarding economy, Cynic philosophers elaborate an attitude which expresses both an ethical criticism of the economy and a philosophical and incarnate way of life.
**KeyWords**: Cynicism, Money, Gesture, Ethics.

**Classification JEL** : B11.

## INTRODUCTION

Saint Jérôme raconte que, s'étant fait disciple de Socrate, Antisthène se serait débarrassé de ses biens pour adopter un mode de vie fondé sur la pauvreté :

* Lycée français São Paulo, Centre GRAMATA (UMR SPHERE 7219) <chapuis.maxime@wanadoo.fr>.

> Voilà cet Antisthène qui, après avoir été un merveilleux professeur de rhétorique, puis auditeur de Socrate, disait à ses disciples, à ce qu'on rapporte : « Allez, cherchez-vous un maître : moi, j'en ai déjà trouvé un. » Et sur ce, ayant vendu ses biens ou les distribuant au grand jour, il ne garda pour lui rien de plus qu'une petit manteau[1]. (*Adv. Jovin.* II, 14, 344, trad. Paquet 1988).

Quant à Diogène, sa conversion à la philosophie correspondrait au moment où il dut s'exiler ou fut exilé de Sinope pour avoir falsifié la monnaie. Parmi les différentes versions de cette anecdote, l'on trouve, par exemple, celle-ci :

> Apollon lui ayant concédé la monnaie de la cité, Diogène, qui ne comprit pas, altéra les pièces de monnaie et, pris en flagrant délit, selon certains fut exilé, selon d'autres s'éloigna discrètement, de son plein gré, poussé par la peur[2]. (Diogène Laërce[3], VI, 20, trad. Goulet-Cazé 1999).

Que la paternité en soit attribuée à Antisthène ou à Diogène[4], la philosophie cynique s'inaugure d'un geste de refus à l'égard de l'économie, comprise aussi bien au sens ancien de l'administration des biens de l'οἶκος qu'au sens de la production et l'administration des richesses et de l'organisation du travail. Plus tard, les disciples ou futurs disciples de Diogène répèteront des gestes du même type : Monime, ainsi, simule la folie en lançant en l'air la monnaie qui était amassée sur la table de son patron, un banquier (Diogène Laërce, VI, 82) ; Cratès, jeune homme en vue, abandonne ses terres et se débarrasse de ses biens (Diogène Laërce, VI, 87) ; Bion détruit tous ses biens (Diogène Laërce, IV, 46-47). Rares sont les philosophes cyniques qui ne sont pas saisis de cette fureur antiéconomique[5]. Si Socrate n'a connu que la pauvreté, pour y être né et y avoir toujours vécu[6], les Cyniques[7], au

1. *Hic certe est Antisthenes qui cum gloriose docuisset rhetoricam, audissetque Socratem, dixisse fertur ad discipulos suos « abite et magistratum quaerite ; ego enim iam reperi » ; statimque venditis quae habetat, et publice distributis, nihil sibi amplius quam palliolum reservavit.*

2. Τοῦ δὲ συγχωρήσαντος τὸ πολιτικὸν νόμισμα, οὐ συνείς, τὸ κέρμα κιβδηλεύσας καὶ φωραθείς, ὡς μέν τινες, ἐφυγαδεύθη, ὡς δέ τινες, ἑκὼν ὑπεξῆλθε φοβηθείς.

3. Pour le texte grec de Diogène Laërce, nous suivons Dorandi 2013.

4. *Cf.*, sur ce point, Fuentes González 2013.

5. *Cf.* Husson 2016, Desmond 2006, Montiglio 2000 et Miralles 1973.

6. Diogène Laërce, II, 20 rapporte, cependant, une accusation de placements financiers contre Socrate, mais cette accusation doit sans doute être comprise comme une réponse à l'attaque de Platon à l'égard des sophistes, accusés de s'enrichir par l'enseignement.

7. Pour distinguer entre la philosophie cynique et le sens courant du terme, nous préférons utiliser la majuscule pour les substantifs désignant le mouvement philosophique.

contraire, ont dû, pour la plupart, adopter la pauvreté, se défaire de leurs biens et richesses pour pouvoir naître à la philosophie[8]. Ainsi affirment-ils que la pauvreté est la philosophie en acte[9]. Comme l'écrit Husson (2016), « grâce à cet effort de présentation de soi, lié à un engagement existentiel public et sincère, le mode de vie cynique, demeura la référence topique de pauvreté volontaire philosophique dans l'Antiquité gréco-romaine, jusqu'à l'apparition de l'érémitisme chrétien ». Un geste se trouve donc au départ de la philosophie cynique : celui qui indique le refus de l'économie et qui se dépouille de ce qu'il possède. Nous l'appellerons, ici, « jeter ».

Or ce geste de dépouillement volontaire s'accompagne de son inverse, car, quand l'on ne possède plus rien et que l'on est réduit à la mendicité, les besoins fondamentaux se faisant pressants, il devient nécessaire de se saisir de ce qui est à portée de main pour apaiser la faim ou étancher la soif. Antisthène remplit de farine son sac, laissant à un autre le soin de payer pour lui (Diogène Laërce, VI, 69). Diogène enseigne aux enfants de bonne famille à se servir eux-mêmes (Diogène Laërce, VI, 31) et prend la nourriture qui suffit à satisfaire ses besoins (Philon, *Quod omnis probus libert sit*, [Colson, IX], 121-122). Ce geste qui consiste à se saisir de ce qui est à portée de main, nous l'appellerons « prendre ».

Comme le rappelle Guérin (2011), « tout geste est virtuellement lourd de *dispositifs*, de *dispositions* et de *compositions symboliques* ». Le geste possède une matérialité – celle du corps qui se met en position de faire le geste et, davantage encore, de la main qui l'effectue, et celle de l'éventuel objet que la main manipule pour le geste –, ainsi qu'une signification et un caractère symbolique qui dépendent non seulement de la situation dans laquelle le geste a lieu, mais encore du cadre culturel et d'une convention interprétative. En plus d'indiquer

Seul l'adjectif reçoit la minuscule, comme veut la grammaire qui distingue entre « un Grec » et « un homme grec ».

8. Avant eux, Anaxagore, de noble naissance (εὐγενείᾳ) et riche (πλούτῳ), « céda son patrimoine aux membres de son domaine (τὰ πατρῷα τοῖς οἰκείοις παρεχώρησε) » (Diogène Laërce, II, 6-7, nous traduisons), opposant au souci des richesses le souci de soi (II, 7). Ce dépouillement volontaire s'accompagna d'un désintérêt pour les affaires de la cité, à quoi il opposait les réalités naturelles et l'affirmation selon laquelle sa seule patrie est le ciel. Le réel souci de soi le conduisit donc à reconnaître son appartenance au κόσμος.

9. « La pauvreté, selon Diogène, est, pour la philosophie, une aide qu'on n'apprend pas dans les livres : ce que la philosophie tente d'inculquer par des discours, la pauvreté, par les faits, contraint l'esprit à le saisir » (Stobée, *Flor.* M, 93, 35 = W. H. IV, 31c, 88, trad. Paquet 1988).

la relation de l'individu à l'éventuel objet impliqué, le geste enveloppe la relation de l'individu à un autre qui interprète le geste. Le corps est pouvoir de signification ; comme l'écrit en effet Merleau-Ponty (1976), « le sens du geste n'est pas contenu dans le geste comme phénomène physiologique. Mais c'est la définition du corps humain de s'approprier, dans une série indéfinie d'actes discontinus, des noyaux significatifs qui déposent et transfigurent ses pouvoirs naturels ». Le sens figuré est, par conséquent, premier.

Ainsi deux gestes sont-ils au fondement du Cynisme, apparemment contradictoires et pourtant complémentaires et qui doivent être envisagés dans leur corrélation : jeter et prendre. Quelles formes ces gestes prennent-ils ? Selon quelles modalités ? Quels sont les termes qui les désignent et desquels se distinguent-ils ? Dans quel type d'économie de l'échange ces gestes s'inscrivent-ils ? Dans quelle mesure mettent-ils en cause les fondements de l'économie grecque ? Cette gestualité économique, qui prétend incarner le mode de vie philosophique du Cynisme, peut-elle être comprise comme un renouvellement des relations économiques et sociales ?

### 1.1. *Les sources*

Rappelons que le corpus cynique n'est pas composé de textes dont les philosophes cyniques sont les auteurs, mais de fragments, de témoignages, de chries[10] qui nous sont rapportés par des auteurs postérieurs de plusieurs siècles : ainsi, sept à neuf siècles séparent des sources comme Diogène Laërce (compilateur du début du IIIe siècle ap. J.-C.) ou Stobée (compilateur du Ve siècle) d'Antisthène (445-465 av. J.-C.) ou de Diogène (né vers 412 av. J.-C. et mort vers 327 ou 323). Les Cyniques auraient écrit de nombreux textes, dont nous n'avons gardé trace, à l'exception d'une *République* de Diogène rapportée, avec une intention polémique, par le philosophe épicurien, Philodème de Gadara[11].

Autrement dit, le Cynisme n'existe, pour nous, qu'à travers sa réception. Comme l'écrit justement Flores-Júnior (2021), « le cynisme est le produit de toutes ses sources ». Cela peut exiger, cependant, une certaine prudence dans l'interprétation des textes, en ce sens qu'il

10. C'est-à-dire une anecdote brève, attribuée traditionnellement à un personnage et qui rapporte un propos ou une action exemplaire.

11. *Cf.* Husson 2011.

est parfois nécessaire de se demander si les affirmations faites dans l'extrait ne renvoient pas plutôt à la manière dont l'auteur qui fait référence à un philosophe cynique, conçoit l'objet dont il est question. Cette difficulté est renforcée dans le cas des lettres pseudépigraphes attribuées à Diogène et à Cratès, dont les véritables auteurs nous sont inconnus et qui ont probablement été écrites entre le IIe siècle av. J.-C. et le Ier siècle ap. J.-C. Ces précautions prises, nous pouvons affirmer, avec Goulet-Cazé (1992, 4000), que « le problème de l'historicité est insoluble et [...] ce serait une erreur d'examiner les textes sous cet angle ».

1.2. *Le vocabulaire courant de la prise et du jet*

Le verbe courant pour désigner l'action de prendre est λαμβάνω. Chantraine (1968-2009) indique que le terme n'est pas tout à fait synonyme d'αἱρέω, qui signifie « prendre, enlever, supprimer ». Λαμβάνω reçoit différents sens, parmi lesquels « recevoir, posséder, gagner, comprendre ». Le verbe peut se construire avec différents préverbes qui en infléchissent le sens : par exemple, ἀναλαμβάνω, « prendre en main, recueillir, recevoir », ἀντιλαμβάνω, « recevoir en échange », ἀπολαμβάνω, « recevoir son dû », μεταλαμβάνω, « participer », παραλαμβάνω, « recevoir, accueillir ». Bailly (2000) précise que le verbe, parmi ses différentes significations, a celle de « prendre dans ses mains », mais aussi de « prendre possession de » et de « recevoir ». Si αἱρέω implique l'idée de retirer quelque chose, λαμβάνω, en revanche, semble davantage insister sur le fait de recevoir. Le geste de la main n'a pas la même finalité : d'un côté, il enlève ; de l'autre, il recueille.

En ce qui concerne l'action de jeter, l'on trouve essentiellement deux verbes : βάλλω et ῥίπτω. Βάλλω signifie « lancer, jeter », « jeter à terre, renverser », « faire tomber », selon Bailly (2000). Chantraine (1968-2009) ajoute que le sens principal du verbe est « atteindre » (par exemple, en lançant une arme contre quelqu'un), mais aussi « mettre ». Le verbe ῥίπτω signifie, quant à lui, « jeter violemment, brandir, jeter à bas, arracher », selon Chantraine (*ibid.*), qui précise que « le champ sémantique diffère de celui de βάλλω parce qu'il implique vivacité et violence, tandis que βάλλω signifie "lancer, atteindre", mais parfois "placer, mettre" ». Nous trouverons, dans certains extraits, διαρρίπτω, qui signifie « jeter de côté » ou encore « écarter, rejeter » (Bailly 2000).

## 2. JETER OU LE GESTE INAUGURAL DE LA PHILOSOPHIE

Nous pouvons établir une typologie des différents gestes du jet. Si tous, en effet, se présentent comme geste inaugural de la philosophie, leurs modalités d'effectuation, cependant, ne possèdent pas la même signification. Nous pouvons en repérer trois : une première qui se débarrasse des biens selon les formes classiques de l'échange, la vente et la distribution ; une deuxième qui interroge la valeur même de l'argent ; une troisième, enfin, qui distingue entre nature et culture et détruit les richesses.

### 2.1. *Vendre ou distribuer*

L'extrait de Saint Jérôme, cité en introduction, montre Antisthène accomplissant ces deux actions après s'être donné Socrate pour maître : il vend (*venditis*) ce qu'il possède et le distribue également en public (*publice distributis*). Ces deux gestes apparaissent comme la conséquence immédiate (*statimque*) du renoncement à son statut de professeur de rhétorique afin de devenir le disciple du philosophe athénien.

Le passage reprend un *topos*, l'opposition classique, avancée par Platon (*Phèdre*), entre les maîtres de rhétorique, souvent sophistes, rémunérés pour leurs cours, et Socrate, le maître de philosophie, qui se désintéresse du corps et des biens matériels pour se soucier de la vérité, de son âme et de celle de ses concitoyens (*Apologie de Socrate*), sans chercher à en tirer un quelconque profit financier. Cependant, et c'est peut-être l'originalité d'Antisthène, des différents disciples de Socrate, il semble le seul[12] à tirer la conclusion qu'il doit renoncer à ses richesses : Platon n'abandonne pas sa fortune (Diogène Laërce, III, 1 *sq.*) et Criton pourvoit aux besoins de Socrate (Diogène Laërce, II, 121). Seul Antisthène, donc, fait vœu de pauvreté, peut-être justement parce qu'il a d'abord été ce professeur de rhétorique, figure à laquelle s'oppose celle du philosophe. Pour devenir philosophe, il lui aurait fallu entièrement renoncer à sa profession initiale contre

12. Soulignons, toutefois, selon Diogène Laërce, II, 61, la situation d'Eschine, disciple de Socrate, qui vivait également dans la pauvreté et celle, selon Diogène Laërce, II, 105, de Phédon, fait prisonnier ; mais il ne semble pas que cette pauvreté fût le résultat d'un geste inaugural.

laquelle la philosophie se serait constituée, et rompre la chaîne de l'enseignement (le lien qui l'unissait, maître, à ses disciples) ; seule la pauvreté volontaire lui aurait permis d'accomplir pleinement cette transformation et, peut-être, de prouver sa bonne foi. De maître réputé, il doit se faire humble disciple : embrasser le mode de vie philosophique exige de renoncer non seulement à la rhétorique, mais encore au profit, à la fois financier et de prestige social, qu'il pouvait en tirer. Si, comme professeur de rhétorique, Antisthène vendait ses services et donnait des cours à des disciples, pour devenir philosophe en revanche, ce sont ses possessions (*quae habetat*) qu'il doit vendre et partager en public. Antisthène renonce à ses disciples qui lui assuraient un salaire en échange de son enseignement, au point même qu'une fois philosophe, il refusera pendant longtemps d'avoir des disciples, jusqu'à ce que Diogène, par sa persévérance et son entêtement, quitte à s'humilier, ne parvienne à faire de lui son maître (Diogène Laërce, VI, 21).

Nous pouvons donc repérer certains renversements : de professeur et maître, Antisthène devient auditeur et disciple ; il ne vend plus ses services, mais ses biens ; à la pluralité de ceux-ci, il oppose le singulier de son petit manteau, seul bien qu'il conserve ; au lieu d'un salaire, il ne reçoit plus rien. Son vœu de pauvreté conduit, ainsi, à une transformation dans l'échange : en échange de presque tout, il ne reçoit rien, sinon la possibilité d'acquérir le statut de philosophe. Il nous semble légitime d'utiliser une telle expression, car, comme le lui reprochera Socrate (Diogène Laërce, VI, 8), Antisthène a tendance à se vanter de sa pauvreté. Cela justifie la traduction, par Léonce Paquet, de « *publice* » par « au grand jour », qui laisse entendre une mise en scène de la part d'Antisthène, un besoin d'exposer sa pauvreté à venir, comme pour en tirer une sorte de prestige moral.

Nous trouvons un geste similaire chez Cratès, qui aurait été inspiré par une tragédie, peut-être d'Euripide, mettant en scène le roi-mendiant Télèphe, fils d'Héraclès, laquelle aurait convaincu Cratès d'adopter le mode de vie cynique :

> D'après les *Successions* d'Antisthène, c'est pour avoir vu dans une tragédie Télèphe qui portait un petit panier et qui traînait par ailleurs un air de misère qu'il s'élança vers la philosophie cynique. Lorsqu'il eut converti ses biens en argent – il faisait partie en effet des gens en vue – et qu'il en eut retiré dans les deux cents talents, il distribua la

somme à ses concitoyens[13]. (Diogène Laërce, VI, 87, trad. Goulet-Cazé 1999).

Le geste inaugural de la conversion de Cratès à la philosophie aurait donc suivi deux étapes : d'abord, la conversion (ἐξαργυρισάμενόν) des biens en argent, puis la distribution (ἀνεῖναι) de cet argent à ses concitoyens. Le verbe ἀνίημι signifie « envoyer ou lancer en haut, lâcher, laisser aller, relâcher ». Il y a donc quelque chose de plus que ce que laisse entendre la traduction par « distribuer » : soit Cratès lance en l'air la monnaie pour que chacun attrape ce qu'il peut, soit – ce qui n'est pas incompatible avec la possibilité précédente – il relâche l'argent, il détend sa prise qui conservait l'argent en main, il s'en libère.

Le schéma est assez proche de celui d'Antisthène :

– Ce dernier, en effet, bénéficiait d'une certaine réputation et d'un statut social (*cum gloriosa*), tandis que Cratès fait partie des « gens en vue (τῶν ἐπιφανῶν) ». Ce terme désigne des individus dont le statut social, la richesse ou encore la position de pouvoir les rendent particulièrement visibles.

– Pour se convertir à la philosophie cynique, il est nécessaire de renoncer à ce type de visibilité due au prestige socio-économique, le Cynisme cherchant un autre type de visibilité publique, celle de la pauvreté mendiante et de la provocation (comme l'accouplement public de Cratès et Hipparchia, Diogène Laërce, VI, 97) – cela exige de se défaire de ses biens.

– Ce geste de dépouillement s'effectue de deux manières, la vente et la distribution, la seconde étant complémentaire de la première. En effet, le Cynique ne saurait se contenter de seulement vendre ses biens, car cela le conduirait à rester en possession de richesses sous forme monétaire ; il lui faut encore se défaire de cette dernière par un don. Si, chez Antisthène, le terme employé par Saint Jérôme pouvait être traduit par « distribuer », chez Cratès, le terme grec implique quelque chose de plus dans le geste : il s'agit de lâcher prise en jetant en l'air. La distribution peut être individuelle, se faire d'une personne à une autre ; jeter en l'air implique une sorte de dépersonnalisation de la distribution, tout en indiquant un détachement à l'égard de l'objet jeté.

13. Τοῦτόν φησιν Ἀντισθένης ἐν Διαδοχαῖς θεασάμενον ἔν τινι τραγῳδίᾳ Τήλεφον σπυρίδιον ἔχοντα καὶ τἆλλα λυπρὸν ἀΐξαι ἐπὶ τὴν Κυνικὴν φιλοσοφίαν· ἐξαργυρισάμενόν τε τὴν οὐσίαν (καὶ γὰρ ἦν τῶν ἐπιφανῶν) ἀθροίσαντα πρὸς τὰ {ἑκατὸν} διακόσια τάλαντα, τοῖς πολίταις ἀνεῖναι ταῦτα.

– Dans les deux cas, le geste enveloppe une séparation, qui n'est pas nécessairement de l'ordre du mépris, entre celui qui donne pour se faire philosophe et celui qui reçoit et reste, si l'on peut dire, simple citoyen. Le geste introduit une sorte de division, voire de hiérarchie morale, entre le prétendant à la sagesse, qui par là se met à l'écart de la cité, se marginalise, et le citoyen.

C'est de ce même écart que fait état une autre version du geste de Cratès :

> Démétrios Magnès dit qu'il confia son argent à un banquier, convenant avec lui que si ses enfants devenaient des hommes ordinaires, il leur remettrait cet argent, mais que, s'ils devenaient philosophes, il le distribuerait au peuple. Ceux-ci en effet n'auraient besoin de rien s'ils s'adonnaient à la philosophie[14]. (Diogène Laërce, VI, 88, trad. Goulet-Cazé 1999).

Notons, d'abord, que, si ce geste a lieu – comme cela semble bien le cas – au début de la vie philosophique de Cratès, alors les enfants, auxquels il fait référence, doivent être compris comme une éventualité envisagée par Cratès, mais non une réalité présente, puisque ce n'est qu'après être devenu philosophe cynique qu'il fera la rencontre d'Hipparchia dont il aura un fils, Pasiclès (Diogène Laërce, VI, 88)[15]. Le premier geste de Cratès est de confier son argent à un banquier : παρακαταθέσθαι, c'est-à-dire encore « déposer chez, livrer, voire abandonner ». Il ne s'agit donc pas, pour Cratès, d'en disposer pour lui. Aussi faut-il nuancer le propos de Husson (2016), qui n'insiste pas assez sur ce qu'il y a effectivement de renoncement aux richesses chez Cratès, puisque l'argent reviendra, sous certaines conditions, à ses enfants et n'est pas conservé pour son propre usage. C'est qu'en effet Cratès affirme que la philosophie enseigne à n'avoir besoin de rien. La condition pour que l'argent soit remis à ses enfants est qu'ils deviennent des hommes ordinaires (ἰδιῶται), c'est-à-dire l'homme de la plèbe ou encore l'homme privé ; s'ils deviennent philosophes, en revanche, l'argent sera remis au peuple (τῷ δήμῳ). Nous retrouvons la même séparation entre le philosophe et le peuple.

14. Φησὶ δὲ Δημήτριος ὁ Μάγνης τραπεζίτῃ τινὶ παρακαταθέσθαι τὸ ἀργύριον, συνθέμενον, εἰ μὲν οἱ παῖδες ἰδιῶται γενηθεῖεν, αὐτοῖς ἀποδοῦναι· εἰ δὲ φιλόσοφοι, τῷ δήμῳ διανεῖμαι· μηδενὸς γὰρ ἐκείνους δεήσεσθαι φιλοσοφοῦντας.

15. Nous nuançons, ainsi, notre propos par rapport à Chapuis (2022a), qui y voyait une contradiction.

Cratès envisage, ainsi, la possibilité que les autres hommes n'embrassent pas le mode de vie cynique et il ne semble pas en faire un modèle de vie universalisable ; il laisse même à ses éventuels enfants la liberté de choisir la manière de conduire leur existence. C'est peut-être qu'il a conscience que le mode de vie qu'il adopte, celui de la mendicité, n'est possible que si tous ne deviennent pas mendiants.

Le geste de Cratès se dédouble donc :

– Soit il reconnaît la nécessité de l'argent pour la vie ordinaire et, dès lors, anticipe la transmission de l'héritage, afin de s'en déposséder, lui qui se fait philosophe.

– Soit il emporte une certaine générosité à l'égard de ses concitoyens. Cette générosité est-elle intéressée, au sens où c'est auprès de ces concitoyens qu'il mendiera – un don qui appelle un contre-don ? Nous pouvons en douter, car Cratès prend la précaution de la distance temporelle, remettant la distribution de ses richesses au moment où ses enfants à venir seront en âge et en capacité de décider de leur existence.

Dans les deux cas, le geste produit une séparation entre le philosophe et l'homme du peuple : séparation à la fois au sein de l'individu (il renonce à son ancien statut social) et entre l'individu et le reste des hommes.

### 2.2. *Jeter l'argent par les fenêtres et falsifier la monnaie*

Si nous avons vu Antisthène et Cratès se défaire de leurs richesses, éventuellement même en jetant l'argent pour Cratès, ce geste de distribution n'en repose pas moins sur une certaine reconnaissance de l'argent, considéré comme utile, voire nécessaire, pour une vie non philosophique. Plus subversifs sont celui de Monime ou celui, supposé, de Diogène, qui vont jusqu'à dévaloriser l'argent même, Diogène considérant que « l'amour de l'argent […] est la métropole de tous les vices[16] » (Diogène Laërce, VI, 82, trad. Goulet-Cazé 1999). Commençons par Monime :

> Monime de Syracuse, élève de Diogène, domestique, à ce que dit Sosicrate, d'un banquier de Corinthe. Ce banquier recevait des visites fréquentes de Xéniade, l'homme qui avait acheté Diogène et qui, en décrivant dans le détail la vertu que le philosophe manifestait dans ses actes comme dans ses paroles, inspira à Monime un amour passionné

16. Φιλαργυρίαν […] μητρόπολιν πάντων τῶν κακῶν.

> à l'égard de Diogène. Sur-le-champ en effet Monime simule la folie et jette de tous côtés la menue monnaie ainsi que tout l'argent qui se trouvait sur le comptoir du banquier, jusqu'à ce que son maître le renvoyât. Alors, de suite, Monime fut à Diogène. Il suivit aussi Cratès le Cynique pendant longtemps et adopta le même comportement que lui ; ce que voyant, son maître crut encore davantage à sa folie[17]. (Diogène Laërce, VI, 82, trad. Goulet-Cazé 1999 légèrement modifiée).

C'est ainsi que, simulant la folie, Monime aurait jeté en l'air l'argent du banquier dont il était le domestique. Remarquons, d'abord, que le statut social de Monime n'est pas comparable à ceux d'Antisthène, de Diogène ou de Cratès. Il est, en effet, qualifié d'οἰκέτης, c'est-à-dire qu'il est un domestique faisant partie de l'οἰκία. Par son statut socio-économique, Dioclès ne peut se défaire de ses propres biens puisqu'il ne possède rien. Son geste ne pourra donc qu'être de l'ordre d'une sorte de simulacre, puisqu'il lui est impossible de se dépouiller de ce qu'il ne possède pas. D'où la simulation de la folie (μανίαν προσποιηθεὶς). Cependant, le Cynisme abolit la séparation entre la simulation et le réel, selon ce que nous pourrions appeler l'axiome de Diogène : « même si je simule la sagesse, c'est déjà philosopher[18] » (Diogène Laërce, VI, 64, trad. Goulet-Cazé 1999). C'est le même verbe (προσποιέω) qui est employé dans les deux extraits. La simulation produit un effet de vérité, la philosophie cynique reposant en grande partie dans sa phénoménalité.

De là l'importance du geste comme manifestation. Le verbe employé n'est pas βάλλω, mais διαρρίπτω, formé sur ῥίπτω, dont nous avons vu qu'il impliquait une certaine violence. Le verbe διαρρίπτω enveloppe l'idée d'une mise à l'écart violente. Nous pourrions presque traduire par « jeter l'argent par les fenêtres », tant il s'agit de la part de Monime de dévaloriser et même montrer l'inanité des différentes pièces accumulées sur le comptoir : aussi bien la petite monnaie (κέρμα) que les pièces d'argent (ἀργύριον). C'est la thésaurisation qu'il

17. Μόνιμος Συρακόσιος μαθητὴς μὲν Διογένους, οἰκέτης δέ τινος τραπεζίτου Κορινθίου, καθά φησι Σωσικράτης. πρὸς τοῦτον συνεχὲς ἀφικνούμενος ὁ Ξενιάδης ὁ τὸν Διογένην ἐωνημένος τὴν ἀρετὴν αὐτοῦ καὶ τῶν ἔργων καὶ τῶν λόγων διηγούμενος εἰς ἔρωτα τἀνδρὸς ἐνέβαλε τὸν Μόνιμον. αὐτίκα γὰρ ἐκεῖνος μανίαν προσποιηθεὶς τό τε κέρμα διερρίπτει καὶ πᾶν τὸ ἐπὶ τῆς τραπέζης ἀργύριον ἕως αὐτὸν ὁ δεσπότης παρῃτήσατο· καὶ ὃς εὐθέως Διογένους ἦν. παρηκολούθησε δὲ καὶ Κράτητι τῷ Κυνικῷ συχνὰ καὶ τῶν ὁμοίων εἴχετο, ὥστε καὶ μᾶλλον αὐτὸν ὁρῶν ὁ δεσπότης ἐδόκει μαίνεσθαι.

18. Εἰ καὶ προσποιοῦμαι σοφίαν, καὶ τοῦτο φιλοσοφεῖν ἐστι.

fait éclater dans un cadre privé (cela se passe chez le banquier, sans, semble-t-il, de témoin), et non pas public (comme chez Antisthène et Cratès) : il rejette le mode de vie chrématistique. C'est ce geste qui lui permet d'être congédié de l'οἰκία (παρηκολούθησε[19]). Ce geste marque le début de la conversion de Monime au Cynisme qui en est la conséquence directe (εὐθέως).

Si le geste de Monime a lieu au sein de l'οἰκία, celui de Diogène, dont les versions sont nombreuses et n'ont pas la même signification et qui peut être vu comme l'acte fondateur du Cynisme, est politique au sens étymologique, car il porte sur la monnaie de la cité (τὸ πολιτικὸν νόμισμα) et a lieu dans le cadre de l'exercice d'une charge publique.

> Diogène était natif de Sinope, fils du banquier Hicésios. Au dire de Dioclès, il dut s'exiler quand son père, qui gérait la banque d'État, se mit à falsifier la monnaie. Eubulide prétend cependant, dans son étude sur Diogène, que ce dernier avait lui aussi commis ce méfait et dut s'exiler avec son père. En fait, Diogène avoue lui-même, dans le *Pordalos*, avoir falsifié la monnaie. Certains racontent par ailleurs qu'étant inspecteur de la monnaie, Diogène avait été corrompu par les ouvriers : il se rendit alors à Delphes, ou au sanctuaire délien de son pays, pour demander à Apollon s'il devait accomplir ce dont on l'avait persuadé. L'oracle lui céda la monnaie nationale : Diogène ne saisit pas trop bien, et il se mit à altérer les pièces. Pris sur le fait, il fut banni, au dire de certains, ou bien, selon d'autres, il quitta de plein gré la cité par crainte de représailles. D'aucuns disent encore qu'il avait abîmé la monnaie confiée à sa garde par son père : celui-ci mourut ensuite en détention, tandis que le fils prenait la fuite, se rendait à Delphes et y demandait, non pas s'il devait falsifier l'argent, mais ce qu'il devait faire pour devenir un personnage bien en vue, et c'est alors, dit-on, qu'il reçut l'oracle en question[20]. (Diogène Laërce, VI, 20-21, trad. Paquet 1988).

19. Παραιτέομαι, formé sur αἰτέομαι, implique l'idée de demande ou de refus, comme c'est ici le cas, le maître refusant son domestique ; cela conduit à l'affranchissement, mais ce n'est pas, cependant, le verbe classique pour désigner l'affranchissement, ἀπελευθερόω, qui contient l'idée de libération.

20. Διογένης Ἱκεσίου τραπεζίτου Σινωπεύς. φησὶ δὲ Διοκλῆς, δημοσίαν αὐτοῦ τὴν τράπεζαν ἔχοντος τοῦ πατρὸς καὶ παραχαράξαντος τὸ νόμισμα, φυγεῖν. Εὐβουλίδης δὲ ἐν τῷ Περὶ Διογένους αὐτόν Διογένη φησι τοῦτο πρᾶξαι καὶ συναλᾶσθαι τῷ πατρί. οὐ μὴν ἀλλὰ καὶ αὐτὸς περὶ αὐτοῦ φησιν ἐν τῷ Πορδάλῳ ὡς παραχαράξαι τὸ νόμισμα. ἔνιοι δὲ ἐπιμελητὴν γενόμενον ἀναπεισθῆναι ὑπὸ τῶν τεχνιτῶν καὶ ἐλθόντα εἰς Δελφοὺς ἢ εἰς τὸ Δήλιον ἐν τῇ πατρίδι Ἀπόλλωνος πυνθάνεσθαι εἰ ταῦτα πράξει ἅπερ ἀναπείθεται· τοῦ δὲ συγχωρήσαντος τὸ πολιτικὸν νόμισμα, οὐ συνείς, τὸ κέρμα κιβδηλεύσας καὶ φωραθείς,

Le geste supposé de Diogène de « falsifier la monnaie (παραχαράσσειν τὸ νόμισμα) » est connu comme le mot d'ordre du Cynisme[21]. Giannantoni (1990) ne voit aucune raison de douter du caractère véridique de l'exil de Diogène et, par conséquent, de l'épisode qui en serait la cause. Παραχαράσσειν peut signifier, selon Gardner (1893, 437), « *to stamp wrongly or amiss, or to stamp additionally, to add or to alter the existing stamp* ». En fonction du sens, nous pouvons donc comprendre que Diogène, ou son père, a soit altéré le poinçon de la monnaie, soit surimprimé sur celle-ci un autre poinçon. Helmer (2014, 26-7) a récemment rappelé les différentes hypothèses émises par les spécialistes sur les significations de l'acte de Diogène. Chaque hypothèse peut se soutenir d'un argument. La seconde hypothèse repose sur un argument biographique : Diogène Laërce, VI, 56 montre, en effet, que Diogène, dans sa jeunesse, était attiré par l'argent. Dans ce cas, le geste de falsification de la monnaie est, par accident, au départ de la philosophie cynique : Diogène n'effectuerait pas ce geste pour montrer l'inanité de l'argent et marquer, ainsi, sa conversion à la philosophie. Celle-ci serait davantage due à l'exil consécutif (Diogène Laërce, VI, 49), qui le fait choir de son statut social, perdre sa patrie et ses droits civiques, et le conduit, par un heureux hasard, à rencontrer Antisthène. En faveur également de cette hypothèse, nous pouvons relever, dans l'extrait, le verbe κιβδηλεύω, qui signifie « falsifier, produire quelque chose de faux, de mauvais aloi, tromper ».

La première hypothèse, en revanche, repose sur un argument numismatique : ont été, en effet, retrouvées des pièces de Sinope sur lesquelles est inscrit le nom du père de Diogène, Hicésios, ce qui tend à prouver qu'il avait bien la charge de celles-ci ; ainsi que d'autres pièces imitant les premières, sans être de Sinope, et dont le poinçon a été altéré d'une entaille, ce qui signifie que cette fausse monnaie aurait été marquée afin d'être identifiée comme telle et retirée de la circulation. Dans ce cas, Diogène et son père auraient voulu préserver la monnaie de Sinope. Joue, cependant, contre cette hypothèse le fait qu'elle ne permet pas de comprendre la raison de l'emprisonnement d'Hicésios et de l'exil de Diogène, à moins de supposer un tragique

ὡς μέν τινες, ἐφυγαδεύθη, ὡς δέ τινες, ἑκὼν ὑπεξῆλθε φοβηθείς. ἔνιοι δέ φασι παρὰ τοῦ πατρὸς αὐτὸν λαβόντα τὸ νόμισμα διαφθεῖραι· καὶ τὸν μὲν δεθέντα ἀποθανεῖν, τὸν δὲ φυγεῖν ἐλθεῖν τε εἰς Δελφοὺς καὶ πυνθανόμενον οὐκ εἰ παραχαράξει, ἀλλὰ τί ποιήσας ἐνδοξότατος ἔσται, καὶ οὕτω λαβεῖν τὸν χρησμὸν τοῦτον.

21. *Cf.* Goulet-Cazé 2015.

malentendu ou quelque conspiration politique. Le geste de Diogène aurait eu, en effet, vocation à préserver la valeur de l'argent, en un double sens : l'argent en soi est un bien ; la monnaie de Sinope doit conserver sa valeur authentique. C'est en ce sens qu'Étienne Helmer (2014, 27) affirme que « sauver la monnaie de Sinope ou la falsifier en la dévaluant : pour antithétiques qu'elles soient, ces deux attitudes ne s'enracinent pas moins dans une même croyance en l'idée d'une véritable valeur des choses qu'il s'agit de préserver ou d'atteindre ».

Ces deux hypothèses semblent s'opposer au rejet de l'argent comme geste inaugural de la philosophie cynique : la pauvreté ne résulterait pas d'une décision de Diogène, mais de son exil. Elles laisseraient entendre que la supposée mission, confiée par Apollon à Diogène, de falsifier la monnaie – parodie d'oracle –, ne serait qu'une bravade de Diogène pour sauver la face. Banni pour cet acte, Diogène feindrait en faire le mot d'ordre de sa philosophie pour sauver les apparences.

Le terme νόμισμα n'a pas seulement le sens de « monnaie ». Dérivant de νόμος, il signifie d'abord « tout ce qui est établi par l'usage » (Chantraine 1968-2009), c'est-à-dire la coutume. Le νόμισμα, qui vise à renforcer la cohésion du groupe en établissant les usages à respecter, est souvent considéré comme ayant une origine divine. Aussi, quand Diogène se réfère à Apollon, sans doute de manière parodique (Platon, *Apologie de Socrate*, 20d *sq.*), il retourne contre la cité la parole divine qui lui formule l'impératif non pas d'assurer la cohésion du groupe, mais de la subvertir en en transgressant les coutumes et les valeurs pour en montrer la fausseté. Falsifier ici, c'est donc marquer les fausses valeurs de la cité[22]. L'on passe du réel au symbolique, auquel cas le geste ne porte, certes, plus sur la seule monnaie, prenant davantage d'ampleur, mais trouve une radicalité plus affirmée.

Si Diogène produit de la fausse monnaie, peut-être est-ce parce qu'il accorde de l'importance à l'argent ; le résultat en est, toutefois, une forme de dévalorisation de l'argent : produire de la fausse monnaie, c'est laisser entendre que le simulacre peut se substituer à l'original, la valeur résidant dans l'effet de croyance de celui qui reçoit la fausse monnaie et la confond avec la véritable. La monnaie de Sinope ne vaut que parce qu'on la croit produite par la banque de Sinope ; seul un œil

22. *Cf.*, par exemple, Diogène Laërce, VI, 64 qui montre Diogène entrer au théâtre à contre-courant des spectateurs qui en sortent, expliquant qu'il consacre sa vie à aller à contresens.

expert – peut-être celui du père de Diogène – peut faire le distinguo entre la vraie et la fausse monnaie. Cette falsification sous-entend que la monnaie, d'une certaine façon, n'a pas grande valeur.

Étonnamment, donc, le geste du fondateur du Cynisme semble beaucoup moins radical que celui de ses successeurs. Seule exception parmi les différentes versions rapportées par Diogène Laërce : l'emploi du verbe διαφθείρω, qui signifie « détruire ». Diogène aurait détruit la monnaie que son père lui avait confiée (λαβόντα), auquel cas le geste est beaucoup plus subversif car, en faisant disparaître l'argent, il en signifie la vacuité. Ce geste destruction annoncerait celui de Cratès et de Bion.

### 2.3. *Rendre à la nature et se défaire de la technique*

Cynique éphémère, Bion entame, en effet, sa conversion à la philosophie par la destruction de tous les biens dont il a hérité :

> Par la suite, ayant quelque peu fraudé sur l'impôt, mon père fut vendu avec toute notre famille. J'étais jeune et non dépourvu de grâce : je fus donc acheté par un certain rhéteur qui me légua sur son lit de mort tous ses biens. Mais je mis tout cela en pièces, je jetai ses volumes au feu, et je m'en vins à Athènes pour me consacrer à la philosophie[23]. (Diogène Laërce, IV, 46-47, trad. Paquet 1988).

Comme l'extrait de Saint Jérôme, celui-ci construit une opposition entre la rhétorique et la philosophie, qui correspond à une libération vis-à-vis des liens qui enserrent. Le geste de Bion est double : d'une part, il consiste à détruire par le feu les manuscrits – la philosophie ne s'apprend pas dans les livres, mais dans la pratique quotidienne (*Flor.* M, 95, 11 = W. H., 32a, 11) – ; d'autre part, le second terme employé peut être interprété et traduit de deux manières différentes. En effet, le sens premier de συγξύω est « racler ou gratter de tous côtés » – c'est en ce sens que Dorandi, dans Goulet-Cazé (1999), le comprend, en sorte que, selon sa traduction, Bion aurait « ramassé jusqu'au dernier sou », ou, comme l'on dit couramment, « raclé les fonds de tiroir ». Dès lors, l'attitude de Bion consisterait à se débarrasser de ce qu'il estime superflu, les écrits (συγγράμματα), et à ramasser, avidement, toute

23.῎Επειτα ὁ πατὴρ παρατελωνησάμενός τι πανοίκιος ἐπράθη μεθ' ἡμῶν. καί με ἀγοράζει τις ῥήτωρ νεώτερον ὄντα καὶ εὔχαριν· ὃς καὶ ἀποθνῄσκων κατέλιπέ μοι πάντα. κἀγὼ κατακαύσας αὐτοῦ τὰ συγγράμματα καὶ πάντα συγξύσας Ἀθήναζε ἦλθον καὶ ἐφιλοσόφησα.

la monnaie. Cela est sans doute cohérent avec le fait que Bion n'est pas un Cynique affermi. Néanmoins, cette traduction nous semble surinterpréter le terme πάντα, « toutes choses », en le comprenant au sens de la monnaie, alors qu'il est beaucoup plus vague ; et elle ne prend pas en compte le second sens du verbe, dont Bailly (2000) indique qu'il est une extension du premier, « mettre en pièces ». Ainsi Léonce Paquet nous semble-t-il avoir raison de traduire par « mettre tout cela en pièces ». Le geste, destructeur, est beaucoup plus radical, puisqu'il anéantit tous les biens et, avec eux, l'idée même d'héritage et de succession, en faisant table rase du legs de son maître : ce qu'il brûle, ce sont les écrits de celui-ci, c'est-à-dire les traces que celui-ci voulait laisser. Si le rhéteur a légué ses biens à Bion, c'est qu'il n'avait pas d'enfants à qui transmettre son héritage ; or cette transmission était au cœur de la cellule familiale (οἰκία) et du mariage[24]. De même, donc, que Diogène se souciait peu de transmettre ses rares biens (Diogène Laërce, VI, 52), de même Bion refuse tout héritage ; mais la différence fondamentale entre les deux est que Diogène, à sa mort, laisse sa jarre à la disposition du premier venu, tandis que Bion détruit tout ce qui lui a été transmis.

En un sens, le geste supposé de Cratès est moins brutal que celui de Bion et peut-être plus riche de sens : « Diogène, à ce que dit Dioclès, le persuada d'abandonner ses terres à la pâture des moutons et de jeter à la mer l'argent qu'il pouvait avoir »[25] (Diogène Laërce, VI, 87, trad. Goulet-Cazé 1999).

Cratès détruit ses biens en les restituant à la nature – destruction qui n'est donc pas totale, puisqu'elle peut donner lieu, au moins partiellement, à une réappropriation par la nature : ainsi des terres abandonnées aux moutons. Le verbe employé, ἀνίημι, est le même que celui utilisé pour dire que Cratès donnait à ses concitoyens l'argent tiré de la vente de ses biens. Il s'agit de relâcher la prise, d'abandonner : la main détend sa pression. Dans le présent passage, il faut, bien entendu, le comprendre métaphoriquement, Cratès ne pouvant se saisir ni se dessaisir, à proprement parler, de ses propriétés foncières (τὴν οὐσίαν). Cratès est le philosophe de l'abandon, celui qui lâche sa prise sur ce qu'il possède. Par ce geste, c'est l'un des droits

24. *Cf.* Gherchanoc 1998, 329-30.

25. Φησὶ δὲ Διοκλῆς πεῖσαι αὐτὸν Διογένη τὴν οὐσίαν μηλόβοτον ἀνεῖναι καὶ εἴ τι ἀργύριον εἴη, εἰς θάλατταν βαλεῖν.

fondamentaux du citoyen qu'il remet en cause : le droit de propriété foncière (terre et maison)[26]. La propriété privée des terres conduit à la division des hommes selon la richesse, introduisant, aux dires de Favorinus (*Traité sur l'exil*, 9, 25-10, 11), des frontières à tous les niveaux (entre continents, peuples, cités, citoyens, individus). Aussi est-ce à la nature que Cratès restitue ses terres. C'est également le travail agricole qu'il remet en question, puisque ces terres étaient travaillées pour produire des richesses.

Le second geste de Cratès est à prendre au sens propre, et non plus métaphorique : il lance (βάλλω) son argent à la mer. Aucune violence dans le geste, mais seulement l'action de se débarrasser de sa richesse monétaire en la laissant être engloutie par la mer. Il ne la détruit pas à proprement parler, puisque les pièces se déposeront au fond et sans doute se recouvriront d'algues qui en cacheront l'existence : il leur retire leur fonction d'étalon de mesure des produits du travail. Il s'agit donc bien plutôt de la richesse invisible et inaccessible. Husson (2016) y voit « la systématisation d'une autre anecdote dont le personnage principal est Aristippe », qui décide de larguer ses richesses à la mer afin de préserver sa vie. Cependant, l'on ne saurait lire le geste de Cratès comme la simple amplification du geste d'Aristippe (Diogène Laërce, II, 77) : le contexte est différent et n'implique pas le même type de décision. Dans le cas d'Aristippe, il s'agit en effet de préserver sa vie face à un danger, en sorte que cela peut conduire à s'interroger sur le caractère pleinement volontaire de l'action (comme le fait Aristote, *Éthique à Nicomaque*, III, 1110a8-11, auquel Suzanne Husson fait référence), tandis que, dans le cas de Cratès, il s'agit de changer de mode de vie et le geste, même s'il a pour impulsion le travail de conviction (πεῖσαι) de Diogène, est davantage volontaire que celui d'Aristippe.

Remise en question de la propriété foncière, et donc d'un droit fondamental du citoyen, remise en question du travail agricole et remise en question du symbole et fondement de l'échange économique[27] : par cette triple remise en cause, le geste de Cratès abandonne à la nature le soin de faire disparaître les objets économiques, afin qu'il puisse pleinement embrasser le mode de vie philosophique cynique.

26. *Cf.* Lonis 2010.
27. *Cf.* Aristote, *Éthique à Nicomaque*, V, 5.

Ce n'est pas un hasard si c'est sous l'égide de Diogène que Cratès accomplit ce geste qui se défait des productions humaines. En effet, se faisant « le buffle de l'enfant »[28], Diogène apprend à récuser les objets techniques qui compliquent inutilement la vie des hommes en vue de la satisfaction de leurs besoins :

> Ayant vu un jour un jeune enfant qui buvait dans ses mains, il sortit son gobelet de sa besace et le jeta, en disant : « Un jeune enfant m'a battu sur le chapitre de la frugalité ». Il jeta également son écuelle, parce qu'il avait vu de la même façon un jeune enfant qui, parce qu'il avait brisé sa gamelle, recueillait ses lentilles dans le creux de son petit morceau de pain[29]. (Diogène Laërce, VI, 37, trad. Goulet-Cazé 1999).

L'extrait est ordonné selon l'opposition entre deux types de gestes :
– Ceux des enfants : l'enfant qui fait usage de ses mains pour boire ; l'enfant qui recueille (ὑποδέχομαι, c'est-à-dire « recevoir dans ses mains », ce qui implique réception et accueil).
– Ceux de Diogène, après avoir observé les enfants : ἐκρίπτω, « jeter hors de », formé sur ῥίπτω, dont nous avons vu qu'il implique une mise à l'écart violente ; ἐκβάλλω, également « jeter hors de », le verbe pouvant indiquer l'idée d'une certaine violence selon Bailly (2000). Dans les deux cas, le geste de Diogène consiste à retirer violemment de sa besace les objets qui s'y trouvent, afin d'atteindre l'idéal de vie simple et frugale (εὐτέλεια)[30].

Le rejet de la technique est un moyen nécessaire en vue d'atteindre la frugalité. Le geste de la main est réduit au plus simple ; c'est la fonction technicienne de la main que Diogène récuse. Dans *Les parties des animaux* (2011, 687a21-687b2) en effet, Aristote fait de la main le corrélat de l'intelligence humaine, laquelle lui permet, par l'inventivité

28. *Lettre pseudépigraphe 13 de Diogène à Apoplexis* (trad. fr. D. Deleule dans Rombi et Deleule 1998) : « Je me suis débarrassé de la plupart des objets qui alourdissaient ma besace quand on m'eut enseigné que le creux du pain peut servir d'assiette, et les mains d'écuelle. Il n'y a pas de déshonneur pour le maître à dire : "J'étais encore un enfant", et mon devoir n'était pas de négliger, pour une question d'âge, cette trouvaille utile, mais de la mettre à profit (Ἀπεθέμην τὰ πολλὰ τῶν τὴν πήραν βαρυνόντων, πίνακα μὲν διδαχθεὶς ἐν ἄρτῳ τὸ κοῖλον εἶναι, ποτήριον δὲ τὰς χεῖρας. καὶ οὐκ ἔστιν αἰσχύνη τὸν ἐπιστάτην εἰπεῖν ὅτι 'παῖς ἦν ἔτι,' οὐκ ἔδει δὲ τὴν εὕρεσιν εὔχρηστον οὖσαν διὰ τὴν ἡλικίαν παρελθεῖν, ἀλλὰ προσδέξασθαι.) ».

29. Θεασάμενός ποτε παιδίον ταῖς χερσὶ πῖνον ἐξέρριψε τῆς πήρας τὴν κοτύλην, εἰπών, 'παιδίον με νενίκηκεν εὐτελείᾳ.' ἐξέβαλε δὲ καὶ τὸ τρυβλίον, ὁμοίως παιδίον θεασάμενος, ἐπειδὴ κατέαξε τὸ σκεῦος, τῷ κοίλῳ τοῦ ψωμίου τὴν φακῆν ὑποδεχόμενον.

30. *Cf.*, sur ce point, Flores-Júnior 2021.

technique (production d'outils en vue d'assurer sa survie et sa protection), de compenser ses faiblesses et son dénuement naturels : « C'est donc à celui qui est capable (δυναμένῳ) d'être le dépositaire du plus grand nombre d'arts (τέχνας) que la nature a donné celui des instruments qui est le plus largement utile, la main ». La main est l'organe qui permet d'actualiser toutes les puissances ou virtualités techniques de l'homme. Diogène reconfigure les capacités de la main, en lui retirant les puissances techniques qui médiatisent le rapport de l'homme à son corps et aux autres objets matériels, pour les réduire à une puissance naturelle qui le met immédiatement en relation avec ceux-ci. La simplicité recherchée par Diogène est donc celle de la nudité de la condition initiale de l'homme, que seule la mollesse le conduit à éviter[31]. En réduisant la main aux gestes les plus simples, Diogène lui retire toute productivité.

## 3. PRENDRE

Pour bien comprendre la signification du geste de préhension, il convient d'abord de le définir négativement, en le distinguant de gestes auxquels il serait tentant de l'assimiler. Ainsi faut-il le distinguer, d'une part, du vol et de l'appropriation, et, d'autre part, du geste de la main tendue dans la relation de charité. C'est alors que la préhension pourra être pleinement comprise comme la tentative d'un geste d'autarcie individuelle.

### 3.1. *Prendre n'est pas voler*

L'on pourrait comprendre le refus du vol comme une manière de déconsidérer la richesse et la possession, mais aussi, et au contraire, comme une forme paradoxale de respect de la propriété privée, au sens où le vol pourrait être interprété non pas comme la contestation d'un modèle économique fondé sur la propriété privée et l'accumulation des richesses, mais comme un moyen d'accéder à un tel modèle. Le vol peut apparaître comme une forme de reconnaissance du βίος χρηματιστικός, il en poursuit par d'autres moyens la même fin, si, du moins, il vise non la simple subsistance, mais l'accumulation des richesses. Mieux même : lorsque Diogène

31. *Cf.* Dion Chrysostome, *VI*ᵉ *Discours*, 26-28.

qualifie de voleurs les gardiens du temple qui ont arrêté un voleur : « ayant vu un jour les *hiéromnémons* emmener quelqu'un qui avait dérobé une coupe appartenant au trésor du temple il dit : "Les grands voleurs emmènent le petit" »[32] (Diogène Laërce, VI, 45, trad. Goulet-Cazé 1999), il dénonce une certaine appropriation des biens par la fonction hiératique et sacerdotale. En soutien de cette interprétation, nous pouvons mobiliser le syllogisme sur la propriété commune aux sages et aux dieux : « Il posait le syllogisme suivant : Tout appartient aux dieux ; Or, les sages sont amis des dieux ; Par ailleurs les biens des amis sont communs ; Donc, tout appartient aux sages[33] » (Diogène Laërce, VI, 37, trad. Goulet-Cazé 1999).

Ce syllogisme est sans doute parodique[34]. Goulet-Cazé (1992, 4000) a montré qu'il permet à Diogène de justifier la mendicité dans la mesure où la φιλία repose sur la réciprocité. À qui croit en l'existence des dieux, tout étant leur propriété, il est nécessaire d'admettre que tout est également la propriété des sages, étant donné le principe selon lequel entre amis tout est commun (κοινά). Diogène retourne donc l'argument contre ses adversaires. Seule la nécessité de satisfaire immédiatement ses besoins autorise à prendre ce qui se trouve ici ou là. C'est la thésaurisation qui relève du vol, non pas le fait de prendre pour satisfaire ses besoins. C'est ainsi que Diogène justifie le fait de s'emparer des offrandes dans le temple : « Il n'y avait rien de déplacé à ses yeux à s'emparer d'une offrande dans un temple ou à goûter de la viande d'un animal. Rien d'impie non plus à manger aussi de la chair humaine, comme l'attestent les coutumes des peuples étrangers[35] » (Diogène Laërce, VI, 73, trad. Goulet-Cazé 1999).

En outre, Diogène joue sur les bienfaits réciproques de la conception courante de la φιλία (voir ci-dessous). Notons, cependant, que cette propriété collective n'est pas affirmée par Diogène comme commune à l'ensemble des hommes, mais seulement aux sages et aux dieux.

32. Θεασάμενός ποτε τοὺς ἱερομνήμονας τῶν ταμιείων τινα φιάλην ὑφῃρημένον ἄγοντας ἔφη, 'οἱ μεγάλοι κλέπται τὸν μικρὸν ἄγουσι.'

33. Συνελογίζετο δὲ καὶ οὕτως· τῶν θεῶν ἐστι πάντα· φίλοι δὲ οἱ σοφοὶ τοῖς θεοῖς· κοινὰ δὲ τὰ φίλων· πάντα ἄρα ἐστὶ τῶν σοφῶν.

34. *Cf.*, sur ce point, Gugliermina 2006.

35. Μηδέν τε ἄτοπον εἶναι ἐξ ἱεροῦ τι λαβεῖν ἢ τῶν ζῴων τινὸς γεύσασθαι· μηδὲ ἀνόσιον εἶναι τὸ καὶ τῶν ἀνθρωπείων κρεῶν ἅψασθαι, ὡς δῆλον ἐκ τῶν ἀλλοτρίων ἐθῶν·

Loin, donc, de signifier l'acceptation respectueuse de la propriété privée, le refus du vol, auquel Diogène oppose l'action *x* (prendre dans les temples, prendre les reliefs des repas, etc.) ayant pour objectif la satisfaction des besoins, constitue le refus d'un tel modèle économique, auquel l'action *x* vise à substituer la propriété commune et, surtout, le refus d'un mode de vie consacré à l'accumulation des richesses. D'où l'admiration (et non pas l'étonnement) de Diogène pour les esclaves qui seraient en mesure de voler leurs maîtres et, pourtant, ne le font pas (Diogène Laërce, VI, 28, trad. Goulet-Cazé 1999) : « en revanche, il allait jusqu'à admirer les esclaves qui, voyant leurs maîtres manger goulûment, ne volaient rien de ce que ceux-ci mangeaient[36] ». Le verbe employé, traduit par « voler », est ἁρπάζω, qui, selon Chantraine (1968-2009), signifie « ravir, enlever, saisir, piller » ou encore, selon Bailly (2000), « enlever de force, ravir, saisir à la hâte, s'emparer vivement de ». L'esclave était couramment vu comme à la fois glouton et voleur (Roubineau 2015), n'hésitant pas à subtiliser la nourriture. Cet extrait renverse ce *topos* de l'esclave chapardeur : la gloutonnerie est attribuée aux maîtres par l'usage du participe présent de λαβροφαγέω (manger avidement) et le refus des esclaves de voler signifie leur refus du modèle de vie adopté par leurs maîtres[37]. L'admiration de Diogène porte donc sur leur capacité à résister à la fois à leurs éventuels désirs et au modèle de richesses incarné par les maîtres : la seule maîtrise admirable est celle que l'on exerce sur soi-même.

3.2. *Prendre n'est pas s'approprier*

Outre le vol, un autre type de préhension est récusé par Diogène : la préhension démesurée, l'accaparement qui oublie la présence d'autrui dans le processus, en ce sens que les biens, et plus précisément les biens de consommation, ne peuvent être appropriés par quelques-uns, de manière exclusive, au détriment des autres, niant par là toute possibilité d'un véritable échange. C'est le sens du reproche que Diogène fait à Platon, à qui il propose de partager (μετασχεῖν) des figues et qui s'en empare avidement et les dévore : « Un autre jour,

36. Ἄγασθαι δὲ καὶ τῶν δούλων, οἳ λαβροφαγοῦντας ὁρῶντες τοὺς δεσπότας μηδὲν ἁρπάζοιεν τῶν ἐσθιομένων.

37. Il faudrait, cependant, prendre en compte l'effet possible et même probable de la peur de la punition.

Diogène qui était en train de manger des figures sèches, rencontra Platon et lui dit : « Tu as le droit d'avoir ta part ». Platon en prit et les mangea. « J'ai dit "avoir ta part", pas "avaler" », dit Diogène »[38] (Diogène Laërce, VI, 25, trad. Goulet-Cazé 1999).

Il est possible de voir dans l'usage du verbe μετασχεῖν une critique implicite de la théorie platonicienne de la participation du sensible à l'intelligible (par exemple, dans le *Phédon*) : d'une certaine façon, Diogène reproche à Platon la dévalorisation du sensible dont, pourtant, il fait goulûment son repas. On pourrait comprendre que, lorsque Diogène lui propose la participation, le partage, il lui suggère ironiquement de se satisfaire de l'Idée de figue, non des figues réelles dont dispose le Cynique. En se jetant avec gourmandise sur les figues, Platon, par son geste (et l'on ne saurait trop insister sur le fait que le Cynisme est une philosophie en acte et du corps, en ce sens que le corps est la vérité d'une philosophie[39] en tant qu'elle s'y incarne et se donne à voir en lui), contredit sa propre théorie de la participation du sensible à l'intelligible, la relative dévalorisation de celui-là par rapport à celui-ci et la nécessité d'une ascèse des désirs. Le corps de Platon, par ses gestes, contredit sa pensée.

Une seconde interprétation possible, qui, cette fois, ne repose plus sur un jeu de mots autour du verbe μετασχεῖν, consiste à voir dans le reproche que Diogène fait à Platon l'affirmation d'une juste mesure entre l'offrande, le don fait et sa réception. Il est tout à fait acceptable de prendre, à condition de ne pas *trop* prendre, de ne pas prendre plus que le strict nécessaire permettant la seule satisfaction des besoins.

> Un jour Diogène demanda à Platon du vin, et en même temps aussi des figues sèches. Platon lui envoya un plein vase de vin. Diogène lui dit : « Toi si on te demandait combien font deux et deux, répondrais-tu vingt ? Ainsi, tu ne donnes pas en fonction de ce qui t'est demandé, pas plus que tu ne réponds à la question qui t'est posée ». De surcroît il se moquait de Platon sous prétexte que c'était un intarissable bavard[40]. (Diogène Laërce, VI, 26, trad. Goulet-Cazé 1999).

38. Καὶ ἄλλοτε ἰσχάδας ἐσθίων ἀπήντετο αὐτῷ φησί τε, 'ἔξεστί σοι μετασχεῖν'· τοῦ δὲ λαβόντος καὶ φαγόντος, ἔφη, 'μετασχεῖν εἶπον, οὐ καταφαγεῖν.'

39. Pensons au fait que, pour contredire l'argumentation de Zénon d'Élée sur l'impossibilité du mouvement, Diogène se contente de se lever et de marcher, afin d'en prouver la réalité (Diogène Laërce, VI, 39).

40. Ἤιτησεν αὐτόν ποτε δέκα ἰσχάδας. ὁ δὲ κεράμιον ὅλον ἔπεμψεν αὐτῷ· καὶ ὅς, 'σύ,' φησίν, 'κἂν ἐρωτηθεὶς δύο καὶ δύο πόσα ἐστίν, εἴκοσιν ἀποκρινῇ; οὕτως οὔτε πρὸς τὰ αἰτούμενα δίδως οὔτε πρὸς τὰ ἐρωτώμενα ἀποκρίνῃ.' ἔσκωψε δὴ ὡς ἀπεραντολόγον.

Dans l'extrait de Diogène Laërce, VI, 25, λαμβάνω – le geste effectué par Platon – est, accompagné de καταφαγεῖν, à comprendre au sens de l'appropriation, c'est-à-dire du fait de prendre pour soi en privant autrui de tout accès à l'objet pris. À celui-ci, Diogène oppose le geste de partage, μετασχεῖν, soit prendre part à quelque chose mis en commun. Cela permet de comprendre le reproche que Diogène fait à Platon, en Diogène Laërce, VI, 26, qui donne (δίδως) davantage que ce qui lui est demandé (τὰ αἰτούμενα), noyant autrui sous un flot de paroles ou de vin. Le geste de Platon rompt la logique du partage demandée par Diogène et proportionnée à la stricte satisfaction des besoins. Le geste de partage, qu'il consiste à donner ou à prendre selon une juste mesure, se distingue donc du geste d'appropriation qui prend davantage que nécessaire, autant que de celui qui – dans une logique de prestige due à l'étalage des richesses et à la magnificence confondue avec la générosité – donne plus que requis : le premier construit un lien social égalitaire en considérant l'individu selon ses besoins ; les seconds consistent en un semblant de lien social, dans lequel l'autre disparaît ou est réduit au statut de faire-valoir.

### 3.3. *Prendre ce qui est dû : l'anti-charité*

Les reproches adressés par Diogène à Platon font apparaître l'idée que le don et la réception de ce don doivent, tous deux, être indexés à la seule satisfaction des besoins : Diogène récuse toute logique du don reposant sur le désir (des richesses, du prestige, etc.). D'où le fait que Diogène refuse le don comme charité, pour lui substituer le geste de prendre et recevoir ce qui lui est dû : « Quand il avait besoin d'argent, il disait qu'il réclamait à ses amis, non qu'il leur demandait[41] » (Diogène Laërce, VI, 46, trad. Goulet-Cazé 1999). Léonce Paquet et Marie-Odile Goulet-Cazé traduisent tous deux χρημάτων par « argent ». C'est, certes, un sens possible et courant du terme (que l'on peut traduire encore par biens ou richesses), mais celui-ci peut également avoir une signification plus large : il désigne l'objet dont on se sert ou dont on a besoin. Aussi peut-on comprendre que Diogène réclame non pas de l'argent, mais ce qui lui manque (δεόμενος) pour satisfaire ses besoins[42].

41. Χρημάτων δεόμενος ἀπαιτεῖν ἔλεγε τοὺς φίλους, οὐκ αἰτεῖν.

42. *Cf.*, en ce même sens, la *Lettre pseudépigraphe 10 de Diogène à Métroclès* (trad. fr. D. Deleule dans Rombi et Deleule 1998) : « Tiens bon, Métroclès, non seulement pour l'habillement,

Par ailleurs, Diogène joue sur l'opposition entre demander (αἰτεῖν) et réclamer ou demander en retour (ἀπαιτεῖν, formé à partir de αἰτεῖν). Au-delà du probable jeu de mots, il faut comprendre que Diogène renverse la situation traditionnelle du mendiant (πτωχός). Jean-Manuel Roubineau (2015) rappelle :

> Le *ptôchos* a ceci de caractéristique qu'il n'a pas de *philos* et qu'il ne peut être un *philos*. Il ne s'inscrit pas dans une logique de don contre-don, de relations sociales construites dans le temps et fondées sur le principe de la réciprocité. La norme sociale invite à donner à qui est susceptible de donner à son tour.

Le renversement effectué par Diogène est double, sans être aussi radical qu'on pourrait le croire :

– Diogène réinscrit le mendiant dans une logique de don/contre-don : s'il demande en retour, c'est qu'il a donné quelque chose. La nature de ce quelque chose n'est pas définie et l'on peut douter qu'il s'agisse de biens matériels. Sans doute est-ce bien plutôt à ses tentatives de soigner ses contemporains[43] que Diogène fait implicitement référence.

– Diogène réclame auprès de ses amis (τοὺς φίλους) : il réinscrit donc le πτωχός dans le cadre social de la φιλία. Mais, dès lors, il ne pense pas la logique du don en dehors de la φιλία et donc du cadre de pensée de la société grecque, car « l'aide dans les cités se conçoit essentiellement à l'intérieur d'un système idéologique qui est celui de la *réciprocité*, et qui ne laisse qu'une place résiduelle aux conduites de *charité* », selon Roubineau (2015).

Si l'amitié du sage avec les dieux lui permet de prendre les choses là où elles sont, en revanche l'amitié avec les hommes ne permet que de réclamer pour recevoir. Insistant sur le caractère social du geste, Michel Guérin (2011) écrit ainsi :

> Le geste technique érige le rapport au monde matériel ; le geste oblatif suscite la relation au monde social. Dans les deux cas, l'essence du geste est le contact. Toutefois, le geste instigateur du monde des hommes est inverse de celui qui fait apparaître la consistance de la matière : autant la survie de l'animal nécessite qu'il sache prendre sans

l'appellation et le mode de vie, mais aussi pour ce qui est de mendier aux hommes ta subsistance (τὰ σωτήρια) : car ce n'est pas déshonorant ».

43. *Cf.* Dion Chrysostome, *IX^e Discours*.

même l'avoir appris, autant vivre comme un homme oblige à offrir, sans bien savoir jusqu'où l'on s'engage.

Si Michel Guérin met en relation geste technique et monde matériel, nous avons vu que Diogène supprime la fonction technique du geste : le geste de prise est en rapport immédiat avec le monde matériel. Mais ce geste de prise est également intégré au geste oblatif : il fait pleinement partie du monde social. Plus exactement, si le don institue le monde social, la prise est rendue nécessaire par les vicissitudes du monde humain. C'est ce qui explique l'ascèse de Diogène, qui s'entraîne à demander à une statue afin de s'habituer au refus :

> On s'interrogea sur la portée de son geste quand il en vint à demander l'aumône à une statue : « Je m'habitue au refus ! » expliqua-t-il[44]. (Diogène Laërce, VI, 49, trad. Goulet-Cazé 1999).

Ce court passage appelle deux remarques : d'abord, le terme employé pour désigner la statue n'est pas le terme ἄγαλμα, mais le terme spécifique, ἀνδριάς, qui souligne le fait que la statue a une forme humaine. Diogène insiste sur le fait que le don dans le monde humain est profondément aléatoire et qu'il n'assure nullement la subsistance. La mendicité est attente d'un refus. Cela conduit à la seconde remarque : le verbe est αἰτεῖν, « demander ». Diogène a parfaitement conscience que l'acte de demander est souvent vain, ce qui explique pourquoi à cet acte il oppose, d'une part, celui de réclamer (ἀπαιτεῖν) et, d'autre part, celui de prendre ce qui est là où il se trouve[45]. D'où le fait, également, qu'au lien social défaillant des hommes, Diogène substitue le lien qui unit le sage aux dieux.

Si, par la mendicité, Diogène se place sous la dépendance du monde humain et du travail[46], il sait, cependant, qu'il ne peut compter que sur lui-même.

44. Ἤιτει ποτὲ ἀνδριάντα· ἐρωτηθεὶς δὲ διὰ τί τοῦτο ποιεῖ, 'μελετῶ,' εἶπεν, 'ἀποτυγχάνειν.'

45. Cf. Diogène Laërce, VI, 73 ; Plutarque, *Moralia*, 77E-78A.

46. *Cf.* Husson 2016, 131 : « La pauvreté du cynique se définit donc par le fait qu'il dépend des dons de ses contemporains, puissants de ce monde ou simples particuliers, ainsi que des biens publics mis à sa disposition pour subsister, avec la règle de mener une vie "au jour le jour", ce qui implique en particulier une absence de thésaurisation et une limitation volontaire des dons que l'on accepte de recevoir ».

### 3.4. *Prendre comme geste d'autarcie*

Diogène ne cesse d'insister sur le fait qu'il ne faut prendre que ce qui est nécessaire pour satisfaire les besoins. C'est encore ce principe que nous trouvons dans un extrait de Philon, qui rapporte la captivité de Diogène aux mains des pirates :

> Diogène, le philosophe cynique, disposait d'une grandeur d'âme supérieure. Étant tombé aux mains de pirates qui lui accordaient à peine, et chichement, les aliments nécessaires à la vie, il ne se laissait pas abattre par une telle conjoncture, et il ne craignait pas la cruauté de ses ravisseurs. Il disait plutôt : « Il est bien curieux que l'on engraisse d'aliments soigneusement préparés pour rehausser leur chair, les porcs et les moutons destinés à la vente, tandis que le plus bel animal, l'homme, on le laisse aller à vil prix après l'avoir exténué par le jeûne. » Il prenait alors la nourriture qui lui suffisait, et quand il fut sur le point d'être vendu avec ses compagnons, il prit d'abord le temps de s'asseoir et de déjeuner, de la façon la plus courageuse qui soit, allant même jusqu'à partager sa pitance avec ses voisins[47]. (Philon, *Quod omnis probus libert sit*, [Colson, IX], 121-122, trad. Paquet 1988).

Le texte met clairement en rapport le geste de prise (λαβὼν) avec la seule satisfaction des besoins (τροφὰς, la nourriture ; διαρκεῖς, qui pourvoit aux besoins) et s'accompagne même d'un geste de partage (ἐπιδιδοὺς, c'est-à-dire « donner en outre » ou « donner volontairement »). Par un travail sur soi-même, Diogène est capable de restreindre ses besoins afin de se satisfaire de peu et, de surcroît, de donner à qui est également dans le besoin et partage son sort.

C'est que l'autarcie, comprise comme la capacité de se satisfaire de peu, constitue la véritable richesse aux yeux de Diogène : « On lui demandait qui est riche parmi les hommes : "Celui qui se suffit à lui-même", reprit-il[48] » (*Gnomol. Vat.* 180, trad. Paquet 1988). Nous avons montré que ce rêve d'autarcie est, en fait, « contrarié » (Chapuis 2022a,

47. Ὁ γοῦν κυνικὸς φιλόσοφος Διογένης ὕψει καὶ μεγέθει τοσούτῳ φρονήματος ἐχρήσατο, ὥσθ' ἁλοὺς ὑπὸ λῃστῶν, ἐπεὶ γλίσχρως καὶ μόλις τὰς ἀναγκαίας αὐτῷ παρεῖχον τροφάς, οὐθ' ὑπὸ τῆς παρούσης τύχης γναμφθεὶς οὔτε τὴν ὠμότητα τῶν ὑπηγμένων δείσας "ἀτοπώτατον οὖν" ἔφη "γίνεται, δελφάκια μὲν ἢ προβάτια, ὁπότε μέλλοι πιπράσκεσθαι, τροφαῖς ἐπιμελεστέραις πιαίνειν εἰς εὐσαρκίαν, ζῴων δὲ τὸ ἄριστον, ἄνθρωπον, ἀσιτίαις κατασκελετευθέντα καὶ συνεχέσιν ἐνδείαις ἐπευωνίζεσθαι." λαβὼν δὲ τροφὰς διαρκεῖς, ἐπειδὴ μεθ' ἑτέρων αἰχμαλώτων ἔμελλεν ἀπεμπολεῖσθαι, καθίσας πρότερον ἠρίστα μάλ' εὐθαρσῶς, ἐπιδιδοὺς καὶ τοῖς πλησίον.

48. <Ὁ> αὐτὸς ἐρωτηθεὶς τίς ἐν ἀνθρώποις πλούσιος εἶπεν· "ὁ αὐτάρκης".

227 *sq.*) et qu'il relève davantage d'un fantasme que de la réalité. Le modèle de vie cynique, comme le laisse entendre l'inscription sur une statue à la gloire de Diogène (Diogène Laërce, VI, 78) repose sur le principe de l'autarcie (αὐτάρκεια). Celle-ci doit encore être comprise comme la capacité de résister aux aléas du sort et d'être prêt à toute éventualité (Diogène Laërce, VI, 63), mais, au sens éthico-économique (autosuffisance du point de vue des besoins), elle ne rencontre pas dans la réalité ses véritables conditions de possibilité. Elle est, en effet, limitée par la réalité corporelle elle-même (Diogène Laërce, VI, 69)[49].

Ces limites établies, il s'agit néanmoins de gagner autant que possible en autarcie, notamment pour réduire la dépendance à l'égard des richesses et des autres hommes. C'est en ce sens que le geste de prise peut apparaître comme l'affirmation de l'autarcie de l'individu. En effet, après avoir été vendu comme esclave à Xéniade, Diogène enseigne aux enfants de celui-ci la simplicité du geste de préhension, qui subvertit les normes sociales : « À la maison, il leur apprenait à se servir eux-mêmes, à prendre une nourriture frugale et à boire de l'eau[50] » (Diogène Laërce, VI, 31, Goulet-Cazé 1999). Remarquons, d'abord, que le geste de prendre par soi-même n'a pas, pour Diogène, de lieu propre où il serait autorisé tandis qu'il serait interdit dans d'autres lieux : il peut être pratiqué aussi bien à l'extérieur (Diogène Laërce, VI, 61 : dans un jardin) que dans un temple (Diogène Laërce, VI, 73) ou encore, donc, au cœur du foyer familial (ἐν οἴκῳ). C'est un geste qui ne connaît pas de frontières, car les besoins n'en connaissent pas non plus (Diogène Laërce, VI, 78), mais réclament satisfaction dès que possible, quels que soient le lieu ou le moment de la journée (Diogène Laërce, VI, 40) : par ce geste, Diogène homogénéise l'espace.

Il faut, en outre, relever le verbe indiquant le geste enseigné : διακονεῖσθαι, c'est-à-dire διακονέω au moyen, « se servir », et non pas au passif, « être servi » (sous-entendu : par des esclaves). Diogène récuse, en ce sens, les normes sociales selon lesquelles, dans une famille riche, qui possède des esclaves, l'enfant doit être servi. En outre, puisque lui-même est alors esclave et en charge des enfants, nous pouvons comprendre qu'il refuse d'accomplir le rôle qui est attendu de lui : à διακονέω, il oppose sa fonction d'enseignant (ἐδίδασκε) ; de domestique supposé, il se fait maître. Il subvertit donc

49. Sur ce point, *cf.* Chapuis 2022a et 2022b.

50. Ἐν οἴκῳ τε ἐδίδασκε διακονεῖσθαι λιτῇ τροφῇ χρωμένους καὶ ὕδωρ πίνοντας.

la fonction de l'esclave, y compris la fonction d'éducation que l'esclave pouvait avoir (ce qui correspond, d'ailleurs, à la promesse faite lors de sa vente : Diogène Laërce, VI, 29-30). Enfin, il faut comprendre qu'en enseignant aux enfants à ne pas être servis, il les forme encore à se servir eux-mêmes, c'est-à-dire à effectuer eux-mêmes le geste nécessaire pour satisfaire, par une nourriture légère (λιτῇ τροφῇ) et la boisson la plus simple et naturelle (l'eau), leurs besoins.

Il s'agit donc simplement de prendre ce qui est à portée de main, sans demander, ni être servi. Ce sont les liens sociaux traditionnels, ceux qui régissaient la famille grecque et l'οἶκος, que Diogène ainsi subvertit, en leur opposant la simplicité du geste de préhension accompli par soi-même.

## CONCLUSION

Au terme de cet article, qui entend poser des jalons pour une étude plus vaste de la place du geste dans la philosophie antique, nous pouvons affirmer que la gestualité économique du Cynisme exprime à la fois une critique éthique de l'économie et un mode de vie philosophique incarné. Le geste de rejet de l'argent et des biens matériels se présente comme le geste inaugural de la vie cynique ; celui de préhension, qui consiste à se saisir de ce qui est nécessaire pour survivre où qu'il se trouve, en est le nécessaire corrélat.

Cependant, ces deux gestes prennent, selon les philosophes, des formes différentes qui en modifient sensiblement la signification. Ainsi avons-nous pu établir une typologie des gestes de rejet : formes classiques de la vente et du don, introduisant une séparation entre le prétendant à la sagesse et le commun des hommes ; dévalorisation de la monnaie qui est soit contrefaite, soit jetée de tous côtés ; violence cherchant à détruire l'argent ou bien restitution des richesses à la nature et refus de la médiation de la technique. À cet égard, nous pouvons constater une radicalisation progressive du geste et de sa signification. Malgré leur polysémie, ces gestes poursuivent, cependant, une même fin : se dépouiller volontairement des oripeaux de la richesse considérée comme une cause du malheur des hommes et un obstacle à la vie philosophique.

Quant au geste de préhension, qui doit être distingué aussi bien de celui de l'appropriation et de celui du vol, que de celui qui reçoit la charité, il vise à retrouver sa simplicité naturelle : en s'accomplissant dans le strict cadre de la satisfaction des besoins élémentaires, il signifie la tentative par le philosophe d'atteindre l'autarcie individuelle car, faisant, par la pauvreté volontaire, l'expérience ambivalente du lien social fondé sur la φιλία, le Cynique fait éclater les normes de la socialité et affirme sa radicale étrangeté.

À une logique économique fondée sur le désir, ces deux gestes, dans leur corrélation et à mesure qu'ils se radicalisent, opposent une logique éthique du strict besoin.

La gestualité cynique est, ainsi, la parfaite illustration de ce mot des frères Goncourt (1877) : « La Misère a ses gestes. Le corps même à la longue prend des habitudes de pauvre ».

## RÉFÉRENCES


ARISTOTE. 2011. *Les Parties des animaux*. Traduit par Pierre Pellegrin, Paris : GF-Flammarion.

BAILLY, A. 2000. *Dictionnaire Grec Français*. Paris : Hachette.

CHANTRAINE, P. 1968-2009. *Dictionnaire étymologique de la langue grecque*. Paris : Klincksieck.

CHAPUIS, M. 2022a. *Figures de la marginalité dans la pensée grecque. Autour de la tradition cynique*, Paris : Éditions Classiques Garnier.

–. 2022b. "Travail et nature dans le Cynisme." In *Histoire philosophique du travail*, edited by F. Fischbach, A. Merker, P.-M. Morel et E. Renault, 107-24. Paris : Vrin.

DE GONCOURT, E. et J. DE GONCOURT. 1877. *Idées et sensations*. Paris : G. Charpentier éditeur.

DESMOND, W. 2006. *The Greek Praise of Poverty. Origins of Ancient Cynicism*. Notre Dame : University of Notre Dame Press.

DORANDI, T. 2013. *Diogenes Laertius. Lives of Eminent Philosophers*. Cambridge : Cambridge University Press.

FLORES-JÚNIOR, O. 2021. *La vie facile. Une lecture du cynisme ancien*. Paris : Vrin.

FUENTES GONZÁLEZ, P.P. 2013. "En defensa del encuentro entre dos Perros, Antístenes y Diógenes : historia de una tensa amistad." *CFC (g) : Estudios griegos e indœuropeos* n°23 : 225-67.

GARDNER, P. 1893. "Diogenes and Delphi." *The Classical Review* 7 (10) : 437-39.

GHERCHANOC, F. 1998. "Le lien filial dans l'Athènes classique : Pratiques et acteurs de sa reconnaissance." *Mètis. Anthropologie des mondes grecs anciens* 13 : 313-44.

GIANNANTONI, G. 1990. *Socratis et Socraticorum Reliquiae, Collegit, Disposuit, Apparatibus, Notisque instruxit*. Naples : Bibliopolis.

GOULET-CAZÉ, M.-O. 1992. "Le livre VI de Diogène Laërce : analyse de sa structure et réflexions méthodologiques." *Aufstieg und Niedergang der Römischen Welt (ANRW)* 36/6 : 3880-4048.

–. 1999. *Vies et doctrines des philosophes illustres*. Traduit sous la direction de Marie-Odile Goulet-Cazé, Paris : Librairie Générale Française.

–. 2015. "Le cynisme ancien : entre authenticité et contrefaçon." *Aitia* 5 [en ligne], https://journals.openedition.org/aitia/1204 (https://doi.org/10.4000/aitia.1204).

Guérin, M. 2011 [1995]. *Philosophie du geste.* Arles : Actes Sud.

Gugliermina, I. 2006. *Diogène Laërce et le cynisme.* Villeneuve d'Ascq : Presses universitaires du Septentrion.

Helmer, É. 2014. "Les cyniques : une économie de la frugalité." *Revue de philosophie économique* 15 (2014)/2 : 3-33.

–. 2016. *Richesse et pauvreté chez les philosophes de l'Antiquité.* Paris : Vrin.

Husson, S. 2011. *La République de Diogène.* Paris : Vrin.

–. 2016. "Peut-on être riche et cynique ? " In *Richesse et pauvreté chez les philosophes de l'Antiquité*, edited by É. Helmer, 125-46, Paris : Vrin.

Lonis, R. 2010 [1994]. *La cité dans le monde grec.* Paris : Armand Colin.

Merleau-Ponty, M. 1976 [1945]. *Phénoménologie de la perception.* Paris : Gallimard.

Miralles, C. 1973. "πενία y κῆπος : Sobre algunos ideales de la vida humana en la antigüedad tardía." *Boletin del Instituto de Estudios Helenicos* 7(1) : 79-99.

Montiglio, S. 2000. "Wandering philosophers in classical Greece." *Journal of Hellenistic Studies* 120 : 88-100.

Paquet, L. 1988 [1975]. *Les Cyniques grecs, fragments et témoignages.* Ottawa : Presses Universitaires.

Rombi, G. et D. Deleule. 1998. *Les Cyniques grecs, lettres de Diogène et Cratès.* Arles : Actes Sud.

Roubineau, J.-M. 2015. *Les cités grecques (VI^e^-II^e^ siècles av. J.-C.). Essai d'histoire sociale.* Paris : PUF.

# Aristote et la limitation politique de l'économie

Timothée Gautier *

**Résumé**

Dans la *Politique*, Aristote s'attache à distinguer, pour les articuler et les hiérarchiser, la sphère économique et la sphère politique. Tout en reconnaissant l'autonomie propre des activités économiques, il s'attache à exposer les motifs qui légitiment la limitation de celles-ci par le pouvoir politique. En consacrant l'éminence de la politique par rapport à la sphère marchande, Aristote manifeste l'impérieuse nécessité de subordonner la recherche et l'acquisition des biens et des richesses matérielles – légitimes dans leur ordre – aux activités les plus hautes de l'homme qui, seules, sont susceptibles de lui procurer le bonheur véritable. Recherchées pour elles-mêmes, celles-ci sont l'expression d'une sortie par l'homme d'une logique de l'utilité et témoignent d'une forme authentique de liberté dans laquelle se déploient sa vertu et son excellence. C'est *in fine* uniquement une éducation à la vie de loisir qui fait advenir, dans la communauté, des individus susceptibles d'assumer la destination morale et politique à laquelle la cité est appelée.
**Mots-clés** : Aristote, politique, économie, éducation, loisir.

**Abstract**

In the *Politics*, Aristotle is committed to distinguishing the economic sphere and the political sphere in order to articulate and prioritize them. While recognizing the specific autonomy of economic activities, the Stagirite exposes the reasons that legitimize the limitation of these activities by the political power. By consecrating the eminence of politics in relation to the commercial sphere Aristotle manifests the imperious need to subordinate the search for an acquisition of material goods – legitimate in its order – to the highest activities of man which alone are likely to bring him true happiness. Sought for themselves, these are the expression of an exit by man from a logic of utility and testify to an authentic form of freedom in which his virtue and his excellence are deployed. It is ultimately only an

* Université Paris 1 Panthéon-Sorbonne, Centre GRAMATA (UMR SPHERE 7219) <gautier.timothee@gmail.com>

education in the life of leisure that brings into the community individuals able to assume the moral and political destination the city is called to.
**Keywords**: Aristotle, politics, economy, education, leisure.

**Classification JEL** : B11.

## INTRODUCTION

Dans le premier chapitre du premier livre de l'*Éthique à Nicomaque*, Aristote établit la dimension architectonique et suprême de la science politique vis-à-vis des autres disciplines que sont la stratégie, la rhétorique, l'art médical ou encore l'économie. Les finalités de ces dernières – la victoire militaire, la persuasion, la santé, l'acquisition de richesses – sont, en effet, subordonnées à l'établissement dans la cité du souverain bien qu'est le bonheur – εὐδαιμονία. Dans cette perspective, le rôle de la politique – ἡ πολιτικὴ – apparaît nettement : « c'est elle qui dispose quelles sont parmi les sciences celles qui sont nécessaires dans les cités, et quelles sortes de science chaque classe de citoyens doit apprendre, et jusqu'à quel point l'étude en sera poussée. τίνας γὰρ εἶναι χρεὼν τῶν ἐπιστημῶν ἐν ταῖς πόλεσι, καὶ ποίας ἑκάστους μανθάνειν καὶ μέχρι τίνος, αὕτη διατάσσει. »[1]. L'objet de notre étude est de comprendre la place spécifique qu'occupent les activités économiques dans le cadre d'une réflexion aristotélicienne sur l'acquisition des richesses qui paraît ne prendre sens que par référence à l'éthique et à la politique. Comment le Stagirite établit-il la nécessité de la limitation par la politique de l'économie ? La question engage la distinction fondamentale qu'il établit entre les activités permettant à la communauté de vivre – ζῆν – et celles qui engagent la possibilité pour la cité de la vie bonne – εὖ ζῆν. En effet, si l'économie a pour finalité l'acquisition des richesses, la politique doit l'ordonner, de manière instrumentale, à l'établissement d'un bien qui paraît excéder la seule satisfaction des besoins et qui est à lui-même sa propre fin. En établissant la place de la science domestique dans l'économie générale de la cité, il s'agit donc également d'éclairer le statut de la politique elle-même et la manière dont celle-ci peut parvenir à instaurer dans la cité un souci éthique et politique pour les activités n'ayant pas de fin en dehors d'elles-mêmes. Si ces activités sont, selon Aristote, les activités libres par excellence – en ce qu'elles ne visent aucune finalité

1. *EN* I, 1, 1094a28-1094b2.

extrinsèque – il convient d'interroger la conception aristotélicienne de l'éducation pour déterminer en quoi elle permet d'établir une politique authentiquement libre dans laquelle les activités économiques trouvent tout de même leur place. Dans une telle perspective, la subordination des activités économiques à la politique nous paraît pouvoir être éclairée par référence à la conception aristotélicienne de la liberté, notamment telle qu'elle se déploie dans ses réflexions sur la nature de la παιδεία véritable.

Pour l'établir, il convient tout d'abord de faire porter l'analyse sur la manière tout à fait originale dont Aristote pense l'articulation de la sphère politique et de la sphère économique dans le livre I de la Politique. C'est à cette condition que l'on pourra ensuite comprendre la nature et le degré de l'autonomie qu'il confère à cette dernière. Il s'agira enfin d'établir en quoi la conception aristotélicienne de l'éducation et de la liberté permet de saisir la manière dont il replace l'économie dans son ordre propre – celui de l'acquisition instrumentale de biens et de richesses –, tout en la soumettant à l'ordre politique et à ses finalités éminentes.

## 1. POUVOIR POLITIQUE, POUVOIR ÉCONOMIQUE : LA CRITIQUE DES PRÉDÉCESSEURS

Comprendre la place qu'Aristote assigne à la sphère économique dans sa philosophie implique tout d'abord de resituer les développements qu'il y consacre dans l'économie générale de la philosophie des affaires humaines qu'il entend parachever dans l'*Éthique à Nicomaque* et dans la *Politique*. En effet, dans les dernières lignes de l'*Éthique à Nicomaque* il s'interroge sur ce qui manque à sa propre entreprise pour compléter les lacunes de ses prédécesseurs et corriger leurs erreurs éventuelles. Or la première et sûrement la plus fondamentale des critiques adressées à ses prédécesseurs, si l'on en croit sa place dans les premières lignes de la *Politique*, concerne la conception qu'ils se font du pouvoir politique par rapport, notamment, à la sphère économique et aux principes qui régissent son fonctionnement propre. Après avoir établi que la cité est un certain type de communauté et que cette communauté, visant le bien le plus éminent, est la communauté « la plus éminente de toutes – ἡ πασῶν κυριωτάτη »[2]. Aristote déclare ensuite :

2. *Pol.* I, 1, 1252a5.

> Quant à tous ceux qui pensent qu'un homme politique, un roi, un chef de famille, un maître d'esclave, c'est la même chose, ils n'ont donc pas raison. C'est, en effet, selon le grand ou le petit nombre de gens qui y sont soumis, pensent-ils, que chacun de ces pouvoir diffère des autres, et non pas selon une différence spécifique – ἀλλ' οὐκ εἴδει : ainsi si c'est un pouvoir sur peu de gens on est maître, sur plus de gens chef de famille, et sur encore plus homme politique ou roi, sous prétexte qu'il n'y aurait aucune différence entre une grande famille et une petite cité.[3]

Cette affirmation a pour corolaire le fait qu'Aristote récuse qu'il existerait, pour l'ensemble de ces différents types de relation de pouvoir, une seule science. En reformulant sa critique à la fin du chapitre 3, il affirme ainsi : « Certains, en effet, croient qu'il existe une science, la science "magistrale" – ἡ δεσποτεία – et, que c'est la même chose que l'administration familiale – ἡ οἰκονομία – la science magistrale – δεσποτεία – la science politique – πολιτικὴ – et la science royale – καὶ βασιλική – ainsi que nous l'avons dit en commençant. »[4]. Cette critique s'adresse principalement à Socrate (dont la pensée est exposée par Xénophon[5]) et à Platon[6]. Aristote reproche à ces deux auteurs[7] de ne pas établir de réelle différence entre les types de pouvoir et de rabattre l'une sur l'autre la sphère domestique ou économique et la sphère politique. En effet, Xénophon semble estimer que c'est la personnalité du chef qui fonde, quelles que soient les communautés dont il a la charge, l'unité et l'absence de distinction entre les pouvoirs. De la même manière, selon Aristote[8],

3. *Pol.* I, 1, 1252a7-16.

4. *Pol.* I, 3, 1253b18-20.

5. Xénophon, *Les Mémorables*, III, 4, 12 ; III, 6, 14. Sur cette question on peut également se référer à l'*Économique* que P.-M. Morel évoque dans la présentation générale de ce volume.

6. Le contexte général d'énonciation de cette phrase est celui de la recherche de la nature de la science politique. L'enjeu est pour Platon d'établir que celle-ci est une science cognitive – γνωστική – et non pratique – πρακτική. *Le Pol.* 258a, 259b-c. Voir également 292c-293a ; 300c-301b. Certains commentateurs estiment qu'il est probable qu'Antisthène soit également visé par cette critique : El Murr 2014.

7. Pour un aperçu des points communs et des divergences de Xénophon et de Platon sur cette question de la compétence économique/politique : El Murr 2014.

8. Il ne s'agit pas ici de déterminer si cette critique est ou non légitime et respectueuse de l'esprit du texte platonicien. De nombreux commentateurs considèrent qu'Aristote est de mauvaise foi et fait semblant de ne pas comprendre, voire ne comprend pas, le sens de ce que cherche à développer ici Platon : El Murr 2014 ; Terrel 2015. Pour les commentateurs dubitatifs sur les appréciations d'Aristote sur Platon, voir notamment : Jowett 1885 ; Susemihl and Hicks 1894 ; Barker 1946 ; Cherniss 1944. Pour la défense du point de vue

Platon estimerait que cette identité des pouvoirs est liée à l'unicité de la science même du gouvernement : « gouverner les hommes, quel que soit leur nombre, ressortit à une science unique que le *Politique* appelle royale ou politique » (El Murr 2014, 106). Pour Aristote, à l'inverse, le critère distinctif doit être établi, non pas en fonction de la quantité (« selon le grand ou le petit nombre de gens qui y sont soumis – πλήθει γὰρ καί ὀλιγότητι νομίζουσι διαφέρειν »[9]), mais bien en fonction d'une « différence spécifique – εἴδει »[10]. Il existe donc une différence qualitative entre les formes de pouvoir, et les sphères dans lesquelles celles-ci se déploient sont de ce fait irréductibles les unes aux autres. L'erreur de Xénophon et de Platon consiste à considérer que les pouvoirs despotique, économique et politique ne sont que de simples variantes d'une même réalité, variantes « qui ne différeraient que par des caractères secondaires ou accidentels » (Pellegrin 2017, 132).

Cette critique qu'Aristote adresse à ses prédécesseurs – et qui nous paraît être la clé de la compréhension de la juste place qu'il assigne à la sphère économique et à son autonomie relative – a souvent été minorée par les commentateurs en raison d'une erreur de perspective et d'interprétation liée au statut et à la fonction que l'on attribue traditionnellement au premier livre des *Politiques*. Celui-ci a longtemps été considéré comme un livre introductif[11], conçu par Aristote comme une forme de prologue afin de démontrer le caractère naturel de la cité[12] et/ou de procéder à l'exposition de ses principes économiques. Il constituerait en ce sens une introduction aux critiques qu'Aristote adresse dans le livre II à la *République*, aux *Lois* et plus généralement à

critique d'Aristote sur la *République* de Platon : Dobbs 1985, 29-46 ; Mayhew 1997, 325-40 ; Stalley 1991, 182-99 ; Simpson 1990, 149-66. Certains enfin estiment que ces oppositions explicites n'en sont pas réellement dans le fond et que les philosophies de Platon et Aristote sont, *in fine*, l'expression d'une même pensée : Jaeger 1948 ; Wild 1948 ; Voegelin 1957 ; Jaffa 1963, 64-129.

9. *Pol.* I, 1, 1252a9-10.

10. *Pol.* I, 1, 1252a10.

11. Jaeger (1948) suppose que le livre I a été écrit par Aristote après la compilation des autres livres, pour en constituer une forme d'introduction. Aubonnet (1960) le suit. Certains sont allés beaucoup plus loin, à des degrés divers, en mettant en doute l'inscription même du livre I à cette place ainsi que sa fonction et son intérêt dans la structure générale des *Politiques* : Kraut (2002) ; Voegelin (1957). Lord (1982) qui doute pourtant de l'authenticité des lignes de l'*EN* qui évoquent les prédécesseurs, reconnaît quant à lui que le livre I pourrait constituer un des moments de cette discussion des avis des prédécesseurs.

12. C'est notamment la thèse de Mulgan (1977) et plus récemment de Bartlett (2001).

ses prédécesseurs. Contre cette thèse, plusieurs interprètes ont tenté de penser et de justifier l'unité du livre I, sa continuité avec la fin de l'*Éthique à Nicomaque* et son inscription dans l'économie générale du reste de la *Politique* à partir de son caractère problématique et polémique[13]. Le cœur de leur thèse consiste à affirmer que la fonction principale du livre I n'est pas de présenter les grands principes de l'économie aristotélicienne[14], de démontrer la naturalité de la cité, d'en énumérer les parties ou de réfléchir à la question de l'esclavage, mais bien de tenter de cerner ce qui fait la spécificité de la relation politique de gouvernement – et donc la spécificité de la communauté dans laquelle cette relation se déploie – par rapport aux autres relations d'autorité, de pouvoir et de gouvernement qui peuvent se déployer dans d'autres types de communautés (au sein de l'οἶκος notamment). C'est dans cette ligne interprétative que nous situons notre propos. L'enjeu est donc pour le Stagirite, à la fois, de faire ressortir la nature particulière de la relation et de la communauté politiques relativement aux relations économiques et domestiques, et de montrer – contre l'Étranger du *Politique* de Platon – que la politique, dans laquelle s'inscrit l'économique, est, en raison de sa préoccupation pour la vie bonne, irréductible à l'οἰκονομία. De ce fait, la politique assume vis-à-vis de l'économie une fonction architectonique, dont l'importance est déterminante par rapport à la question qui nous occupe. Car en ne distinguant pas l'économie et la politique et en niant la dimension architectonique de la seconde par rapport à la première – c'est-à-dire en considérant que les principes et les finalités qui régissent la première sont finalement parfaitement transposables à la seconde – Le *Politique* neutralise la différence qualitative qu'introduit pourtant la πόλις elle-même dans la vie des hommes. Loin d'être anecdotiques, les erreurs liées à la définition même du pouvoir politique sont donc dramatiques dans la mesure où elles engagent la possibilité même pour la cité d'être une cité et donc de faire parvenir ses citoyens par

13. Les premiers éléments d'une telle lecture ont été sérieusement développés pour la première fois par Natali (1979-1980, 2-18) même si l'on retrouve déjà quelques affirmations et analyses qui vont dans le sens d'une telle lecture chez Newman (1887) ainsi que dans Kelsen (1937, 1-64) Par la suite, les principaux jalons de cette ligne interprétative ont été posés par Schofield (1990, 1-27) et par Deslauriers (2006, 48-69). Plus récemment Cherry (2012) et Riesbeck (2016) ont repris ces éléments d'analyse de manière systématique afin de rendre justice à la richesse du livre I et à ce qu'ils considèrent être sa fonction et son sens.

14. Entendue ici comme la science qui régit les relations entre les membres du foyer.

des lois et une éducation appropriée à une vie pleinement politique et finalement pleinement humaine.

## 2. L'AUTARCIE

Pour le comprendre, il est nécessaire de saisir la différence qu'Aristote établit entre le village, considéré comme association de familles[15], dans lequel prévaut le souci propre à la satisfaction des besoins quotidiens qui ressortent du vivre – ζῆν –, et la cité, marquée par la préoccupation pour la vie bonne – εὖ ζῆν. Le cœur de la différence entre les deux communautés réside dans le concept d'autarcie – αὐτάρκεια – et dans la signification qu'il revêt chez Aristote. La compréhension du sens de ce terme est, en effet, centrale, puisque c'est bien « dès lors qu'elle a atteint le terme de l'autarcie »[16] que la réunion des villages peut légitimement être dite « cité ». Aristote récuse explicitement[17] une définition de l'autarcie qui l'assimilerait à une forme d'absolue indépendance vis-à-vis de tout élément extérieur au sujet. Celle-ci se définit plutôt, selon ses termes, comme « le caractère de la chose qui, réduite à elle seule, rend l'existence digne d'élection et sans le moindre besoin »[18]. La cité autarcique est donc la communauté qui met les individus qui la composent en capacité de poursuivre et réaliser les biens humains qui rendent la vie digne d'élection, et sans le moindre besoin. Loin d'être l'expression d'une simple position de subsistance économique autonome, l'autarcie relève donc d'un élément qualitatif qui déborde la question proprement économique. Comme le souligne J. Terrel : « L'αὐτάρκεια ne peut être réduite ni à l'autosuffisance économique d'une communauté fermée sur elle-même, ni à l'indépendance économique obtenue grâce à des échanges équilibrés avec l'extérieur, ni même à l'autosuffisance démographique en vue de la vie politique. »[19].

15. *Pol.* I, 2, 1252b17.

16. *Pol.* I, 2, 1252b27-29.

17. *EN* I, 7, 1097b8-11 : « Toutefois, l'autosuffisance, comme nous l'entendons, n'appartient pas à une personne seule, qui vivrait une existence solitaire. Au contraire, elle implique parents, enfants, épouse et globalement les amis et concitoyens, dès lors que l'homme est naturellement un être destiné à la cité. »

18. *EN* I, 7, 1095b15.

19. Terrel 2015, 22. Ce sens du concept d'αὐτάρκεια est selon lui plus riche que l'interprétation qu'en propose Hansen (2001). Dans le même sens : « L'autarcie aristotélicienne

La véritable autarcie est définie par Aristote au chapitre 8 du livre VII lorsqu'il s'attache à décrire les six fonctions et groupes d'hommes indispensables à toute cité. Pour qu'une communauté soit parfaitement autarcique – ἁπλῶς αὐτάρκη[20] – elle doit, en effet, réunir les fonctions suivantes : 1) la nourriture, 2) certains métiers qui produisent les instruments nécessaires à la vie, 3) des armes, 4) des richesses relativement abondantes, 5) de quoi assurer des services religieux et enfin et surtout, 6) « la sixième fonction et la plus nécessaire de toutes [...] celle qui tranche les questions d'intérêt général et les affaires judiciaires entre citoyens – ἕκτον δὲ τὸν ἀριθμὸν καὶ πάντων ἀναγκαιότατον κρίσιν περὶ τῶν συμφερόντων καὶ τῶν δικαίων τῶν πρὸς ἀλλήλους»[21]. Si cette sixième fonction est la plus nécessaire de toutes, c'est qu'elle exprime ce qui permet à la communauté qu'est le village d'accéder réellement à une forme proprement politique. En ce sens, ce serait bien la création des institutions judiciaires et légales qui marquerait l'étape décisive du passage entre le village et la cité à proprement parler[22]. Cela ne signifie pas que le village ne possède pas d'institution capable de traiter les différends judiciaires et commerciaux en son sein, mais il est nécessaire de distinguer les lois qui règlent les échanges commerciaux et celles dont le statut et la fonction diffèrent, qui permettent plus positivement de fonder la communauté politique. Si les premières sont bel et bien des lois, elles n'expriment qu'une forme minimale de justice selon Aristote[23]. En effet, dans cette perspective, les normes légales se contentent d'organiser avec le moins d'injustice possible les relations économiques qui structurent la communauté dont la finalité est, en définitive, *seulement* économique puisqu'elle n'a pour autre horizon que le vivre – ζῆν. Une communauté qui se contente de mettre en place ces échanges commerciaux – ou dont l'unité repose sur une alliance militaire – ne constitue donc pas

n'est pas un concept économique : elle ne renvoie pas essentiellement à l'indépendance économique, mais plutôt à la possibilité d'atteindre par soi une vie bonne et accomplie : l'autarcie c'est le bonheur. » (Crespo 2008, 281-94).

20. *Pol.* VII, 8, 1328b18.

21. *Pol.* VII, 8, 1328b13-15.

22. C'est notamment la thèse défendue par Riesbeck (2016) et Stalley (1991, 566-76).

23. Riesbeck (2016) explique que le système fort de lois – qui ne se réduit donc pas aux prescriptions négatives relatives à la prohibition de l'injustice – se différencie de ces dernières par au moins deux traits distinctifs : il est tout d'abord plus compréhensif dans la mesure où il ne se cantonne pas aux relations économiques, mais il est également davantage institutionnalisé.

une cité dans la mesure où elle ne vise pas cette vie heureuse. En se cantonnant à l'encadrement légal de telles interactions entre les agents économiques sur un marché ou au sein d'une communauté, un tel gouvernement en viendrait donc à faire en quelque sorte du village aristotélicien l'horizon de la vie proprement humaine. Car c'est précisément l'élaboration d'institutions légales dont le champ d'action surpasse les sphères de la simple vie qui contribue à l'émergence d'une communauté proprement politique, en fournissant à cette communauté une unité autour d'une finalité morale qui ne se réduit pas aux nécessités de la vie. Ces nécessités littéralement économiques ne doivent bien évidemment pas être assimilés aux stricts besoins matériels relevant de la survie pure et simple, car les villages (grecs ou barbares) peuvent tout à fait constituer, selon Aristote, des entités économiques particulièrement prospères. Mais cette prospérité matérielle – encadrée par des lois dont la finalité est uniquement de la rendre possible – ne fera jamais d'une communauté, une communauté politique. Pour que s'opère ce passage, il faut que la coopération et l'échange économiques laissent place à la possibilité d'une coexistence en vue de la vie bonne, rendue elle-même possible par la satisfaction des besoins de la vie et par l'établissement d'une institution judiciaire qui assume un rôle éthique et politique. C'est avec l'émergence de telles institutions qu'apparaît de manière inédite pour les hommes la possibilité d'une vie authentiquement bonne. Ce n'est donc pas l'instauration de lois qui fonde le passage du village à la cité, car la communauté politique n'est pas la seule communauté qui possède des lois ou des institutions légales. Mais les lois de la cité – au sens fort et normatif du terme – sont celles qui, loin de se contenter d'organiser la vie économique de la communauté, ont pour fonction de promouvoir et de rendre possible le bonheur – εὐδαιμονία –, c'est-à-dire le bien-vivre – εὖ ζῆν.

## 3. LA CRITIQUE DE L'ÉCONOMISME

La critique qu'Aristote opère de l'économisme permet de le comprendre aisément, et elle fournit un argument supplémentaire pour éclairer la nature et les enjeux de l'articulation qu'il opère entre la sphère domestique et économique d'un côté, et l'espace du politique de l'autre. Par « économisme » on entendra ici la doctrine ou la situation politique dans laquelle les cités et les citoyens qui les composent sont préoccupées exclusivement par l'acquisition de richesses et par le développement économique. Or les activités économiques – au sens étymologique du terme – sont et doivent rester, par définition, pour le Stagirite, le propre de la famille et de la sphère productive. Lorsqu'elles sont mises au cœur de la vie de la communauté – appelée à être politique – elles constituent une menace pour cette dernière puisqu'elles risquent toujours de l'envahir et de substituer à une finalité éthique une finalité mercantile ou servile qui, pourtant, devrait toujours être au service de son bien ultime[24]. Cette substitution est d'ailleurs d'autant plus dommageable qu'elle conduit *in fine* à un usage illimité et contre-nature de toutes les capacités de l'homme, et pas uniquement de ses capacités proprement économiques. En effet, dans leur recherche de la richesse, si les hommes n'y parviennent pas *via* l'art d'acquisition, « ils s'y efforcent par d'autres moyens, faisant de chacune de leurs capacités un usage contraire à la nature. Le but du courage, en effet, n'est pas de faire de l'argent, mais de rendre hardi, de même pour la stratégie et la médecine dont le but n'est pas de faire de l'argent, mais de donner la victoire et la santé. »[25]. Cette critique est notamment adressée par Aristote à la constitution carthaginoise[26]. Si celle-ci trouve en partie grâce à ses yeux[27], certaines de ses dispositions légales relatives au choix des magistratures ont tendance à faire primer la richesse comme critère de sélection par rapport au mérite, faisant tendre l'aristocratie vers sa déviation oligarchique. En effet, « une loi de ce genre donne plus de prix à la richesse qu'à la vertu, et rend la cité entière avide de richesses »[28]. La valorisation d'une fin qui n'est pas illégitime en soi (l'acquisition de richesses[29] dans le cas où elle est conduite naturellement) le devient lorsqu'elle se fait au détriment de

24. Polanyi (1957, 64-94) a étudié en détail et mis en avant cette dimension possiblement contre-nature de l'activité économique, qui, tout en étant susceptible de contribuer à l'idéal propre à la vie civique, risque toujours également de s'y opposer.

25. *Pol.* I, 9, 1258a9-12. Par là on voit le lien fondamental qu'Aristote établit entre la critique de l'économisme et les dangers de l'art d'acquisition lorsqu'il est contre-nature.

26. Aristote attribue aussi une forme d'attrait pour l'argent aux Spartiates, mais dans leur cas cet appât du gain est davantage une conséquence seconde ou un effet pervers d'autres dispositions constitutionnelles plutôt que le résultat d'une valorisation excessive de l'argent par la constitution elle-même. *Pol.* II, 9, 1269b14 et suiv.

27. Sur le jugement d'Aristote sur la constitution carthaginoise : Rubin (2012, 3-36) ; Jaïdi (2014, 315-323).

28. *Pol.* II, 11, 1273a37-39.

29. En *EN* I, 1, 1094a9, Aristote affirme que la richesse est bien la fin de l'économie.

la finalité plus haute à laquelle doit tendre la vie politique. Et cette valorisation indue est un obstacle à la mise en place des bons régimes, politiques au sens fort du terme : « et là où ce n'est pas la vertu qui est honorée avant toute chose, il n'est pas possible d'établir fermement le caractère aristocratique de la constitution. »[30]. Cette critique peut aussi être considérée comme adressée par Aristote à Xénophon, précédente cible de ses attaques à propos de la distinction entre les espèces de pouvoir. En effet, pour Xénophon, un bon citoyen est avant tout un homme qui enrichit sa cité et contribue à son rayonnement économique[31].

À l'inverse, il faut remarquer que, sur ce point, la critique d'Aristote ne vise pas Platon. En effet, à de nombreuses reprises dans ses dialogues, ce dernier met en exergue la destination éthique de l'individu et de la cité[32]. Que les moyens qu'il fait déployer au roi philosophe ne soient pas les bons ou que sa conception de la nature de la vertu en elle-même ne soit pas la bonne, Aristote reconnaît qu'il a vu cette destination éthique de l'homme et qu'il considère à juste titre que la cité doit en faire la promotion. Platon condamne d'ailleurs la chrématistique tout aussi fermement qu'Aristote et il met en garde contre ses effets destructeurs pour l'unité et la vertu de la cité[33].

Cependant, si Platon et Aristote sont d'accord sur le diagnostic et sur la manière dont l'économie familiale peut mettre en péril la cité, ils s'opposent radicalement sur le remède à apporter : là où Platon décide de supprimer la famille pour éviter qu'elle occupe une place indue dans la sphère politique – ce qui revient en réalité, selon Aristote, à faire de la cité une famille géante – Aristote la conserve et affirme à maintes reprises la nécessité absolue de ne pas confondre l'ordre familial et économique et l'ordre politique. Dans cette perspective, la cité et son législateur jouent un rôle important dans le respect de la distinction des ordres. Ce rôle consiste en fait, pour reprendre les termes de P. Pellegrin, à « protéger [les citoyens] des dangers *économiques*, aux sens ancien et moderne du terme, c'est-à-dire de la contamination

30. *Pol.* II, 11, 1273a41-1273b1.

31. Plus précisément, il semble que chez Xénophon l'εὐδαιμονία – le bonheur auquel le législateur doit amener les citoyens – consiste en une prospérité matérielle qui résulte des victoires matérielles. Cf. *Cyropédie* I, 5, 9 ; VI, 1, 55 ; VII 5, 79 ; VIII, 1, 1 ; VIII, 2, 14 ; *Hipparque* VII, 7. Sur ce point, voir Dorion 2013.

32. Voir par exemple : *Gorgias* 517a-523a.

33. *Rép.* X, 918e-919b.

par la force des liens familiaux et par le développement incontrôlé de la sphère productive et marchande » (Pellegrin 2017, 120). Ainsi : « Aristote veut à la fois conserver la famille et les liens qu'elle crée, cantonner l'activité productrice à cette famille et empêcher cette sphère familiale et productive de dicter sa loi à la sphère citoyenne » (Pellegrin 2017, 120). Cette critique rejoint d'ailleurs celle formulée dans le premier livre de la *Politique*, puisqu'elle consiste à souligner à nouveau l'irréductibilité de la vertu politique par rapport à la vertu économique et la différence de nature qui existe entre ces deux excellences.

Comment s'établit alors la différence entre la sphère économique et la sphère politique ? Autrement dit, comment la communauté qu'est le village peut-elle sortir d'une perspective uniquement économique pour, au-delà de cette finalité légitime dans son ordre, embrasser une vie proprement politique ? En consacrant, notamment par l'éducation, la valeur des activités qu'Aristote considère comme dignes d'être choisies pour elles-mêmes. Ces activités, qui manifestent un certain rapport à la gratuité, sont, en effet, l'expression d'une liberté qui est le propre de la vie authentiquement politique.

## 4. LES ACTIVITÉS AYANT LEUR FIN EN ELLE-MÊME ET LES ACTIVITÉS INSTRUMENTALES

C'est, en effet, lorsqu'apparaît pour la première fois la possibilité de choisir pour elles-mêmes des activités qui méritent de l'être que s'opère la transition du village à la cité. Cette possibilité est corrélative au déploiement d'une justice – fondatrice de l'autarcie de la communauté politique – dont les prérogatives vont au-delà de la sphère économique et qui permet de différencier le contenu de la « vie bonne » de la cité, de la vie « simple » que rendait possible l'association de villages. La différence entre ces deux types de vie repose *in fine* dans le rapport, instrumental ou non, que les individus entretiennent avec les finalités relatives au bonheur que sont par exemple la justice et la vertu. Celle-ci réside dans la capacité à choisir un ensemble d'activités ayant leur fin en elles-mêmes et *pour* elles-mêmes, et pas seulement ou d'abord pour leurs produits[34].

34. La comparaison avec la chrématistique est intéressante pour comprendre cette distinction. En effet, l'usage de la chrématistique qui est dit contre-nature par Aristote est

Ces fins dont la valeur est intrinsèque, lorsqu'elles peuvent être librement choisies et pour elles-mêmes, consacrent pour certains, une majorité, ou tous les membres de la cité, la possibilité d'une vie proprement politique, seule garante du bonheur véritable. Ainsi la cité ne permet pas seulement de « mieux » vivre, elle ouvre la communauté à un mode de vie radicalement différent, qui est le mode de vie proprement politique, dont Aristote cherche à penser la spécificité. En effet, si le passage du foyer au village peut dans cette perspective être réduit à une amélioration quantitative de la qualité de vie qui se pense en termes de satisfaction plus grande d'un certain nombre de besoins[35], cela ne semble pas possible pour le passage du village à la cité. C'est ce qui explique qu'Aristote regroupe, dans la même catégorie du ζῆν, le foyer comme le village, là où la cité introduit l'homme dans une dimension qualitative irréductible à la simple amélioration quantitative de la qualité de vie[36]. L'enjeu de la distinction entre ces communautés est donc bien celui de la possibilité pour l'homme d'atteindre son bien suprême[37]. En ce sens, la cité est le seul lieu qui permette à l'homme d'atteindre sa fin pleinement, complètement et dans une perspective

un usage qui consiste en apparence à rechercher le profit de manière illimitée. Mais parmi ceux qui font un tel usage Aristote distingue ceux qui le font tout de même avec en vue la vie bonne et ceux qui le font en ayant seulement pour visée la vie « tout court ». Les premiers font de l'acquisition de l'argent un moyen en vue de la satisfaction de tel ou tel plaisir, mais le caractère excessif de leur désir les pousse à rechercher de manière illimitée le moyen qui permet la réalisation des fins désirées. Les seconds, à la différence des premiers, ne recherchent pas la richesse pour tel ou tel bien spécifique, mais la recherchent pour elle-même comme simple moyen, en perdant de vue la finalité même de l'acte d'acquisition. Leur désir n'est pas seulement excessif, mais illimité, rendu illimité par l'absence de recherche bornée d'une fin déterminée. Ils voient que l'argent n'est qu'un moyen, mais semblent en réalité incapables d'avoir une conception stable et cohérente des fins qu'un tel moyen permettrait d'acquérir. Le comportement de ces deux individus peut sembler similaire, mais le rapport qu'ils entretiennent à la finalité et au caractère instrumental du bien recherché les distingue. Sur ce point, voir également Leshem 2014, 122-32.

35. Bartninkas 2014, 18-29 : « le politique est fondé lorsque le pré-politique est parvenu à satisfaire les besoins naturels. »

36. Cela ne signifie pas que la cité n'advienne pas de manière progressive et continue de l'association des villages. Comme le dit très bien Canguilhem (1943) : « La progressivité d'un événement n'exclut pas l'originalité d'un avènement. » Si la transition du village à la cité s'opère donc probablement sans que les habitants eux-mêmes en aient tout à fait conscience, il n'en reste pas moins que le passage de l'une à l'autre constitue – politiquement et philosophiquement – une rupture fondamentale.

37. Arendt (1958) ne dit pas autre chose lorsqu'elle affirme que l'abolition de la distinction entre la communauté politique et la communauté économique est la plus grande menace que la modernité fait peser sur notre possibilité à mener une vie proprement heureuse.

dans laquelle ce bien est choisi *pour lui-même*. Cela ne signifie pas que les hommes vivant dans les états précédant la cité – ou dans des états qui la dépassent numériquement comme la nation – ne peuvent pas être heureux : « Il est certain que les membres d'une famille peuvent être heureux, alors même qu'ils ne vivent pas en cité. » (Pellegrin 2017, 91). Leur bonheur reste pourtant – comme l'est d'ailleurs celui des esclaves, des femmes et des enfants – incomplet relativement au bonheur que permet la cité : le bonheur politique. Aristote le confirme au livre III de la *Politique*, lorsqu'il définit la cité et ses contrefaçons :

> Une cité est la communauté des lignages et des villages menant une vie parfaite et autarcique. C'est cela, selon nous, mener une vie heureuse et belle. Il faut donc poser que c'est en vue des belles actions qu'existe la communauté politique et non en vue de vivre ensemble.[38]

Le passage à la cité fait ainsi sortir les individus de la sphère des besoins économiques à proprement parler pour leur permettre de déployer de manière inédite – et qualitativement différente – des activités et des vertus qui, jusque-là, étaient seulement pré-politiques. Les communautés pré-politiques risquent donc toujours – lorsqu'elles se contentent d'organiser la vie économique – d'amputer l'homme de la possibilité même d'un bonheur véritable et authentiquement humain. Dans une telle configuration, s'opère en quelque sorte une inversion des priorités par laquelle la politique est mise au service des finalités économiques. Or cette inversion, est, pour Aristote, contre nature puisqu'il y a précisément, dans la fin de la cité, une composante éthique fondamentale qui la distingue radicalement des communautés qui la composent et qui fonde la supériorité et le caractère architectonique de la politique vis-à-vis de l'économie. Le cœur même du premier livre de la *Politique* – et finalement le geste philosophique fondamental de la pensée d'Aristote[39] – consiste précisément à récuser l'idée que la politique doive autant que possible (dans une perspective de justice minimale) se désengager de la question cruciale de la finalité à assigner aux activités pré-politiques, au premier rang desquelles les activités domestiques et économiques. Son rôle consiste, en effet, à les ordonner

38. *Pol.* III, 9, 1280b40-1281a4. Sur le statut de la vie éthique « pré-politique » dans le foyer : Price 1989 ; Pangle 2003.

39. On peut même, à la suite de Pellegrin (2017), qualifier ce geste d'inédit. Les autres penseurs du politique ne s'y sont pas trompés, qui ont tous souligné le caractère déterminant de cette position, qu'ils y adhèrent et la reprennent (Locke, Spinoza, Rousseau) ou qu'ils s'y opposent (Bodin, Hobbes). Sur ce point : Zhu 2004, 231-42.

à un bien commun auquel elles ne contribuent que partiellement et qu'elles ne déterminent jamais de manière autonome. Le véritable législateur, qui ordonne toutes les activités de sa cité au bien commun, est donc celui qui assume la dimension architectonique de la science qui le rend apte à gouverner. Celle-ci doit le conduire à mettre en place une politique dont la finalité est un bonheur authentique, irréductible à la satisfaction des besoins économiques.

On peut d'ailleurs aisément s'en convaincre en faisant porter l'analyse, dans un dernier temps, sur l'éducation véritable que le bon politique doit donner aux citoyens s'il veut en faire des hommes authentiquement libres.

## 5. LE RÔLE DE LA ΠΑΙΔΕΙΑ ET DE LA ΣΧΟΛΗ

Dans les deux derniers livres de la *Politique*, Aristote s'attache à exposer les principes politiques et pédagogiques de la constitution « selon ses vœux ». Sans entrer dans le détail de tous les éléments qui structurent ce régime idéal, il est possible d'en faire ressortir deux éléments principaux, relativement à la question qui nous occupe. Il s'agit donc de comprendre en quoi les éléments constitutifs de l'éducation que le Stagirite appelle de ses vœux manifestent à la fois l'autonomie des activités « libérales » – c'est-à-dire considérées comme indépendantes de toute finalité extérieure – et la nécessité d'une politique non assujettie aux exigences utilitaristes de la satisfaction des besoins.

Le premier élément porte sur la question de la bonne détermination des fins et des moyens dans l'établissement d'un régime politique droit. En effet, c'est parce que certains législateurs prennent des biens instrumentaux pour des fins en soi, que les régimes politiques sont déviés. Et c'est parce qu'il ne considère pas la finalité réelle des actions et des parties de l'âme[40] que le mauvais législateur prend ce qui relève de l'ordre des moyens pour le but ultime de la cité qu'il gouverne. La constitution lacédémonienne en est l'illustration paradigmatique : elle établit une législation où « tout tend à la domination et à la guerre –

40. Aristote établit dans les chapitres 14 et 15 du livre VII de la *Politique* une correspondance entre l'articulation et la hiérarchisation des parties de l'âme et les activités auxquelles doivent s'adonner les citoyens, notamment dans leur éducation.

πάντα πρὸς τὸ κρατεῖν καὶ πρὸς πόλεμον ἐνομοθέτησεν»[41] et elle oublie que, par-delà la nécessité d'apprendre à travailler et à faire la guerre, ces deux activités n'ont de sens qu'en raison des finalités plus hautes auxquelles elles doivent être subordonnées : « vivre en paix et dans le loisir – εἰρήνην ἄγειν καὶ σχολάζειν»[42]. La confusion des fins et des moyens est donc au principe de la déviation du régime spartiate, dont l'éducation militariste est à la fois l'expression et la cause. La conception uniquement et trivialement – φορτικῶς – instrumentale qu'ils se font de l'éducation et de la vertu ne leur permet pas de saisir la finalité la plus haute de l'existence humaine et conduit donc les Spartiates à exercer et à exalter un pouvoir et une domination despotiques qui les empêchent de vivre sous une autorité proprement politique et de mener, en temps de paix, une vie qui sied aux hommes libres. Une telle conception du meilleur genre de vie conduit d'ailleurs Sparte à échouer dans sa mission propre : assurer le bonheur de ses citoyens. L'échec des Lacédémoniens est d'autant plus déshonorant aux yeux d'Aristote que l'éducation qu'ils ont reçue leur permet justement d'exceller dans la guerre et le labeur, tout en les réduisant paradoxalement à une forme d'esclavage en temps de paix et de loisir. En pensant que le courage et la vertu guerrière produisent le bonheur et sont donc une fin en soi, et en éduquant les citoyens dans cette croyance, ils échouent à faire émerger la possibilité d'une vie bonne consacrée au loisir et à la poursuite des activités belles et bonnes en elles-mêmes. Cela ne signifie pas, loin de là, que le courage ne soit pas nécessaire à la vie heureuse, mais il ne peut pour autant être considéré comme une fin en soi. Sur ce point Th. Bénatouïl a donc raison de préciser que dans ce contexte : « L'opposition n'est pas tant entre ces moyens et leurs fins qu'entre ces moyens seuls (donc érigés à tort en fin) et ces moyens subordonnés à leurs fins » (Bénatouïl 2011, 168). En inculquant à ses concitoyens l'idée que la domination et la puissance militaire ne sont pas qu'un moyen, Sparte les empêche par là même de vivre libres pleinement, c'est-à-dire politiquement, en paix et dans le loisir. Or ce qui vaut pour l'éducation militariste des Spartiates vaut également pour une éducation qui ferait de l'acquisition des richesses sa finalité, en consacrant la valeur intrinsèque et non instrumentale

41. *Pol.* VII, 14, 1333b14.
42. *Pol.* VII, 14, 1333b1.

des biens matériels. C'est ce que la critique aristotélicienne de l'économisme a permis d'établir précédemment.

Le second élément de la conception aristotélicienne de l'éducation qui doit retenir notre attention constitue la réponse à l'écueil qu'il constate dans les régimes militaristes ou mercantiles : la nécessité absolue d'une παιδεία qui consacre la valeur de la σχολή – du loisir – et qui rend possible une liberté politique authentique. En effet, seule une éducation finalisée par la perspective de la paix et du loisir semble à même de permettre une vie proprement politique, dans la mesure où elle assume un caractère de libéralité par lequel sont valorisées, auprès des citoyens, les activités vertueuses ayant leurs fins en elles-mêmes : les activités politiques et les activités théorétiques[43]. Et c'est cette éducation, que l'on peut alors qualifier de « libérale », qui fonde également la possibilité d'une liberté politique authentique, à la différence de l'éducation servile des Lacédémoniens ou mercantile des Carthaginois[44]. La possibilité du loisir apparaît donc comme le pendant de la possibilité de la vie proprement politique (notamment dans son caractère autarcique) et une éducation digne de ce nom ne peut pas ne pas s'y attacher si elle veut rendre possible l'expression des plus hautes potentialités humaines, que celles-ci soient théorétiques ou pratiques. Ce sont elles qui expriment la fonction propre de l'homme. Comme le souligne Th. Bénatouïl, « ce lien indissoluble entre toutes les vertus de l'homme de bien et sa fin ultime, l'usage noble du loisir, permet de disqualifier toute éducation qui négligerait le loisir au profit de l'absence de loisir » (Bénatouïl 2011, 176). Aristote convoque d'ailleurs sur cette question la nature elle-même qui « exige que nous soyons capables non seulement d'accomplir correctement notre labeur, mais aussi de mener noblement une vie de loisir, *car c'est le principe de tout* – τὸ τὴν φύσιν αὐτὴν ζητεῖν, ὅπερ πολλάκις εἴρηται, μὴ μόνον ἀσχολεῖν ὀρθῶς ἀλλὰ καὶ σχολάζειν δύνασθαι καλῶς. αὕτη γὰρ ἀρχὴ πάντων μία »[45]. À la fois fondement et but, ce principe – ἀρχὴ – philosophique ordonne selon nous l'économie générale des livres VII et VIII, mais également de la *Politique* dans son entièreté, en ce qu'il consacre la dimension littéralement *fondamentale* de la question

43. Sur l'autonomie des « actions » de la cité et le caractère libre des activités théorétiques et politiques : Morel 2019, 23-39.

44. Destrée (2013, 301-23) a donc raison de faire de ce concept de σχολή « the fundamental principle of his best city or constitution. »

45. *Pol.* VIII, 3, 1337b30-32. C'est nous qui soulignons.

pédagogique dans le cadre de l'établissement de la constitution excellente par le Stagirite[46].

Au-delà de ce qu'elle rend possible positivement, une telle éducation permet donc également de remettre à sa juste place la sphère économique et les activités mercantiles qui constituent cette dernière. Une telle éducation replace l'économie dans son ordre propre – celui de l'acquisition *instrumentale* de biens et de richesses –, tout en la soumettant à l'ordre politique et à ses finalités éminentes. Comme l'affirme Aristote,

> [...] il est manifeste qu'il faut apprendre à travers son éducation un certain nombre de choses pour passer sa vie dans le loisir, et que ces choses apprises par l'éducation sont en vue d'elles-mêmes, alors que celles qui ont trait au labeur doivent être considérées comme indispensables et en vue d'autres choses.
> [...] φανερὸν ὅτι δεῖ καὶ πρὸς τὴν ἐν τῇ διαγωγῇ σχολὴν μανθάνειν ἄττα καὶ παιδεύεσθαι, καὶ ταῦτα μὲν τὰ παιδεύματα καὶ ταύτας τὰς μαθήσεις ἑαυτῶν εἶναι χάριν, τὰς δὲ πρὸς τὴν ἀσχολίαν ὡς ἀναγκαίας καὶ χάριν ἄλλων.[47]

L'éducation authentique est donc celle qui prémunit contre une autonomisation excessive de la sphère économique et productive et qui limite par là-même, en cultivant l'amour des activités gratuites et choisies pour elles-mêmes, le désir de l'homme et sa propension naturelle à la démesure[48]. La bonne éducation qu'il convient de donner aux enfants – τοὺς υἱεῖς[49] – n'est donc pas telle en raison de son utilité ou de son caractère indispensable, mais bien plutôt « parce qu'elle est digne d'un homme libre, et belle – ἀλλ᾽ ὡς ἐλευθέριον καὶ καλήν »[50] et qu'elle seule permet à l'homme et à la cité de réaliser leur fonction propre.

46. Suñol 2015, 53-76 : « l'éducation est la pierre angulaire de la science éthico-politique d'Aristote ; c'est à partir d'elle que se construit et se maintient non seulement le régime idéal, mais également tout régime politique. »

47. *Pol.* VIII, 3, 1338a9-13.

48. Cette forme de démesure est ancrée anthropologiquement : « De plus la méchanceté des hommes est sans limites, et si tout d'abord deux oboles suffisent, par la suite, lorsque cette pratique est devenue une coutume, on a besoin de toujours plus, ainsi à l'infini. Car la nature du désir est d'être infini, et c'est à le combler que la plupart des gens passent leur vie. » *Pol.* II, 7, 1267a41-1267b6.

49. *Pol.* VIII, 3, 1338a31.

50. *Pol.* VIII, 3, 1338a32.

La liberté authentique qui prévaut dans la conception aristotélicienne de l'éducation et dans sa philosophie politique correspond donc à un degré de liberté supérieur à celui qui se déploie déjà dans les sphères économique et domestique[51]. En effet, dans ces dernières, la liberté est conçue comme la possibilité, restreinte par le cadre légal et politique dans lequel elle s'exerce, d'acquérir et d'accumuler des richesses. Mais cette liberté, pour Aristote, n'est qu'un degré minimal de liberté en ce qu'il consiste tout simplement à être capable, au sens propre du terme, d'économie. Pour pouvoir prospérer dans la sphère économique, l'homme doit être, en effet, capable, au moins minimalement, de différer la satisfaction de ses besoins immédiats, de calculer les coûts et les avantages des opérations qu'il met en place et donc de délibérer sur ce qu'il convient ou non de faire dans la logique qui est la sienne[52]. Cependant toutes ces opérations intellectuelles et ces activités pratiques ne le font jamais sortir d'une logique mercantile puisqu'elles ne l'introduisent jamais dans la logique de la gratuité et du bien qui est le propre de la liberté authentique pour Aristote. En ce sens le plus haut degré de liberté dans le domaine économique n'est jamais, pour le Stagirite, qu'un prérequis minimal pour l'exercice d'une liberté proprement politique[53]. Et quand bien même cette liberté minimale serait nécessaire, dans un premier temps, pour pouvoir ensuite s'affranchir des nécessités de la vie quotidienne, il n'en resterait pas moins qu'elle n'est qu'une étape dans la réalisation de la fonction propre de l'homme. Les hommes authentiquement libres sont donc ceux qui, en raison de l'éducation qu'ils ont reçue, sont capables d'une recherche gratuite de la vertu pour elle-même, recherche irréductible à l'intérêt économique. Légitime dans son ordre, cet intérêt doit être ordonné à une fin plus élevée : l'ouverture d'un espace dans lequel la recherche de la vertu politique de prudence – φρόνησις – et de la vertu du sagesse théorique – σοφία – sont les finalités véritables. La première culmine dans l'établissement, pour autrui, des normes qui président à la mise en place d'un bien commun, la seconde dans la

51. Pour tous les citoyens mâles de la cité susceptibles de déployer une vertu et une liberté qui excèdent celle qui est propre à la logique économique.

52. Sur la nature de la délibération des hommes dans la sphère économique et sa différence avec celle propre à la sphère éthique : Garver 1994, 173-95 ; McDowell 1996, 19-35 ; Walsh 1997, 495-507 ; Harvey 2001, 41-64.

53. Cette liberté économique peut, pour les âmes naturellement serviles, être une première forme sérieuse d'émancipation puisqu'elle les rend en partie autonomes. Sur cette question de l'émancipation, par l'économie, des âmes serviles par nature : Bodéüs 2004.

recherche pour elle-même de la vérité dans la vie théorétique. L'une comme l'autre manifestent le comble du désintéressement et sont précisément rendues possible par une éducation « libérale » – puisque non utilitaire – qui doit prévaloir dans un système constitutionnel excellent, c'est-à-dire authentiquement politique.

Par-là apparaît la dimension puissamment normative du concept aristotélicien de « politique » relativement à l'économie. Cette normativité se fonde sur l'autorité de la cité elle-même, évoquée dès les premières lignes de la *Politique*[54], autorité qui trouve sa légitimité dans la capacité inédite et inégalable de la cité – parmi toutes les communautés existantes – à réaliser le bien proprement humain et à contribuer à la mise en place du bien commun. Par son caractère normatif, l'autorité de la cité, lorsqu'elle est bien dirigée, permet ainsi de récuser les pratiques qui s'émancipent de sa fin propre ou viennent en empêcher la réalisation tout en en reconnaissant le bien-fondé et l'autonomie relative des activités économiques. Le jugement qu'Aristote porte sur la chrématistique[55] – comme sur la suprématie problématique de l'art militaire et de la vertu guerrière dans certaines cités – en est un exemple probant : lorsque la cité est préoccupée par autre chose que la recherche de la vie bonne ou qu'elle ne subordonne pas les activités économiques à cette recherche, elle manque sa fonction et ne remplit plus la mission qui est la sienne. De la même manière, les individus dont les activités sont essentiellement et exclusivement tournées vers des productions serviles ou vers la production économique – que celle-ci soit naturelle ou qu'elle relève de la chrématistique – ne peuvent être admis dans le champ politique, incapables qu'ils seraient d'y déployer une vertu proprement politique et non pas une vertu économique plus restrictive (dans le cas d'une acquisition naturelle de richesses). Cette exclusion du champ politique concerne notamment les gens très pauvres et les gens trop riches qui répugnent à se soumettre au pouvoir de leurs concitoyens :

> [...] ceux qui ont un excès de bonne fortune – force, richesse, amis et autres biens de ce genre –, ne veulent ni ne savent obéir (et cela leur vient, dans leur famille, dès l'enfance, car du fait de leur relâchement, même à l'école, ils ne prennent pas l'habitude d'obéir), tandis que ceux qui sont excessivement privés de ces biens sont par trop abjects.

54. *Pol.* I, 1, 1252a1-7.
55. *Pol.* I, chap. 8 à 11.

> De sorte que ceux-ci ne savent pas commander, mais seulement obéir comme des esclaves et ceux-là ne savent obéir à aucun pouvoir, mais seulement exercer un pouvoir despotique. Il se constitue donc une cité d'esclaves et de maîtres, et non d'hommes libres, les uns envieux, les autres méprisants, ce qui est très éloigné de l'amitié et de la communauté politiques.[56]

Cette normativité implique donc une hiérarchisation des communautés (et des activités qui les définissent), hiérarchisation qui consacre l'autorité de la cité, conçue comme communauté « la plus éminente de toutes et qui contient toutes les autres – ἡ πασῶν κυριωτάτη καὶ πάσας περιέχουσα τὰς ἄλλας»[57].

## CONCLUSION

La manière dont Aristote pense l'articulation entre la sphère politique et la sphère économique, et la conception qu'il se fait du bien proprement humain, permettent de comprendre comment la première doit limiter la seconde, tout en lui reconnaissant son autonomie. Ce faisant, Aristote consacre l'éminence de la politique par rapport à la sphère marchande et manifeste l'impérieuse nécessité de subordonner la recherche et l'acquisition des biens matériels – légitime dans son ordre – aux activités les plus hautes de l'homme qui, seules, sont susceptibles de lui procurer le bonheur véritable. Recherchées pour elles-mêmes, celles-ci sont l'expression d'une sortie par l'homme d'une logique de l'utilité et témoignent d'une forme authentique de liberté dans laquelle se déploient leur vertu et leur excellence. Et c'est *in fine* uniquement une éducation à la vie de loisir qui fait advenir, dans la communauté, des individus susceptibles d'assumer la destination morale et politique à laquelle la cité est appelée.

La cité digne de ce nom sera donc celle qui poursuivra à la fois le bonheur dans ce qu'il est réellement – une vie vertueuse et non une vie simplement mercantile ou de domination militaire – et en faisant en sorte que tous les citoyens puissent, autant que faire se peut, réaliser leur fonction propre en exerçant leurs vertus. Et la personne la plus à même de rendre effectivement cela possible n'est autre que le véritable politique dont les qualités et les vertus rendent apte, non

56. *Pol.* IV, 11, 1295b13-24.
57. *Pol.* I, 1, 1252a5-6.

seulement à connaître le véritable bien humain, mais également à le rendre autant que possible accessible à tous ceux dont il a la charge en les gouvernant prudemment. Sa tâche est alors claire : « produire et garder le bonheur et ses parties constituantes au profit de la communauté des citoyens – τὰ ποιητικὰ καὶ φυλακτικὰ εὐδαιμονίας καὶ τῶν μορίων αὐτῆς τῇ πολιτικῇ κοινωνίᾳ »[58]. Aristote ne définit pas autrement le bien commun qui réunit les citoyens et « procure à chacun d'eux une part de vie heureuse – καθ' ὅσον ἐπιβάλλει μέρος ἑκάστῳ τοῦ ζῆν καλῶς »[59].

## RÉFÉRENCES

Arendt, H. 1958. *The Human Condition.* Chicago : University of Chicago Press.

Aubonnet, J. 1960. *Aristote, La Politique.* 5 vol., Paris : Les Belles Lettres.

Bartlett, R. 2001. *The Idea of Enlightenment : A Post-Mortem Study.* Toronto : University of Toronto Press.

Bartninkas, V. 2014. "The pre-political and the political in Aristotle's *Politics.*" *Problemos* 85 : 18-29.

Bénatouïl, Th. 2011. " 'Choisir le labeur en vue du loisir' : une analyse de *Politiques*, VII, 14." In *Politique d'Aristote . Famille, régimes, éducation*, éd. par E. Bermon, J. Terrel et V. Laurand, 155-76. Pessac : Presses Universitaires de Bordeaux.

Bodéüs, R. 2004. *Le véritable politique et ses vertus selon Aristote.* Louvain-la-Neuve : Peeters.

Canguilhem, G. 1943. *Le Normal et le pathologique.* Paris : Presses Universitaires de France.

Cherniss, H. 1944. *Aristotle's Criticism of Plato and the Academy.* Baltimore : Johns Hopkins Press.

Cherry, K. 2012. *Plato, Aristotle, and the Purpose of Politics.* Cambridge : Cambridge University Press.

Crespo, R. 2008. " 'The Economic'according to Aristotle : Ethical, Political and Epistemological Implications." *Foundations of Science* 13(3-4) : 281-94.

Dorion, L.-A. 2013. *L'autre Socrate, Études sur les écrits socratiques de Xénophon.* Paris : Les Belles Lettres.

Deslauriers, M. 2006. "The Argument of Aristotle's 'Politics'I." *Phoenix* 60(1) : 48-69.

Destrée, P. 2013. "Education, Leisure and Politics." In *The Cambridge Companion to Aristotle's Politics*, edited by P. Destrée and M. Deslauriers, 301-23, Cambridge : Cambridge University Press.

Dobbs, D. 1985. "Aristotle's Anticommunism." *American Journal of Political Science* 29(1) : 29-46.

El Murr, D. 2014. *Savoir et gouverner – Essai sur la science politique platonicienne.* Paris : Vrin.

Garver, E. 1994. "Aristotle on Natural Slaves : Incomplete *Praxeis* and Incomplete Human Beings." *Journal of the History of Philosophy* 32(2) : 173-95.

Harvey, M. 2001. "Deliberation and Natural Slavery." *Social Theory and Practice* 27 : 41-64.

58. *EN* V, 3, 1129b17-19.
59. *Pol.* III, 6, 1278b22-23.

HANSEN, M. H. 2001. *Polis et cité-État. Un concept antique et son équivalent moderne.* Paris : Les Belles Lettres.

JAEGER, W. 1948. *Aristotle. Fundamentals of the History of his Development.* Oxford : Oxford University Press.

JAFFA, H. V. 1963. "Aristotle." In *History of politicalphilosophy*, edited by L. Strauss et J. Cropsey, 64-129. Chicago : Rand McNally.

JAÏDI, H. 2014. "La constitution de Carthage : son actualité et les leçons d'Aristote." *Anabases* 20 : 315-23.

JOWETT, B. 1885. *The Politics of Aristotle.* 2 vol. Oxford : Oxford Clarendon Press.

KELSEN, H. 1937. "The Philosophy of Aristotle and the Hellenic-Macedonian Policy." *International Journal of Ethics* 48(1) : 1-64.

KRAUT, R. 2002. *Aristotle. Political Philosophy.* Oxford : Oxford University Press.

LESHEM, D. 2014. "The Distinction between the Economy and Politics in Aristotle's Thought and the Rise of the Social." *Constellations* 23(1) : 122-132.

LORD, C. 1982. *Education and Culture in the Political Thought of Aristotle.* Ithaca and London : Cornell University Press.

MULGAN, R. 1977. *Aristotle's Political Theory.* Oxford : Oxford Clarendon Press.

MAYHEW, R. 1997. "Part and whole in Aristotle's Political Philosophy." *The Journal of Ethics* 1(4) : 325-40.

MCDOWELL, J. 1996. "Deliberation and Moral Development in Aristotle's Ethics." In *Aristotle, Kant and the Stoics : Rethinking Happiness and Duty*, edited by S. Engstrom et J. Whiting, 19-35. Cambridge : Cambridge University Press.

MOREL, P.-M. 2019. "Eudémonisme politique et ontologie de l'action." *Polis* 36(1) : 23-39.

NATALI, C. 1980. "La struttura unitaria del I libro della *Politica* di Aristotele." *Polis* 3(1) : 2-18.

NEWMAN, W. L. 1887. *The Politics*, 4 vol. Oxford : Clarendon Press.

PANGLE, L. S. 2003. *Aristotle and the Philosophy of Friendship.* Cambridge : Cambridge University Press.

PELLEGRIN, P. 2017. *L'excellence menacée. Sur la philosophie politique d'Aristote.* Paris : Classiques Garnier.

PRICE, A. 1989. *Love and Friendship in Plato and Aristotle.* New York : Oxford University Press.

POLANYI, K. 1957. "Aristotle discovers the economy." In *Trade and market in the early empires. Economics in History and Theory*, edited by K. Polanyi, 64-94. New York : The Free Press.

RIESBECK, D. 2016. *Aristotle on Political Community.* Cambridge : Cambridge University Press.

RUBIN, L. 2012. "Aristotle's Politics on the Hoof : Sparta, Crete, and Carthage." *Interpretation* 39 (1) : 3-36.

SCHOFIELD, M. 1990. "Ideology and philosophy in Aristotle's Theory of Slavery". In *Aristoteles Politik. Akten des XI. Symposium Aristotelicum*, edited by G. Patzig, 1-27. Göttingen : Vandenhoech & Ruprecht.

SIMPSON, P. 1990. "Making the city good : Aristotle's city and its contemporary relevance." *The Philosophical Forum* 22(1) : 149-66.

STALLEY, R. 1991. "Education and the State." In *A Companion to Aristotle*, edited by G. Anagnostopoulos, 566-76. Oxford : Wiley-Blackwell.

SUÑOL, V. 2015. "La educación como fundamento del (mejor) régimen político en Aristóteles." *Endoxa. Series Filosóficas* 36 : 53-76.

SUSEMIHL, F. & R. D. HICKS. 1894. *The Politics of Aristotle.* London : Macmillan & Co.

TERREL, J. 2015. *La* Politique *d'Aristote. La démocratie à l'épreuve de la division sociale.* Paris : Vrin.

Voegelin, E. 1957. *Order and History : Plato and Aristotle.* Baton Rouge : Louisiana State University Press.

Walsh, M. 1997. "Aristotle's Conception of Freedom." *Journal of the History of Philosophy* 35(4) : 495-507.

Wild, J. 1948. *Plato's Theory of Man.* Cambridge (MA) : Harvard University Press.

Zhu, R. 2004. "Distinguishing The Public from the Private : Aristotle's Solution to Plato's Paradox." *History of Political Thought* XXV(2) : 231-42.

# WEALTH, HABITS AND HAPPINESS. CHREMATISTICS IN ARISTOTLE'S ETHICS

FRANCESCA MASI *

**Résumé**
Aristote estime qu'une vie consacrée à gagner de l'argent ne mérite pas d'être vécue, dans la mesure où elle est sujette à des contraintes et fondée sur une conception pervertie de la richesse. Cependant, il assigne à l'argent une valeur instrumentale en tant qu'il est indispensable au bonheur, et il reconnaît qu'il y a des tendances naturelles à la richesse en tout agent. Cet article se propose de clarifier les thèses d'Aristote concernant la fonction de la richesse dans son rapport à une vie bonne, concernant ce qui garantit l'usage correct des biens et comment il est possible de promouvoir la pratique de la chrématistique naturelle face à l'extension des formes perverties de recherche du profit.
L'article entend ensuite montrer quelles vertus sont liées à la richesse – générosité, magnificence et justice ou équité – et comment elles se rattachent aux vices opposés – c'est-à-dire : prodigalité et avarice, tendance dépensière et pingrerie, et injustice ou inéquité. L'intention de cette étude est d'expliquer pourquoi l'enquête aristotélicienne sur les bonnes et mauvaises habitudes liées à l'usage de la richesse est complémentaire de l'enquête sur la genèse des phénomènes économiques, et pourquoi elle vise à garantir dans la pratique une chrématistique parfaitement intégrée à l'éthique et à la politique.
**Mots-clés** : richesse, habitudes, libéralité, magnificence, équité.

**Abstract**
Aristotle considers a life dedicated to money-making not worth living, as it is subject to constraints and based on a perverse conception of wealth. However, he assigns money instrumental value as something indispensable to happiness, and acknowledges the presence of natural drives related to wealth in every agent. This article attempts to clarify Aristotle's views as to what the function of wealth is in relation to a good life, what guarantees the correct use of riches, and how it is possible to promote the exercising of natural chrematistics in the face of the spread of perverse forms of the pursuit of gain.

* Università Ca'Foscari, Venezia. <fgmasi@unive.it>

The article will then show which virtues are related to wealth – i.e. generosity, magnificence, and justice or fairness – and how they relate to the opposite vices – i.e. prodigality and meanness, extravagance and miserliness, and injustice or unfairness. The aim will be to explain why the Aristotelian investigation of good and bad habits related to the use of wealth is complementary to the investigation of the genesis of economic phenomena, and aimed at practically ensuring a chrematistics perfectly integrated into ethics and politics.
**Keywords**: Wealth, habits, liberality, magnificence, fairness.

**JEL Code** : B11.

## INTRODUCTION

This article examines Aristotle's understanding of virtuous human behavior in relation to wealth, i.e. what character habits ensure a kind of management of wealth conducive to happiness and how such habits are formed.

In his ethical works, Aristotle on the one hand acknowledges the instrumental value of wealth with respect to the ultimate good, as well as the presence in human beings of certain natural impulses specifically oriented toward wealth ; on the other hand, faced with manifestly perverse and harmful forms of gain, he expresses the need to train and perfect these tendencies.

In particular, in order to psychologically and ethically mold agents capable of pursuing the ultimate human good, Aristotle engages in a practical investigation aimed at establishing what virtuous character states are suitable for bestowing, acquiring and exchanging wealth in a moderate way – namely, liberality, magnificence and fairness – and how these states may be developed.

The analysis of such virtues is interesting for several reasons. Firstly, an ethical investigation of the correct psychological attitude toward drives related to wealth allows us to integrate Aristotle's analysis of chrematistics – the art of acquiring wealth – in the first book of the *Politics*. Here the philosopher explains how, through the appropriate training of desire, it is possible to acquire character habits suitable for achieving a natural chrematistics subordinate to the good life of the *polis*[1].

1. On this see also Fermani 2016, 47-52.

Secondly, such an analysis allows us to appreciate the way in which Aristotle links interpersonal relations based on the circulation of wealth to ethical and political relations oriented toward the realization of the ultimate human good.

In order to show how, through this investigation, Aristotle attempts to circumscribe and enhance the place of chrematistics in a good life, it will therefore be necessary to explain what a life dedicated to gain is for Aristotle ; why it cannot be identified with a good life ; what he means by 'wealth' and what the latter's instrumental value is in his view ; what drives, desires and tendencies have wealth as their ultimate object ; and, finally, what the ethical virtues of liberality, magnificence and fairness are and how they are formed.

## 1. A LIFE DEVOTED TO MONEY-MAKING

In the first book of the *Nicomachean Ethics* (*NE*), Aristotle investigates whether the ultimate good exists and what it is. It is worth recalling a few fundamental points of this inquiry[2], which can help us to better understand why a life dedicated to money-making cannot be identified with happiness.

Aristotle sets out from the observation that every skill, inquiry, human choice and action tends toward some end (cf. *NE* I 1, 1094a 1-3). He therefore identifies the good with the end to which an action tends. He then explains that ends, or goods, are hierarchically ordered, insofar as some are sought for something else and others are sought for themselves (cf. *NE* I 1, 1094a 3-6). On the basis of this, he argues that there must be an end to which everything tends, i.e. an ultimate human good, and offers two arguments in favor of this claim. The first can be broken down as follows : since action is motivated by a desire for something that appears to be good, if this good were desired in view of another good, and this in turn in view of yet another good, and so on *ad infinitum*, the desire would remain unfulfilled and the action would be ineffective. Therefore, there must be an ultimate good toward which an action tends (cf. *NE* I 1, 1094a 16-18). The second argument is based on the *ordo scientiarum* : if there is an architectural science which has the ultimate good as its

2. For a more extensive analysis of the structure of Aristotle's investigation into the ultimate human good, see Reeve 2014, 14-33 ; Natali 2017, 27-62.

object, then this good exists ; and since such a science indeed exists, for it is politics, then its object too must exist (*NE* I 1, 1094a23-b7).

Once the existence of the ultimate good has been proven, the question becomes what it is. The investigation into the nature of the ultimate good begins with its nominal definition : *eudaimonia* or happiness (cf. *NE* 2, 1095a 14-22). The name of the object under investigation already reveals something about its essence : in ordinary language, the term *eudaimonia* refers to *eu zen* and *eu prattein*, i.e. to living and acting well, and therefore indicates a complete, active and effective condition, achieved over the course of a lifetime.

In order to identify the way of life which coincides with *eudaimonia*, Aristotle discusses some current, and in some cases reputable, opinions (*NE* I 3, 1095b14- 1096a10). The discussion proceeds by highlighting the limits and strengths of these beliefs, in order, on the one hand, to clear them of inaccuracies and ambiguities, and, on the other, to identify those elements of truth that can be recovered in the actual definition of the ultimate good (*NE* VII 1, 1145b 2-7).

In the context of this discussion, Aristotle introduces and dismisses the life dedicated to gain as unsuitable for the realization of happiness. He then embarks on a reflection on the instrumental value of wealth that will be further developed in the following books, dedicated to the formation and essence of ethical virtue.

Aristotle examines three prominent models of life with which *eudaimonia* is normally identified, the life devoted to pleasure, the life devoted to politics, and the theoretical life. The life devoted to the pursuit of sensual and sexual pleasures, fully embodied by the figure of the tyrant, is inadequate for the realization of *eudaimonia* for two reasons. The first is that, insofar as it simply translates into bestial behavior, the life devoted to pleasure is absolutely limited with respect to the potentialities of the human being, and hence cannot coincide with the ultimate human good. The second reason is that a life dedicated to pleasure makes the human being a slave, i.e. completely dependent on the object of pleasure, whereas *eudaimonia* – insofar as it coincides with self-realization, to which one should rationally aspire as the ultimate good in one's life – is the result of the agent's self-determination.

The conception of those who identify the good life with political life is more complex because, on the one hand, it is expressed in a philosophically inadequate way, and, on the other hand, it offers insights that can be developed and incorporated into an acceptable definition of *eudaimonia*. In particular, those who identify the good life with political life explain it on the basis of the pursuit of honor.

This conception, well rooted in the Greek mentality, has two limitations. Firstly, although the desire for honor, or social goods, is properly human, it is still a tendency that makes the subject structurally dependent on those who are called upon to recognize his or her merit.

Secondly, the pursuit of honor implies a search for the recognition of one's own moral excellence. The life dedicated to politics, therefore, should be more properly redefined as a life dedicated to virtue. Even this formulation, however, requires some clarification. The possession of virtue in itself is insufficient to guarantee a good life, since no one would call a person who is unable to exercise her own virtue happy. Therefore, in order for political life to contribute to the ultimate human good, it is necessary to rethink it in terms of the active exercising of virtue. As is widely known, at the end of the discussion in Book X, Aristotle will describe political life thus conceived as a second happiness (*cf.* 8, 1178a 9-14).

The theoretical life is not discussed here, but we know that, for Aristotle, it represents the good human life par excellence. In Book X, he identifies happiness with the philosophical life : the life devoted to the exercising of rationality according to the best virtue, namely *sophia* ; the disposition to understand the first principles of reality or, more specifically, of the noblest entities, and to produce scientific demonstrations (7, 1177a 11-18).

In addition to these three models of life, there is another, which identifies *eudaimonia* with a life dedicated to gain. Clearly, for Aristotle this mode of life does not have the same theoretical dignity as the others :

> The life of money-making is one undertaken under compulsion, and wealth is evidently not the good we are seeking ; for it is merely useful and for the sake of something else. And so one might rather take the aforenamed objects to be ends ; for they are loved for themselves. But it is evident that not even these are ends (*NE* I 3, 1096a 4-8).

Initially, the philosopher specifies that there are only three models of life with which happiness is identified, and that they also coincide with the models examined in the *Eudemian Ethics* (Cf. *EE* I 4, 1215a 35-37 ;

5, 1216a 27-29). He then discusses a fourth, which identifies the good life with the life devoted to gain, specifying that in this case the good pursued is in no way comparable to the ultimate good sought.

Before understanding in more detail why Aristotle rejects this model, it is worth briefly recalling what he means by a "life dedicated to gain". We can say that it is a life organized around chrematistics, the technique of acquiring wealth. In the first book of the *Politics*, Aristotle investigates the nature of chrematistics, trying to establish its relation to economics, the art of managing goods and the practical knowledge that a good householder should have, in order to live well. In particular, the question is whether or not chrematistics is part of economics.

Aristotle's investigation begins from the observation that for human beings, as for other animals, there is a natural way of acquiring goods that they are unable to produce autonomously, namely : to exchange surplus goods for other goods that can meet needs whose fulfillment is conducive toward the good life. The principle underlying this observation, to which we will return, is that the set of goods necessary for the life of a family or political community is limited. Wealth, as will be further explained later, consists precisely in this specific set of goods and chrematistics is natural insofar as it is limited to the pursuit of this kind of wealth. From this natural form of chrematistics, however, a perverse form may develop that focuses on the unlimited accumulation of wealth.

In order to fully understand how this degenerative process occurs and what the deviant form of chrematistics consists in, Aristotle introduces a famous ontological distinction concerning goods. Each good, such as the product of a particular craft aimed at satisfying a particular need, has both consumption value and use value. For instance, the consumption value of a pair of shoes lies in the fact that they can be worn ; their use value lies in the fact that they can be used for other purposes – for example, they may be exchanged for another product. Moreover, any good that satisfies a given need can be quantified and measured in money.

The original form of exchange is natural barter (according to the G-G scheme : good for good). As human needs and exchanges increased in both size and complexity, from this kind of acquisition of goods another form of chrematistics developed, which is also considered natural by Aristotle. This chrematistics uses money as a means of exchange (according to the G-M-G scheme : good for money for good) and is simply aimed at ensuring the fulfillment of the economic conditions necessary in order for a family or city to thrive over time – i.e. it is aimed at providing the reserves required to carry out future exchanges of necessary goods.

The distinction between the consumption value and the use value of a good, as well as the progressive exploitation of the use value of goods for the purpose of accumulating money, fueled – as we shall see – by unrestrained desires, by a misunderstanding of the function of money and by its distorted use, leads to the emergence of a perverse form of chrematistics that is alien to the family economy and aimed at the commodification of goods with a view to profit (according to the M-G-M scheme : money for good for money)[3].

When in the *NE* Aristotle mentions a life dedicated to gain and dismisses the possibility that *eudaimonia* may be achieved in such a life, clearly what he has in mind is not natural chrematistics – which will continue to serve as a reference point for his treatment of ethical virtues – but rather deviant chrematistics.

This model of a life dedicated to gain, according to Aristotle, is inadequate for two reasons. The first is that it entails a form of compulsion for those who engage in it. He does not explain what this constraint consists in, but three possible explanations for this statement may be suggested and anticipated here.

The first explanation is that a life dedicated to earning money leads free citizens to engage in the kind of productive and mostly manual work on which the supply of money ultimately depends, thereby taking time away from rational activities[4]. The second explanation is that a life dedicated to earning money is often embraced for the purpose of satisfying sensual and sexual pleasures (*cf.* Arist., *Pol.* I 8 1258a 1-2). From this point of view, a life dedicated to earning money entails the same problems as the first model of life examined. The third explanation is that gain often results from involuntary, violent or fraudulent transactions, aimed at acquiring wealth to the detriment of others.

3. For a general introduction to Aristotle's political analysis of chrematistics, see Natali 2014, 283-88 ; Vegetti-Ademollo 2016, 208-9) ; Fermani 2016, 40-6.

4. See Vegetti-Ademollo 2016, 208-9.

The second reason for the inadequacy of this way of accounting for the happy life is that it is based on a misunderstanding of the notion of the ultimate good, i.e. on an inversion of the means-end relationship and on the identification of the ultimate good – which is a good worth pursuing in itself – with wealth, which is, or should be, a good to be pursued in view of something else, i.e. a merely instrumental good.

As is widely known, the discussion of models of life allows Aristotle to establish some fundamental points for the further development of the investigation into the essence of *eudaimonia*, such as the idea that happiness is a way of life (i.e. that life should be organized around one main activity), the exercising of virtue as something essential to the good life, the autonomy of the subject as a fundamental component of the happy life, and the distinction between goods for the sake of others and goods for their own sake.

Through such a discussion, Aristotle will be able to : introduce the intrinsic properties of happiness, namely completeness and self-sufficiency ; identify rational activity as the main human activity, understood both as reasonable desirable activity and as proper rational activity, theoretical and practical ; distinguish between activity and activity according to virtue ; break virtue down into functional excellence of character and functional excellence of reason ; and, finally, formulate the first real definition of happiness as the "activity of soul [scil. *rational activity*] in accordance with virtue, and if there are more than one virtue, in accordance with the best and most complete" (*NE* I 7 1098a 15-18).

Without delving further into the Aristotelian notion of *eudaimonia*, we now need to better understand what wealth is and to what extent it is instrumental to the good life.

## 2. WEALTH AND ITS INSTRUMENTAL FUNCTION

Aristotle provides two definitions of wealth : one nominal and generic, based on the ordinary use of the term and justified by its empirically observable characteristics ; the other real, specific and appropriate, and based on its essential properties.

In a broad sense, Aristotle defines "wealth" as anything measurable in money. This is clear from the opening of the fourth book of the

*Nicomachean Ethics* where, in the context of an analysis of liberality and the opposite vices, meanness and prodigality, he states : "Now by 'wealth' we mean all the things whose value (*axia*) is measured by money" (*NE* IV 1, 1119b 24-25).

In order to understand what wealth actually is, it will therefore be necessary to investigate what it consists in and how the metric function of money applies. On this particular point, Aristotle offers an explicit, enlightening and exhaustive explanation in Book V of the *NE*, in the context of a discussion on commutative justice, which will prove fundamental for the present investigation. Here I will only anticipate what Aristotle says about the origin and use of money. This will make it possible to reveal what he means by value (*axia*), i.e. what the essential component of wealth is, and to reach a real definition of wealth.

The subject of money is introduced to explain how it is possible to equate incommensurable objects. The issue is dealt with by Aristotle in relation to fair exchange.[5] Aristotle explains that money is a unit of measurement introduced to make incommensurable goods comparable. He points out that the unit of measurement was originally given by need (*chreia*), which is a condition of exchange and association between the members of a community, and for which currency has become a substitute. The meaning of *chreia* can be understood on the basis of a passage from the *Republic*, in which Plato explains that individuals come together into communities to satisfy those objective subsistence needs (food, clothing, shelter) that they would be unable to satisfy on their own (*cf.* Pl., *Resp.* 369b)[6]. In light of this, it may be assumed that, for Aristotle too, the value of a good coincides with its objective usefulness in satisfying a need that is not subjective and temporary, but related to the subsistence of individuals within their community – a need whose satisfaction is therefore a condition for these individuals'association, which is to say for the very existence of the community. In short, what is meant by goods, in this context, is all products that are instrumental to life and, although qualitatively different, ideally arranged on a hierarchical scale, according to the needs they satisfy. Needs, in turn, are classifiable as more or less necessary not only for subsistence, but also for the good life, and

5. Meikle 1985, 9 ; Polansky 2014, 165.
6. As Judson (1997, 156-60) rightly argued on the basis of Plat., *Resp.* 369b.

for this reason – in a certain sense – as objectively assessable and quantifiable. Money is the instrument used to conventionally establish and quantify the value of these goods.

From this explanation of the function of money, it is possible to derive the real definition of wealth, which can be made explicit by setting out from the initial nominal definition of wealth as anything that satisfies a need necessary for life and which is useful in this sense.

As we have seen in Book I of the *NE*, Aristotle describes wealth as any means that serves an end other than itself. In Book IV, he refers to riches as something useful for living (cf. *NE* IV 1, 1120a 1-3), while in Book I of the *Politics* he defines wealth precisely as a "store of goods necessary for life and useful for the political community and the family" (Arist., *Pol.* I 8, 1256b 28-30).

Alongside this definition of what wealth is, Aristotle considers another one, resulting from a misunderstanding of the notion of good and the function of money. This distorted conception of wealth has already been mentioned in the introduction to the deviant form of chrematistics. Here we are interested in understanding how it can be derived from a common nominal definition and how it differs from the real definition of wealth.

First of all, the goods Aristotle is dealing with are part of a broader set that includes all goods subject to good and bad fortune, i.e. external goods exposed to the contingency of circumstances. This includes – in addition to money and domestic wealth – bodily goods, such as health, honors, friends, etc.[7]. For Aristotle, all of these are goods by nature, precisely because they are objects of desire and practice, even if, as will be better understood later, they can be advantageous or harmful depending on what use is made of them, i.e. on the character disposition of the person using them.

As already noted, for Aristotle a good – generally speaking – is the end of an action. However, as ends, goods are seen to fall into two groups : goods pursued for their own sake and goods pursued for the sake of something else. Moreover, as mentioned above, those goods that constitute wealth can be either goods of consumption, when they are used to satisfy an objective need, or goods of use, when they are used for different purposes – for example, to be exchanged and make some profit.

7. On the contribution of external good to human happiness, see now Roche 2014, 34-63.

On the basis of these properties of goods, Aristotle can distinguish an appropriate definition of wealth from a distorted conception of it. As we have seen, wealth in the proper sense refers to the limited set of instrumental external goods – whether acquired for consumption or in order to be exchanged for consumption goods – that are aimed at ensuring the acquisition of goods in themselves. By contrast, wealth in the deteriorated sense of the term refers to external goods of use that are treated as goods in themselves or, better and more specifically, to money used to accumulate more money. This second, deteriorated form of wealth is potentially unlimited, in that it is no longer limited to the satisfaction of life's necessities, but is pursued for its own sake, i.e. for its own growth.

Having clarified what wealth is, it is possible to better explain how and to what extent wealth contributes to the realization of the good life.

In a first sense, it has been said that wealth is functional to the acquisition of the goods necessary for subsistence and household management. On the other hand, this constitutes only a first level of need, which does not exhaust the instrumental function of wealth and refers to three further kinds of ends.

Wealth makes it possible to perform actions that are beautiful and good in themselves, actions that are generous, magnificent and just. We will return to this point in more detail in the next section.

Moreover, wealth is fundamental for political activity. Moderate economic well-being is an indispensable condition for the realization of the best possible form of government, the *politeia*, the government of the middle class. According to Aristotle, in the absence of an aristocracy of virtue, this is the only form of government capable of exercising moderation, by avoiding the excesses of the democracy of the poor and the oligarchy of the rich, since its representatives conform to the rationality of the *nomos* without coveting the pleasure of profit or seeking to gain an advantage from the exercising of power. Finally, this *politeia* is also the only form of government capable of guaranteeing social peace[8].

Above all, though, wealth is useful for the full and perfect unfolding of rational activity, that is, for *eudaimonia* or the ultimate human good,

8. Vegetti-Ademollo 2016, 214.

insofar as emancipation from material needs enables us to practice speculative activity and cultivate the divine within us :

> So if some choice and possession of natural goods – either goods of the body or money or of friends or the other goods – will most produce the speculation of the god, that is the best, and that is the fines limit [...] (*EE* VIII 3, 1249b 16-19, Woods' translation).

On the other hand, the way in which wealth is used by an agent depends on the quality of his character or habitual disposition :

> For the things that are competed for and seem to be the greatest goods, honor and wealth and bodily excellences and good fortune and capacities, are naturally good but may be harmful for some because of their states of character. For neither a foolish nor an unjust or intemperate man would get any benefit from using them [...] A person is fine-and-good because, among the goods, those that are fine for themselves belong to him, and because he is a practiser of fine things, and for their own sake. Fine things are the virtues and the deeds resulting from virtue (*EE* VIII 3, 1248b 27-37, Woods'translation).

More specifically, the proper use of wealth for higher ends is guaranteed and made possible only by the acquisition and exercising of the virtues relating to it :

> Now the things that have a use may be used either well or badly ; and riches is a useful thing ; and everything is used best by the man who has the virtue concerned with it (*NE* IV 1, 1120a 4-7).

It is therefore a matter now of understanding what these virtues are for Aristotle, and how they are formed.

## 3. THE ETHICAL VIRTUES RELATED TO WEALTH

In Book IV, after highlighting the instrumental value of wealth and the importance of possessing the virtue required for its proper use, Aristotle states : "wealth, therefore, will be used best by the man who has the virtue concerned with wealth ; and this is the liberal man" (*cf.* 1120a 7-8).

With the treatment of liberality, Aristotle begins a survey of a group of ethical, intersubjective and social virtues – including magnificence and a form of justice, fairness – that deal with external goods and are implemented within the political community[9].

The analysis of these virtues is intended, on the one hand, to verify how the definition of ethical virtue given in Book II applies to particular cases and, on the other hand, to explain ethical virtue in relation to the various spheres of human life to which passions apply, in order to provide practical guidance on how to achieve the good.

It will be worth recalling the salient points in the treatment of ethical virtue, as this will help to better explain what the distinctive features of liberality, magnificence and justice are[10].

It is well known that, after providing the definition of *eudaimonia*, Aristotle expresses the need to deal with virtue, which appears in the definition of happiness and is an essential component of it (cf. *NE* I 13, 1102a). After introducing the distinction between ethical virtues – the functional excellences of the desiring faculty – and dianoetic virtues – the functional excellences of rationality, both theoretical and practical – he then focuses on the former group, seeking to establish how they are formed and what they are.

The part devoted to the formation of ethical virtue serves the double purpose of putting the practical aim of the discussion before the theoretical one (*NE* II 2, 1103b 26-31) and of establishing those elements of ethical virtue that will flow into the definition. Aristotle, therefore, begins with the observation that ethical virtue is a perfection of nature which is implemented through habit (cf. *NE* II 1, 1103a 18-32). A character habit is formed, first of all, through the repetition of behaviors of a certain kind. In this sense, a fundamental role in the genesis of virtue is represented by family, cultural and political education (*NE* II 1, 1103b 6-25). By 'habit', then, Aristotle means a quality of the soul, according to which one behaves well or badly with respect to the passions (cf. *NE* II 4, 1105b 25-26 ; *Cat.* 8, 8b27)[11]. Ethical virtue relates to pleasure and pain : firstly, because it concerns actions that have an emotional and passionate bearing of a certain kind, ultimately reducible to pleasure or pain ; secondly, because pleasure and pain go hand in hand with virtue insofar as the virtuous person feels pleasure at the good actions he performs and pain at

9. Pride is another virtue that has to do with wealth but is secondary to honors (cf. *NE* IV 7, 1124a 13-15).

10. For a more accurate analysis of Aristotle's treatment of virtue, see Natali 2017, 63-92.

11. On Aristotle's notion of habit see Chiaradonna-Farina 2020.

those which, for reasons beyond his control, he is unable to perform ; thirdly, because pleasure and pain are educational tools (cf. *NE* II 2, 1104a 33-1105a 12).

Aristotle, therefore, also specifies what kind of habit ethical virtue is. He argues that it is a functional excellence which allows the subject possessing it to perform a certain type of action to the best of his ability, and a mean with respect to two opposite extremes, rationally calculated relatively to us and not absolutely, which allows the subject to maintain a moderate emotional attitude in all circumstances and to perform the kind of action qualitatively placed in the middle of a continuous graduated scale limited by two extremes (cf. *NE* II 5, 1106a 14-32).

Ethical virtue is essentially linked to wisdom, for two reasons. First, it is not formed merely because the agent repeats or mechanically imitates a certain type of action, but because the agent at some point becomes aware of the circumstances in which he is acting and able to deliberate and choose those actions for their own sake in a consistent and constant manner (cf. *NE* II 3, 1105a 17- 1105b 33). Secondly, virtue also produces choices, insofar as it determines the end of the action and thus conditions deliberation, the search for the most suitable means to achieve an end, which culminates in a choice (cf. *NE* 6, 1106b 36)[12].

It is now a question of understanding, within this framework, what liberality, magnificence and justice are, specifically.

### 3.1. *Liberality and magnificence (and their opposite vices)*

Liberality is described by Aristotle as a mean relative to two actions, giving and taking (cf. *NE* IV 1, 1120a 8-10), and involving a certain amount of wealth, which, in turn, is commensurate with the riches possessed by the agent (cf. *NE* IV 2, 1120b 6-9). With respect to both giving and taking, liberality is applied in all circumstances on the basis of a rational calculation, which determines exactly the specific conditions of the action : its particular purpose, the manner of doing it, the recipient (in the case of giving), the source (in the case of taking) and the quantity of wealth to be given or taken (cf. *NE* 2, 1120a 24-26, 1120b 27-31). The liberal person, moreover, takes pleasure in doing his actions well and experiences pain in doing

12. On the relation between virtue and decision-making, see Irwin 2019.

them in an inappropriate way (cf. *NE* 2, 1120a 27-28). Aristotle also specifies that, when it comes to liberality, giving correctly is always connected to taking correctly (cf. *NE* 2, 1120b 32-1121a 1). On the other hand, liberality manifests itself above all in giving : generous actions are particularly beautiful and praised, because they contribute to the common good (cf. *NE* IV 1, 1120a 10-16).

This clarification is important, as it allows us to better explain a point that was simply mentioned before, concerning the instrumental function of wealth. From what Aristotle states about liberality, we can infer that wealth is fundamental in order to perform some beautiful actions, which prove useful not only for the individual who performs them, but also for the people who benefit from them. As we shall see, this characterization of wealth will also emerge from the discussion about magnificence and justice.

Liberality, moreover, is a mean between two opposite vices, prodigality and meanness. With respect to these vices, Aristotle specifies that prodigality is that state of character whereby one tends to exceed in giving and fall short in taking, while meanness is the habit whereby one exceeds in taking and falls short in giving (cf. *NE* IV 3, 1121a 10-15).

Prodigality, however, actually manifests itself in two different types of individuals. The prodigal, who tends to give excessively, i.e. to squander his wealth, also tends to take inappropriately – i.e. in excess, from the wrong people and in unsuitable ways – in order to always have riches to give away in disproportionate amounts. His donations and bestowals of wealth, unlike those of the generous, are not beautiful : the prodigal's actions are mostly directed at flatterers or compliant persons and are aimed at obtaining favors. The prodigal, therefore, who exceeds both in giving and taking, is to be counted among those who devote their lives to gain. Unlike others, who consider wealth an end in itself, however, the prodigal attributes an instrumental value to it. He normally uses his wealth for the pleasures he can derive from it. For this reason, the prodigal clearly exemplifies the case – mentioned in Book I – of those who subject themselves to constraint by dedicating their lives to gain. He ends up being at the mercy of those who offer him flattery (*NE* IV 3, 1121a 30-1121b 10).

Rarer is the prodigal who exceeds in giving and falls short in taking. This form of prodigality, according to Aristotle, is closer to liberality and is a habit that can change into liberality. Indeed, by changing behavior, i.e. by giving one's wealth as one should, a prodigal who exceeds in giving but falls short in taking could acquire the correct character habit over time. With this clarification, Aristotle shows how a character habit, however unidirectional it may be (cf. *NE* V 1, 1129a 14), can – at least in some cases – be changed through behavioral re-education and with the help of someone capable of fostering such a transformation. Compared to the first type of prodigal, this one evidently considers wealth an instrument for doing good, like the generous, but does not rationally determine the circumstances of his action in a correct way and ends up regretting the results of his practice or enjoying them in an inappropriate way (cf. *NE* IV 3, 1121a 18-29).

The other vice opposed to liberality, meanness, also takes various forms, since it may involve both giving little and taking much, and often manifests itself according to only one of these tendencies.

In particular, those who are deficient in giving are often people who also refrain from taking other people's goods and generally from performing evil actions. They are more concerned with preserving their wealth than increasing it (cf. *NE* IV 3, 1121b 21-31). On the other hand, those who exaggerate in taking are driven by the love of gain – mostly on a small scale – and take from where they should not take. Therefore, the misers who over-take – and who include petty thieves, gamblers and usurers – exemplify those who devote their lives to gain and who have a distorted view of wealth, in that they conceive of it as an end in itself and pursue it without limit (cf. *NE* IV 3, 1121b 31-1122a 3).

Finally, according to Aristotle, meanness is the worst of the vices opposed to liberality and, unlike the habit of prodigality, once acquired, consolidated by age and impotence, it becomes incurable (cf. *NE* IV 3, 1121b 13-14).

As we shall see, however, meanness is a less serious pathology than injustice or unfairness : for in addition to being driven by the love of gain, the unjust are more specifically motivated by the desire for gain at the expense of others, and direct their lust also toward large or common goods, to the detriment of the political community (cf. *NE* IV 3, 1122a 3-7).

Magnificence is a specific form of liberality which – like liberality more broadly – concerns the bestowal of wealth for the sake of good, but differs from liberality in the size of the expenditure and the works toward which it is directed (*NE* IV 4, 1122a 16-22). The typical actions of the magnificent person are aimed at the public good. Privately, magnificence tends to manifest itself on a one-off basis in single, particularly significant events (i.e. a wedding) or in a person's overall lifestyle (cf. *NE* IV 4, 1122a 25-31 ; 5, 1122b 21-22 ; 1123a 1-6). In the case of magnificence, expenditure is calculated conveniently, i.e. in proportion to both the subject's substance and the result to which it is directed. The work, in turn, must be done tastefully, i.e. in a manner worthy of the expense, and must be beautiful. The magnificent, therefore, is he who uses his wealth in large quantities to create beauty and share it with the other members of the *polis*.

One of the two vices opposed to magnificence is extravagance, which consists either in spending too much on what is tasteless and unworthy – that is, on what is not commensurate wealth and circumstances – and tasteless, or in skimping on necessary expenses. The extravagant person acts in order to show off his money and arouse wonderment in others through his wealth. He who acts on the basis of this habit of character thus once again misunderstands the function of money, making it an end in itself, rather than a means to perform virtuous, good and beautiful actions (*NE* IV 6, 1123a 19-27).

The other vice opposed to magnificence is miserliness, which is proper to him who defaults in every respect, saving as much as possible, miscalculating expenses, ruining the work to be done, suffering for what he spends (*NE* IV 6, 1123a 27-33).

While being vices, extravagance and miserliness are not particularly evil states of character, because they do not involve harm to one's neighbor. In contrast, harming others for personal gain is the hallmark of injustice and the origin of political conflict. The discussion on justice that follows that on liberality and magnificence is intended to offer a theorization of the habit of fairness that might help contain and prevent unnatural chrematistics and its disruptive effects on social life.

### 3.2. *Fairness (and its opposite vice)*

The fifth book of the *NE* is entirely devoted to the treatment of justice and its opposite. Justice (*dikaiosyne*) is also considered by

Aristotle to be a state of character, a habit derived from the conscious and deliberate repetition of a certain type of action in the face of a particular passion. Like the other ethical virtues, justice helps to direct desire toward the very actions from which it has originated (cf. *NE* V 1, 1129a 3-10).

Aristotle introduces two notions of justice. The first is general justice, which corresponds to conformity to the law or lawfulness. By law, however, Aristotle means the just law, the law that is promulgated by political science and that promotes happiness by prescribing virtuous actions toward one's fellow citizens[13]. This form of justice coincides with perfect virtue, i.e. the kind of virtue that is whole, in that it includes all the particular virtues, and complete, in that it is exercised toward one's neighbor.

Its opposite, injustice, coincides with the violation of the law (unlawfulness) and with vice as a whole (cf. *NE* V 3, 1129b 25-1130a 14). The second form of justice is particular justice, which corresponds to fairness, to each person getting his due with respect to his neighbor. Its opposite is unfairness, seeking to have more or less than one's due in order to gain an advantage at the expense of someone else. Between the two forms of justice, Aristotle establishes an organic relationship of synonymy, such that fairness is a part or species of lawfulness or perfect virtue (*NE* V 4, 1130a 32-1130b 2, 5, 1130b 6-18)[14].

In doing so, he pursues a twofold objective. First, he seeks to bring order to the multiple current meanings of "justice". Secondly, he attempts to establish a relationship of dependence between the two forms of justice, so as to bring fairness, the psychological disposition that regulates interpersonal associations in relation to external goods, fully into a normative and political framework of reference. In this way, the author intends to oppose some Sophistic conceptions that distinguished and contrasted lawfulness and fairness, in order to devalue the very notion of justice[15].

13. Kraut 2002, 112.

14. On the relationship between the different meanings of "justice" see Burnet 1900, 206 ; Broadie-Rowe 2002, 336. See Masi 2019 and 2021, 177-82.

15. For example, this is reflected in Antiphon's critique of justice as lawfulness, which contrasts justice in this sense with the pursuit of one's own or others' good (DK 87 B 44). Another starting point in this sense is offered by the character of Callicles in Plato's *Gorgias*, who contrasts respect for the law with the natural inclination to have more than external goods. On these positions see Bonazzi 2010, 95-8 and 104-5.

For the purposes of this overview, we will limit ourselves to examining the second form of justice, which, as will immediately become clear, has to do with the distribution and exchange of wealth and completes the exposition of the virtues related to it.

The investigation of fairness is divided into three stages. First, Aristotle demonstrates its existence, precisely in order to distinguish it as a particular virtue from justice understood in a general sense, as synonymous with virtue. Secondly, he analyses its constituent parts. Finally, he provides a definition of it.

In order to demonstrate the existence of a particular form of justice, Aristotle begins by analyzing the behavior in which the contrary state is realized and the pathological state that underlies it. Therefore, on the basis of the observation of some evil behavior and an analysis of the motivations behind it, the philosopher demonstrates that, in addition to injustice understood as synonymous with vice, there is another form of injustice, understood as a particular vice, motivated by a particular drive, namely *pleonexia* : the desire for gain at the expense of others. This particular vice is displayed toward external goods, including – precisely – wealth and the pleasure that derives from it (*NE* V 4, 1130a 32-1130b 2)[16].

With regard to the characterization of *pleonexia*, Aristotle's merit is twofold. Firstly, the philosopher specifies that the *pleonexia* underlying injustice occurs in relation to certain kinds of goods or spheres of interaction, which is to say those subject to good and bad luck (*NE* V 2, 1129b 1-4). Secondly, he clarifies the twofold direction of *pleonexia*. For him, the pleasure of gain, which lies at the root of injustice, is manifested not only in striving for more, but also in accepting that one has less, when less is perceived as a lesser evil, and thus ultimately as an advantage and a good (*NE* V 2, 1129b 6-10). From this it can be deduced, therefore, that according to Aristotle injustice manifests itself in two forms, namely in having more and in having less than is legitimate in relation to one's neighbor, and that both forms are motivated by the same psychological condition : the pleasure one derives from an advantage obtained at the expense of others'interest.

16. On the meaning of this term see also Curzer 1995 ; Kraut 2002 ; Vegetti 2002 ; Young 2006.

Having proved that there are several forms of injustice, and that there is a particular vice – that is, unfairness – which is based on *pleonexia*, Aristotle can say that there are also several forms of justice. Indeed, he argues that, in addition to justice as lawfulness, there is another kind of justice, which is simply derived from the existence of the contrary state, and whose essence must be investigated (*NE* V 5, 1130b 6-18)

To understand what fairness is, Aristotle proceeds to determine its internal articulation. Fairness is divided into two types : 1) one, distributive justice, consists in the fair distribution of public goods – such as public offices, honors and wealth – among citizens in proportion to their merit ; 2) the other, regulatory justice, regulates the fairness of those social interactions that impose some form of exchange or constraint and that are exercised in relation to private goods.

This second species of fairness is in turn subdivided into two subspecies : 2.1) one relates to voluntary interactions, whose origin lies in both contracting parties – i.e. both contracting parties are aware of all the circumstances of their transaction and deliberately enter into it, as in the case of buying and selling ; 2.2) the other pertains to involuntary interactions. These are further divided into covert interactions, such as theft and fraud, in which one of the two contracting parties is unaware of some circumstance under which the interaction occurs, and violent interactions, such as murder, in which one of the two contracting parties is forcibly subjected to the other's action (cf. *NE* V 5, 1130b 30-1131a 9).

Here we will mainly consider the distributive justice and regulative justice proper to voluntary transactions, which have to do, respectively, with the distribution of wealth in a political community and the use of wealth for commercial exchanges. The discussion of these two habitual states, which allow politicians and citizens to behave correctly in matters of wealth, completes Aristotle's investigation of habits related to riches and the economic analysis offered in the *Politics*.

#### 3.2. 1. *Distributive justice*

Aristotle offers a systematic, albeit succinct, treatment of distributive justice, explaining what types of goods are involved, the terms under which distribution is carried out, the type of proportion that governs it and the end for which it must be carried out.

In particular, distributive justice is presented as the kind of justice intended to regulate the distribution of public goods (honors, wealth and whatever else can be distributed) among the members of a political community (cf. *NE* V 5, 1130b 30-32).

Social peace is therefore clearly identified as the purpose of distributive justice : the latter is called to preserve existing power relations between citizens (cf. *NE* V 5, 1131a 22-24).

The distribution of goods, therefore, must follow a geometric proportion : given two persons who differ in merit (*axia*), and given some goods to be distributed, the amount of goods distributed must not exceed or fall short of each individual's merit, but must be proportional to it, in order for the distribution to be fair.

Aristotle, however, does not specify on the basis of what the merits of citizens can be considered different from each other. He merely indicates that the criterion by which the value of the persons involved in the distribution is measured changes depending on the constitutional regime : in democratic regimes merit coincides with freedom, in oligarchic regimes with wealth or lineage, in aristocratic regimes with virtue (cf. *NE* V 5, 1131a 24-29). Because of this, critics have branded the analysis developed in the *Ethics* as logical formalism and have mostly sought a development and deepening of the philosopher's doctrine in the *Politics*.

Distributive justice plays a fundamental role in Aristotle's investigation of political constitutions and his identification of the best constitution among the various possible ones. Book III shows that the criterion by which political offices are distributed defines the type of government of a city and that each constitution incorporates a certain vision of distributive justice. In the sixth book, investigating which constitution is the best, Aristotle presents the aristocracy of merit as the best form of government and virtue as the criterion according to which offices should be distributed.

To confirm the validity of this reading, one might recall that it is Aristotle himself, in the *Politics*, who explicitly presupposes what had already been discussed in his ethical writings on the type of equality to which citizens can aspire in the sharing of offices (*cf.* Arist., *Pol.* III 9, 1280a 16-20)[17].

However, while this approach has certainly served to fully explain Aristotle's conception of distributive justice in the political sphere, it has not been as effective in analyzing this form of justice in the context of the investigation of ethical virtue in which it is situated.

In the fifth book of the *NE*, Aristotle is interested in considering distributive justice from a psychological and ethical perspective, in terms of a specific habit of character of the politician called to carry out the distribution of a city's public resources and of the citizen who draws on them. This specific habit coincides with a functional excellence of that desirable sphere oriented to the common goods, with a form of justice that is an integral part – and specific manifestation – of a more general form of justice which has to do with respect for just law : the kind of law that originates in a practical science, prescribes virtuous practices and has the political community's happiness as its aim.

Far from being a flawed analysis, the *NE*'s investigation of distributive justice establishes a fundamental aspect of the political sphere : the most suitable emotional attitude for those who, called upon to distribute public resources, help determine the city's normative framework and the composition of its future ruling class. Placed within Aristotle's broader research on the formation and essence of ethical virtue, this investigation is intended not so much to explain how the distribution of goods is actually implemented in different constitutional regimes or how it should be implemented in the best *politeia*, as to provide indications as to the perfect psychic disposition that the political actors involved in the distribution should have in order to promote the good life.

In conclusion, therefore, Aristotle does not indicate on the basis of what merits the distribution of goods should take place, because he does not need to do so in this context : distributive justice is a particular explication of perfect virtue and consists in that character habit – resulting from education, wisdom and choices made in accordance with the law – that ensures a fair sharing and distribution of wealth, offices and public honors among fellow citizens[18].

17. Exemplary in this sense is Knoll 2016, 57-97.
18. Masi 2021.

### 3.2. 2. *Commutative justice*

Having examined distributive justice, Aristotle can proceed to analyze the other form of fairness, regulative justice, which, as mentioned above, is in turn divided into two subspecies, on the basis of whether it concerns voluntary or involuntary transactions. According to Thomas Aquinas'interpretation, which in modern times has found support in much critical literature, the subspecies dealing with voluntary interactions can be identified with commutative justice ; the one dealing with involuntary interactions, with corrective justice. The former aims to regulate forms of association between citizens that arise as a means to satisfy the essential needs related to life in a political community, so that the exchange of products and/or services may take place reciprocally and fairly. The latter aims to re-establish equality between two parties, whenever this has been compromised, by restoring to the one that has suffered a loss the exact amount of goods that the other has taken from it and appropriated for itself. For each of these two subspecies of regulative justice, Aristotle proceeds to explain and illustrate in detail what proportion should determine the amount of goods to be exchanged or returned equally between the two parties[19].

For the purposes of this paper, it will be sufficient to focus on the first subspecies of regulatory justice. Indeed, the analysis of this habit of character will complete the picture of the virtues relating to wealth.

Aristotle introduces the discussion of commutative justice with a twofold aim : on the one hand, he seeks to deny that justice can be identified tout court with reciprocation ; on the other hand, he wishes to limit reciprocation to a certain sphere of social interaction – i.e. associations of citizens within the same political community based on exchange – and he interprets this kind of reciprocation in a proportional sense.

19. Thomas' solution was supported by Burnet 1900, 203 ; Tricot 1967, 231-2 ; McNeill 1990. For a more detailed examination of this position, see Masi 2016. Other possibilities considered by interpreters are : 1) that commutative justice is a third species of particular justice in addition to distributive and corrective justice (*cf.* Ross 1982, 203 ; Broadie-Rowe 2002, 339) ; 2) that it is part of distributive justice (Stewart 1892, I, 432-3 and 449) ; 3) that it is a human tendency or natural right that predates the constitution of the city and the different forms of justice identified by Aristotle (*cf.* Ritchie 1894 ; Gauthier-Jolif 1959, 371 ; Laurenti s.d., 162 ; Zanatta 1986, 554-5 ; Zanetti 1993, 30-1).

In particular, compared to other forms of particular justice, commutative justice is based on a proportion such that : (i) given two producers, different from each other in terms of the needs they express and are able to satisfy, such as, for example, an architect and a shoemaker, A and B ; and (ii) given their respective products, different from each other in value – because, as we have seen, they are capable of satisfying different needs related to the sustenance and welfare of the community – such as, for example, a house and some shoes, C and D ; then (iii) the exchange occurs fairly if the products are first equated with each other, C = (X) D, through money, and then exchanged (*NE* V 8, 1133a 6-13).

In expounding this proportion[20], Aristotle establishes a difference between the producers, which has caused much puzzlement among interpreters, for two reasons : first, because what ought to count on the 'market' is only the value of the commodity ; second, because, to express this difference between the persons involved in the exchange, no variable is made explicit in the proportion, as it is, instead, to express the difference between the products. With respect to this question, two reflections can be made.

Firstly, the criterion by which the producers are judged to be different from each other is clearly indicated by Aristotle. The producers are different from each another for at least two reasons, which plausibly refer to a more general inequality in terms of their social role and rank : the needs they are able to satisfy through their work and those they express. Aristotle maintains that exchange must guarantee subsistence and that, from this point of view, not all kinds of work are on the same level : some are better than others. They are better, as we have already seen, because they contribute to different degrees to the satisfaction of needs.

Moreover, Aristotle explains that an association does not arise between producers of the same kind, which can plausibly be interpreted to mean that producers enter an exchange in order to make up for the shortcomings of their own *oikos*. The reason, then, why a second variable is not made explicit in the proportion is that the factor by which the producers'value is measured is the same as that by which their products are valued, namely need, i.e. their degree

20. See also Polansky 2014, 165-7.

of self-sufficiency and their ability to contribute to their own and the community's good[21].

Secondly, if we interpret the proportion that should regulate the exchange in light of the overall analysis of particular justice, the inequality established between the producers becomes less jarring. Indeed, it has been said that particular justice is that form of justice which is concerned with regulating social relations aimed at the acquisition of goods in such a way that each party has its due and, above all, in such a way that the power relations between the interacting parties are safeguarded. In both distributive and corrective justice the social function of each party is relevant for determining the amount of goods to be distributed and compensated, respectively. In the case of distributive justice, the beneficiaries of the distribution are different in merit and the goods distributed are directly proportional to this value. In corrective justice, the inequality between the parties, involved in an involuntary interaction, may condition the assessment of the damage suffered by one or the other.

Also with regard to commutative justice, Aristotle maintains that the difference between the producers determines a different evaluation of their work. Commutative justice, moreover, like the other forms of justice, aims to ensure that the original *status quo* of the members of a community will remain unchanged, but it does so in a different way. Distributive justice achieves its aim through the distribution of different quantities of goods ; corrective justice, through the restitution to the one who has suffered a loss of the quantity of goods that another has gained unduly ; commutative justice, through the preservation, at the end of the exchange, of the original relationship between the producers, based on the preliminary equalization of the products exchanged.

We have already seen in what sense money should be instrumental to this process of exchange. Aristotle offers an example of how the commensurability of qualitatively different goods can *de facto* be achieved through money, even if *de iure* such equalization remains impossible. The author thus shows clear awareness of the difficulty of making qualitatively different goods comparable. Still, he shows confidence in the effectiveness of the criterion adopted and offers an example of how the result can be achieved. Let us take the example

21. Judson 1997, 156-60.

of a house and a bed : the bed is worth two mines and the house ten ; in order for the bed to be exchanged for the house, the two products must be equal ; the proportion according to the equal states that a house is worth as much as five beds (cf. *NE* V 8, 1133b 15-28).

By describing the equalization of the products in such a way, Aristotle is clearly committed to tracing commercial exchange back to a form of natural barter, which does not violate the balance of power between the contracting parties and does not generate profit.[22] Indeed, according to the author's analysis, exchange should be intended to consolidate the relationship of mutual assistance between producers and to guarantee their subsistence, not to benefit one party over the other. Money, in this framework, should therefore have the merely instrumental function of ensuring that the exchange takes place between two producers, even if only one needs the other, and of preserving their respective purchasing power for the future. From this point of view, the analysis of commutative justice is perfectly complementary to the analysis contained in the *Politics*. There, Aristotle analyzes the genesis of chrematistic phenomena that tend to go beyond the sphere of economic, ethical and political relations. Here the author attempts to contain those same dynamics, by exactly defining the nature and genesis of that virtue, or habit of character, that allows citizens to engage in exchanges and the use of money in a way that promotes their own and others' good.

Having concluded his investigation of commutative justice and having examined the proportion by which fairness in trade is established, Aristotle can finally provide a general definition of fairness :

> Justice is a kind of mean, but not in the same way as the other virtues, but because it relates to an intermediate amount, while injustice relates to the extremes. And justice is that in virtue of which the just man is said to be a doer, by choice, of that which is just, and one who will distribute either between himself and another or between two others not so as to give more of what is desirable to himself and less to his neighbor (and conversely with what is harmful), but so as to give what is equal in accordance with proportion ; and similarly in distributing between two other persons. Injustice on the other hand is

22. Campese 1977, 15-6.

similarly related to the unjust, which is excess and defect, contrary to proportion, of the useful or hurtful (*NE* V 9, 1133b 30-1134a 8).

Particular justice is a virtue which produces coherent choices and behavior and is determined by reasoning. It displays certain peculiarities compared to other virtues. Firstly, justice is an anomalous mean : it has an emotional counterpart, namely the desire and pleasure of having what is due, which can be placed between two opposite tendencies of *pleonexia*, that is the desire to have more and the desire to have less than what is due. Nevertheless, fairness is a mean not because it is determined with respect to an excess and a defect, but because it refers to a mathematically established quantity of goods intermediate between too much and too little.

Aristotle's definition of particular justice, then, combines subjective and objective elements : on the one hand, it is a habit of character of the agent ; on the other, in order to be fully effective in the political sphere, it makes use of a legislatively pre-established *ratio*. Finally, particular justice is a virtue that is implemented with regard to external goods in one's relationship with others. The philosopher is evidently interested in considering particular justice as that virtuous habit that guides a citizen's behavior toward himself and other members of the *polis* in relation to the distribution and exchange of goods and wealth, by allowing him to avoid the excesses of *pleonexia* and to pursue what is legitimate and fair, deserved and useful.

## CONCLUSION

To recap and conclude, for Aristotle, there are two conceptions of wealth, one good and one bad, both deriving from the ordinary notion according to which wealth is what can be measured through money. In one sense, wealth is identified with the limited set of goods that are useful for life. Wealth, in this sense, is considered instrumental to happiness insofar as it enables the fulfillment of s subsistence needs ; it enables good (i.e. generous, magnificent and honest) deeds to be performed ; it contributes to the political and contemplative life, freeing agents from material needs and promoting rational, practical and theoretical, disinterested activities. Wealth in a distorted sense is simply identified with money : instead of being conceived of in terms of its instrumental value in the acquisition of useful goods, it is understood as an end in itself, pursued for its own growth, or, at most, as a means to acquire an absolutely secondary good, such as the pleasure derived from the satisfaction of sensual and sexual desire.

The two conceptions of wealth lie at the basis of two different chrematistics : one natural and promoting the acquisition of what is useful for the good life of families and communities, the other perverse and promoting personal gain and the unlimited private acquisition of money.

An individual's use of wealth ultimately depends on his character. Therefore, Aristotle engages in an accurate anatomy of the passions related to wealth, aimed at establishing the nature and mode of formation of those habits that can, on the one hand, ensure the exercising of a natural chrematistics, functional to the good life, and, on the other hand, help to avoid the conflictual and competitive outcomes of a perverse chrematistics.

Aristotle therefore recognizes the presence in each individual of impulses relating to giving and taking money, impulses which need to be refined in order to avoid excesses and defects that can damage one's personal wealth, result in unworthy deeds and actions, and undermine the balance between people. This training will lead one to perform in all circumstances actions that are instead measured against the available goods, beautiful in relation to the work to be performed, and beneficial and just in relation to the other members of the political community.

There are three virtues of character, in particular, that the philosopher considers fundamental to the correct use of wealth as a means to achieve the good life. He defines these virtues – liberality, magnificence and fairness – by comparison with the opposite vices. Liberality mainly consists in knowing how to give away one's wealth with dignity, in proportion to one's means and in a manner commensurate with the action one intends to carry out, by being able to appropriately identify the purpose, recipient and method of one's action. Liberality is therefore that habit which consists in acquiring and using one's own wealth to achieve a good for others in a way that does not negatively affect one's own good, but rather increases it through the exercising of virtue toward one's neighbor. Liberality is opposed to the vices of prodigality and meanness which, in their worst forms, manifest themselves in an inordinate love of gain, in a tendency to acquire wealth in an inappropriate way and to make distorted use of it – in the prodigal's case for the wrong ends, in the miser's as an end in itself.

Liberality is also manifested in a more specific way in magnificence, which is the attitude of spending a lot but in a way that is proportional to one's assets and measured against the work to be done, in order to achieve what is good and, above all, what is beautiful in the public sphere. The vices contrary to magnificence are not particularly harmful to society, because they do not cause damage to others. This is the case with extravagance and miserliness, which consist, respectively, in spending excessively and spending too little, yet always badly, i.e. in a way that is disproportionate to one's wealth, for the sake of something either vulgar (extravagance) or inadequate (miserliness) – thereby betraying an improper attachment to money, whether through ostentation or renunciation.

Finally, fairness is characterized by the pathological drive that underlies its opposite vice, *pleonexia*, the drive to gain at the expense of others, which lies at the root of all social and political conflicts and always threatens the fragile interpersonal balance between the members of a political community. Indeed, unfairness is the attitude whereby a citizen, in both public and private contexts, seeks to obtain more for himself than is legitimate and deserved, thus harming common interests and causing losses to other people.

Against this widespread social habit, which underlies dramatic phenomena such as imperialism, civil war, political instability and social violence, Aristotle endeavors to outline a taxonomy of justice and fairness. His aim is to set interpersonal relations concerning wealth within a legislative framework that promotes the common good ; to determine the exact proportion in which public resources should be distributed and private wealth exchanged ; and, ultimately, to safeguard the value of goods, but also – and above all – of people, who, precisely because of their differences, band together in order to satisfy their own and others' needs, i.e. to live a happy life together.

The investigation of the social virtues pertaining to wealth is perfectly complementary to – and indispensable for – an analysis of chrematistics. It outlines the psychological attitude that each citizen should have in order to concretely succeed in reproducing within himself that *ordo scientiarum* which enables the attainment of the ultimate good, by subordinating chrematistics to economics and incorporating economics into ethics and, more generally, into politics.

## REFERENCES


Bonazzi, M. 2010. *I Sofisti*. Roma : Carocci.

Burnet, J. 1900. *The Ethics of Aristotle*. ed. With an introd. And notes. London : Methuen.

Broadie, S. and C. Rowe. 2002. *Aristotle. Nicomachean Ethics*, Translation, Introduction and Commentary. Oxford : Oxford University Press.

Campese, S. 1977. *Polis ed economia in Aristotele*, in *Aristotele e la crisi della politica*, Napoli : Liguori.

Chiaradonna, R. and F. Farina. 2020. "Il carattere come seconda natura in Aristotele." *Paradigmi* 38 (1) : 23-38.

Curzer, H. J. 1995. "Aristotle's Account of the Virtue of Justice." *Apeiron* 28(3) : 207-38.

Fermani, A. 2016. "La χρηματιστική nella Politica di Aristotele : articolazioni concettuali e ricadute etico-antropologiche." ΠΗΓΗ/*FONS* 1 : 34-56.

Gauthier, R.-A. and Y. Jolif. 1959. *Aristote. L'Éthique à Nicomaque*. Introduction, traduction et commentaire, Louvain-Paris : Publications Universitaires De Louvain-Éditions Béatrice-Nauwelaerts.

Irwin, T. 2019. "Virtue makes the means correct : the role of prudence in the virtuous person's motive." In *Ethike theoria, Studi sull'*Etica Nicomachea *in onore di Carlo Natali*, ed. by F. Masi, S. Maso and C. Viano, 141-58. Roma : Edizioni di Storia e Letteratura.

Judson, L. 1997. "Aristotle on Fair Exchange." *Oxford Studies in Ancient Philosophy* (15) : 147-65.

Knoll, M. 2016. "The Meaning of Distributive Justice for Aristotle's Theory of Constitutions." ΠΗΓΗ/*FONS* (1) : 57-97.

Kraut, R. 2002. *Aristotle. Political Philosophy*. Oxford : Oxford University Press.

Laurenti, R. (sans date). *Aristotele. Il libro della giustizia : Etica Nicomachea V*. Bari : Adriatica.

Masi, F. 2016. "'Come un architetto sta a un calzolaio' : la nozione aristotelica di giustizia commutativa." *Antiquorum philosophia* (10) : 123-49.

-. 2019. "Giustizia Universale e Giustizia Particolare." In *Ethike theoria, Studi sull'*Etica Nicomachea *in onore di Carlo Natali*, ed. by F. Masi, S. Maso and C. Viano, 101-22. Roma : Edizioni di Storia e Letteratura.

-. 2021. "La virtù etica della giustizia distributiva e la sua rilevanza politica." In *Ricerche aristoteliche. Etica e politica in questione*, edited by G. Angelini, 167-87. Pistoia : Editrice Petite Plaisance.

McNeill, D. 1990. "Alternative Interpretations of Aristotle on Exchange and Reciprocity." *Public Affairs Quarterly* 4 (1) : 55-68.

Meikle, S. 1985. *Aristotle's Economic Thought*. Oxford : Oxford University Press.

Natali, C. 2014. *Aristotele*. Roma : Carocci.

-. 2017. *Il metodo e il trattato. Saggio sull'Etica Nicomachea*. Roma : Edizioni di Storia e Letteratura.

Polansky, R. 2014. "Giving Justice its Due." In *The Cambridge Companion to Aristotle's Nicomachean Ethics*, edited by R. Polansky, 151-79. Cambridge : Cambridge University Press.

Reeve, C. D. C. 2014. "Beginning and Ending with *Eudaimonia*." In *The Cambridge Companion to Aristotle's Nicomachean Ethics*, edited by R. Polansky, 14-33. Cambridge : Cambridge University Press.

RITCHIE, D. G. 1894. "Aristotle's Subdivision of Particular Justice." *Classical Review* 8 (5) : 185-92.

ROCHE, T. D. 2014. "Happiness and the external goods." In *The Cambridge Companion to Aristotle's Nicomachean Ethics*, edited by R. Polansky, 34-63. Cambridge : Cambridge University Press.

ROSS, D. W. 1982. *Aristotle*. trad. it. A. Spinelli. Milano : Feltrinelli.

STEWART, J. A. 1892. *Notes on the* Nicomachean Ethics *of Aristotle*. Oxford : Clarendon Press.

TRICOT, J. 1967. Aristote. *Éthique à Nicomaque*, nouvelle traduction avec introduction, notes et index. Paris : Vrin.

VEGETTI, M. 2002. "Antropologie della '*pleonexia*'. Callicle, Trasimaco, Glaucone in Platone." In ΕΝΩΣΙΣ ΚΑΙ ΦΙΛΙΑ. *Unione e amicizia. Omaggio a Francesco Romano*, edited by M. Di Pasquale Barbanti, G.R. Giardina and P. Manganaro, 65-75. Catania : CUECM.

VEGETTI, M. and F. ADEMOLLO. 2016. *Incontro con Aristotele. Quindici lezioni*. Torino : Piccola Biblioteca Einaudi.

YOUNG, C. M. 2006. "Aristotle's Justice." In *The Blackwell Guide to Nicomachean Ethics*, edited by R. Kraut, 179-97, Malden USA : Blackwell Publishing.

ZANATTA, M. 1986. Aristotele, *Etica Nicomachea*. Milano : BUR.

ZANETTI, G. 1993. *La nozione di giustizia in Aristotele*. Bologna : Il Mulino.

# PERSPECTIVES SUR LA RICHESSE DANS LA PHILOSOPHIE DE SÉNÈQUE

MELANIA CASSAN *

**Résumé**
Cette étude examine quelques aspects de la conception de la richesse chez Sénèque et du rapport qu'il nous invite à entretenir avec celle-ci. Nous montrerons que le Cordouan, bien qu'il s'inscrive pleinement dans la voie déjà tracée par les maîtres stoïciens, ne se prive pas, comme c'est souvent le cas chez lui, de présenter le sujet de manière personnelle.
**Mots-clés** : Sénèque, stoïcisme, richesse, indifférent.

**Abstract**
This study examines some aspects of Seneca's conception of wealth and of the relationship to be entertained with it. We will show that Seneca, while fully adhering to the path already traced by the Stoic masters, does not shy away from developing the subject in a personal way, as usual.
**Keywords**: Seneca, Stoicism, wealth, indifferent.

**Classification JEL** : B11.

## 1. INTRODUCTION

À quel discours sur la richesse peut-on s'attendre de la part d'une école philosophique, le stoïcisme, qui commence son histoire, au moins symboliquement, par un naufrage où la victime perd toutes ses

* Università Ca' Foscari Venezia <melania.cassan@unive.it>.
Nous remercions, tout d'abord, Pierre-Marie Morel pour avoir accueilli le présent article dans ce dossier. Nous remercions sincèrement aussi Christelle Veillard pour avoir, très généreusement, lu et commenté une première version de ce travail. Enfin, nous sommes reconnaissants aussi à notre ami et collègue Ulysse Chaintreuil pour la précision et le soin avec lesquels il a contribué, de manière substantielle, à la traduction française de cet article.

marchandises[1] ? En effet, si nous réfléchissons d'un peu plus près à l'événement qui aurait poussé Zénon de Citium, le fondateur de l'école stoïcienne, à entamer les réflexions philosophiques qui aboutiront plus tard à la formation de la *Stoa* (vers 300 avant notre ère), nous sommes frappés par le fait que cet épisode consiste précisément dans une perte des biens matériels. De plus, que nous réservent les réflexions philosophiques d'un penseur comme Sénèque qui, souvent, par le passé et encore aujourd'hui, a été accusé d'incohérence précisément sur la question de son rapport à ses possessions ? Il est en effet bien connu que l'une des critiques les plus fréquemment formulées contre le Cordouan est celle d'avoir souligné, conformément à la doctrine de son école, qu'il était important de ne pas se soucier de la richesse, alors qu'il était, selon certaines sources, l'homme le plus riche de l'Empire[2]. Ces questions représentent, en quelque sorte, le point de départ des réflexions qui constituent le présent travail, dans la mesure où elles nous donnent à voir deux situations apparemment contradictoires par rapport à la richesse de deux représentants du stoïcisme : d'un côté, une histoire de perte matérielle, qui appelle un gain spirituel, de l'autre côté une histoire de gestion de possessions et de justification de leur abondance.

Dans ce cadre, l'objectif de cette étude est précisément d'examiner quelques aspects de la conception de la richesse et du rapport que Sénèque invite à entretenir avec celle-ci[3]. Nous montrerons que le

1. Sur l'épisode du naufrage de Zénon, présumé ou réel, voir Setaioli (1986, 75-8). Il faut noter, entre autres, que Sénèque lui-même, et dans la même veine, Plutarque (*Tranq. An.* 6, 467c ; *cf.* Setaioli 1986, 76-7), est l'une des sources qui témoignent de l'événement (*Tranq.* 14, 3) ; ici la réaction de Zénon face à la nouvelle de la perte de ses biens, à savoir celle de consacrer tout son temps à la philosophie, est considérée par le Cordouan comme un cas exemplaire de comportement vertueux face aux adversités de la vie. Pour d'autres versions du récit, voir le témoignage de Diogène Laërce (en particulier, D.L. VII, 2 ; 4-5). Au-delà des questions historiques, cette anecdote est considérée comme une sorte d'événement-symbole qui déclenche la réflexion philosophique de l'école stoïcienne.

2. *Cf.* Tacite, *Ann.* XV, 64 : *praedives.*

3. Le thème de la richesse est disséminé dans toute l'œuvre de Sénèque et le Cordouan l'aborde sous différents angles, en fonction du contexte dans lequel il est évoqué. Parfois, il traite de ce thème en discutant ses aspects les plus théoriques, comme son statut ontologique – c'est par exemple le cas dans les *Lettres* (ci-dessous : *Ep.*), en *Ep.* 87 – parfois en réfléchissant sur les implications de son utilisation correcte ou incorrecte, par exemple en *De vita beata* (ci-après : *Vit. Beat*) 26. Le plus souvent, ce thème est évoqué sous la forme d'indications pratiques permettant d'apprendre à se rapporter correctement à sa propre richesse et à ses propres possessions ; cf. *De tranquillitate animi* (ci-dessous : *Tranq.*) 8. Loin de vouloir esquisser un discours exhaustif sur la question, qui nécessiterait une étude de bien plus grande ampleur,

Cordouan, bien qu'il s'inscrive pleinement dans la voie déjà tracée par les maîtres stoïciens, ne se prive pas, comme c'est souvent le cas chez lui, de présenter le sujet de manière personnelle. En effet, en accordant une certaine attention au thème en question, notre philosophe ne se limite pas à placer la richesse dans la taxonomie axiologique stoïcienne, mais, grâce à des arguments philosophiques souvent défendus par des images éloquentes, il rend compte de toute la complexité concrète et de l'ambivalence de l'objet en question. En particulier, au cœur de l'analyse de Sénèque, nous découvrons les effets que la richesse peut avoir sur nous. D'une part, celle-ci est valorisée dans le bon usage qu'on peut en faire – comme c'est le cas du sage dans le *De vita beata* – ; d'autre part, Sénèque souligne le danger que la richesse peut représenter pour une âme qui manque encore de fermeté – comme c'est le cas de Sérénus dans le *De tranquillitate animi*.

Afin de le montrer, la première partie de cette étude est consacrée à l'approfondissement de certains éléments fondamentaux de la notion en question dans le stoïcisme antérieur à Sénèque, tels qu'ils apparaissent dans les sources le concernant, principalement chez Diogène Laërce et Stobée. On examinera, en particulier, les notions d'« indifférent » et d'« indifférent préférable », qui caractérisent notamment la richesse dans l'éthique stoïcienne. Une deuxième partie est dédiée à l'étude de la richesse dans la perspective propre à notre philosophe, en examinant non seulement son statut d'« indifférent préférable », mais aussi la nature potentiellement vicieuse ou vertueuse de la relation concrète avec elle. Ce faisant, nous montrerons le caractère opératoire des principes théoriques exposés ci-dessus, en les mettant, pour ainsi dire, à l'épreuve des contextes pratiques dans lesquels l'être humain se trouve impliqué.

nous nous contenterons d'aborder ici quelques aspects du rapport de Sénèque à la richesse. Pour un travail général sur la notion de richesse chez ce philosophe – également en relation avec les événements biographiques qui l'ont amené à s'en faire un sujet de préoccupation –, voir Griffin 1976, 286-314 ; voir aussi Albrecht, von 2003, 257-70.

## 2. LES STOÏCIENS ET LA RICHESSE

L'un des concepts centraux de l'éthique stoïcienne est la notion « d'indifférent » (*adiaphoron*, *indifferens*)[4]. Ce dernier est conçu comme ce qui n'est ni bien ni mal ; donc il ne contribue ni ne nuit au bonheur ; en ce sens[5], il est possible pour l'être humain d'atteindre son *telos*, sa fin, même sans la présence des *adiaphora*[6]. Plus précisément, un indifférent se trouve *entre* le bien et le mal[7], puisqu'on peut en faire un bon ou un mauvais usage[8], alors qu'on ne peut que faire un bon usage de ce qui est bien, et qu'on ne peut faire, à l'inverse, qu'un mauvais usage de ce qui est mal[9]. Ainsi, Bénatouïl (2006, 222-3) souligne très justement l'importance du critère de « l'usage » des indifférents pour constituer cette catégorie : la nature de cet usage n'est pas absolue, détachée du contexte dans lequel les indifférents opèrent, mais, au contraire, elle dépend fortement de la personne qui les utilise et des circonstances dans lesquelles les indifférents se trouvent. Ainsi, il n'y a pas de lien direct entre les indifférents et le bonheur, mais ce dernier se réalise dans le « bon usage »[10] des indifférents, qui à son tour a à voir avec la vertu[11].

4. Sénèque traduit ce mot non seulement par *indifferens*, comme l'avait déjà fait Cicéron, mais aussi par *medium* (cf. *Ep.* 82, 10 ; 15). Sur cette notion, voir l'étude classique de Reesor (1951, 102-10) et l'interprétation plus récente et suggestive de Klein 2015, 227-81.

5. *Cf.* D.L. VII, 102 : « N'est ni bon ni mauvais tout ce qui ne profite ni ne nuit, comme vie, santé, plaisir, beauté, force, richesse, (bonne) réputation, bonne naissance et leurs contraires : mort, maladie, souffrance, laideur, faiblesse, pauvreté, mauvaise réputation, basse extraction et tout ce qui est de cette nature […] » (trad. R. Goulet, 2006).

6. *Cf.* D.L. VII, 103-104.

7. *Cf.* Stobée, II, 7, 7, p. 79, 5 Wachsmuth.

8. Sur l'idée de « l'usage » des indifférents, on se rapportera à Bénatouïl 2006, 219-320.

9. *cf.* D.L. VII, 103 ; Sextus Empiricus, *M.* XI, 61.

10. Voir D.L. VII, 104, cité par Bénatouïl 2006, 223.

11. L'image sénéquienne des vases en argent et en argile transmet de manière particulièrement efficace la centralité de l'usage. Dans *Ep.* 5, 6, Sénèque invite ainsi son lecteur à juger les gens par ce qu'ils sont et non par ce qu'ils ont. En ce sens, la grandeur d'âme consiste, dans l'exemple donné ici, à utiliser des vases d'argile comme s'ils étaient en argent mais aussi, à l'inverse, à utiliser des vases d'argent comme s'ils étaient en argile. C'est l'usage vertueux de l'objet et non le caractère précieux de sa matière qui détermine la moralité de l'individu qui l'utilise ; sur cet aspect, voir Bénatouïl (2006, 242). Dans la même veine, on verra *Ep.* 20, 10-11, où le philosophe soutient que la primauté de la disposition d'esprit sur la quantité de biens doit être considérée dans les deux sens : de même que la richesse n'implique pas la sagesse, la pauvreté ne garantit pas non plus la vertu.

Il faut préciser à propos de ce type d'indifférents que les stoïciens appellent « préférables »[12] (*proêgmena*) qu'il est caractérisé comme « selon la nature » (*kata phusin*) et les indifférents qui en font partie ont la capacité de susciter chez l'être humain une impulsion à les poursuivre appelée « sélection » (*eklogê*)[13]. Au contraire, les indifférents « rejetables » (*apoproêgmena*) se caractérisent par le fait qu'ils sont « contraires à la nature » (*para phusin*)[14], dans la mesure où ils amènent l'homme à les éviter par le « refus » (*apeklogê*), qui est une espèce de répulsion[15]. Il faut pourtant noter que les préférables sont dits « selon la nature » dans un sens clairement distinct du sens dans lequel les biens reçoivent cette qualification : alors que ces derniers sont « selon la nature » dans la mesure où ils constituent ce qui est essentiel à la vie heureuse, les préférables sont « selon la nature » en tant qu'ils constituent le but d'une impulsion qui n'est pas à supprimer parce qu'elle est utile à la vie elle-même. Le bien et le préférable doivent donc être considérés en prenant en compte cette différence qui les sépare[16], car leur confusion potentielle est l'une des erreurs les plus courantes : attribuer une valeur absolue à ce qui a, en réalité et pour ainsi dire, une valeur relative. Cela se produit de manière assez répandue, comme on peut bien l'imaginer aujourd'hui, à propos de la richesse, qui

12. *Cf.* Stobée, II, 7, 7g, p. 84, 21-p. 85, 11 Wachsmuth ; D.L. VII, 104-107 ; Sextus Empiricus, *M.* XI, 62-63.

13. Sur le thème de la « sélection » *cf.* Inwood 1985, 193-215.

14. *Cf.* D.L. VII, 104-105 ; Cicéron, *Fin.* III, 20. La théorie qui se trouve à l'arrière-plan de cette considération est celle de l'*oikeiôsis*, le mouvement d'appropriation de soi-même et de sa propre constitution naturelle qui passe par la recherche de ce qui est utile à sa conservation et par la répulsion vis-à-vis de ce qui lui nuit ; sur ce thème, en relation avec la doctrine des indifférents, voir le commentaire de Laurand (2005, 103) du *De vita beata* de Sénèque.

15. *Cf.* D.L. VII, 105. À cette distinction est associée une différence en termes de « valeur » (*axia*, que Cicéron traduit par *aestimatio*), attribuée au premier type d'indifférents et refusée au second ; voir D.L. VII, 104-105 ; Cicéron, *Fin.* III, 20. Sur la notion complexe et polysémique de valeur, voir Brennan (2014, 41-60).

16. Une des images utilisées par Cicéron (*Fin.* III, 45) pour décrire le rapport entre le bon et les préférables est celle de la différence entre la lumière produite par une lampe et celle du soleil. Il est clair qu'elle consiste en une différence non pas de degrés, mais bien de nature. La même image est reprise par Sénèque et utilisée dans un contexte similaire à celui de Cicéron. Dans la *Lettre* 92, 5, le Cordouan, en pleine polémique anti-épicurienne, critique ceux qui croient que pour que le bien suprême (le *summum bonum*) soit parfait, il faut lui ajouter d'autres facteurs extérieurs, comme, dans le cas des épicuriens, le plaisir. Selon Sénèque, cette attitude est semblable à celle de ceux qui, non contents de la lumière du jour, allument une flamme : cette dernière, poursuit Sénèque, est de peu de valeur comparée à la lumière du soleil. Là encore, la différence qualitative entre les deux éléments les rend incommensurables.

est classée par les stoïciens précisément parmi les préférables[17]. Le sage la préférera à la pauvreté, tout comme il préférera la santé à la maladie, la vie à la mort, mais toujours avec la conscience de son statut d'indifférent, reconnaissant uniquement dans le bien ce qui est digne d'être poursuivi sans condition. En ce sens, donc, la richesse, en tant que préférable, mérite d'être choisie, ou mieux, selon le lexique stoïcien, sélectionnée, du moment que cette sélection est subordonnée à la nécessité de réaliser le bien.

Pourtant, cette description n'épuise pas complètement le rapport complexe que la pensée stoïcienne entretient avec les indifférents. À ce premier tableau s'ajoutent en effet, comme cela arrive souvent, les considérations de philosophes plus tardifs appartenant au stoïcisme post-chrysippéen, et en particulier de Posidonius[18]. Selon le témoignage de Diogène Laërce (VII, 103) ce dernier aurait inclus la richesse et la santé, non pas parmi les préférables, mais parmi les biens, allant au-delà de la taxinomie classique restituée ci-dessus. Dans le même ordre d'idées, selon la reconstruction effectuée par Diogène Laërce (VII, 128), Posidonius, avec Panétius, serait allé jusqu'à admettre que la vertu n'est pas suffisante pour le bonheur, en attribuant une plus grande importance aux indifférents ; si ce déplacement avait réellement été effectué, Posidonius, dans la lignée des enseignements de son maître, aurait remis en cause les fondements mêmes de l'éthique stoïcienne.

Cependant, plusieurs études – Kidd (1986, 7-21) ; Veillard (2015, 162-3) – ont montré, grâce entre autres au témoignage de Sénèque qui cite précisément Posidonius dans la *Lettre* 87, 31-35, que la position adoptée dans la doxographie de Diogène Laërce n'est pas vraisemblable. L'argumentation de Sénèque a en effet ici pour objectif premier de montrer que la richesse n'est pas un bien et il le fait en

17. Voir, par exemple, les descriptions de Diogène Laërce, lequel associe la richesse à la santé et les décrit à travers les caractéristiques typiques des indifférents : « Or la richesse et la santé ne profitent pas plus qu'elles ne nuisent. Ni la richesse ni la santé ne sont donc des biens. Ils disent encore que ce dont il est possible de faire bon ou mauvais usage n'est pas un bien ; or il est possible de faire bon ou mauvais usage de richesse et santé ; richesse et santé ne sont donc pas des biens » (D.L. VII, 103 ; trad. R. Goulet, 2006).

18. Nous ne traiterons pas ici de la question complexe du rôle des indifférents, et en particulier de la richesse, chez Posidonius. Nous nous contenterons de montrer, en nous appuyant sur des études ayant abordé la question, que, même pour ce dernier, la richesse n'est ni une bonne ni une mauvaise chose. Pour une discussion plus détaillée de la position du philosophe, *cf.* Kidd 1986, 7-21 ; Veillard 2015, 162-3.

utilisant les mots du philosophe d'Apamée[19]. Face à l'objection de certains opposants pour qui, du fait qu'elle cause des maux, la richesse ne pourrait être comptée parmi les *commoda* (§ 29) – terme que Sénèque utilise pour désigner les indifférents préférables[20] – le Cordouan propose la position de Posidonius (§ 31). La richesse (*divitiae*) est la cause des maux, non pas au sens où elle les provoque directement et nécessairement, comme le ferait une *causa efficiens* au sens strict (et de ce fait elle n'est pas un mal : § 33), mais plutôt dans le sens où elle stimule les âmes, elle les pousse en les exaltant : en somme elle renvoie une représentation de l'*apparence* du bien à laquelle la plupart adhèrent. Pour cette raison, elle doit être considérée comme une cause antécédente (*causa praecedens*)[21]. En raison précisément du lien qui demeure « indirect » entre les maux et la richesse, cette dernière ne peut pas être considérée comme un bien (ni un mal), car elle a la capacité de provoquer des réactions vicieuses, capacité que n'a pas le bien[22]. Il reste bien sûr vrai que c'est l'âme qui a le dernier mot – pour rester dans le lexique étiologique évoqué, la *causa efficiens* –, parce qu'elle garde, au travers de l'assentiment[23], la responsabilité du jugement sur ce qui lui arrive.

En faisant sienne la perspective de Posidonius (§ 31), Sénèque rend explicite ici l'efficacité causale propre à la richesse, qui, même si elle a un certain impact sur l'âme, ne détermine pas l'être humain dans son rapport avec elle. En ce sens, la possibilité de s'y rapporter correctement, d'en faire un bon usage, reste ouverte, avec la conscience du risque – dont Sénèque, par son discours, nous aide à nous protéger, tout comme le fait Sérénus – que court l'âme de celui qui n'est pas sage

19. Il faut remarquer, tout d'abord, que toute l'argumentation, pour ainsi dire plus théorique, sur le thème de la richesse en relation avec le bonheur commence bien avant les paragraphes dans lesquels Posidonius est mentionné. En particulier, Sénèque déclare son intention d'analyser la position stoïcienne au sujet de la vertu, considérée comme suffisante pour le bonheur (§ 11). Par ailleurs, il faut noter que l'objectif de Sénèque, qui est de différencier clairement le bon de ce qui n'est pas bon, revient, comme nous l'avons vu plus haut, à une opération « scolaire ».

20. Sénèque emploie aussi le terme de *producta* (*Ep.* 74, 17), déjà employé par Cicéron dans le troisième livre du *De finibus bonorum et malorum*. *Cf.* Griffin 1976, 295 et Wildberger 2006, 48.

21. Pour la formulation chrysippéenne originale de la théorie des causes dont Posidonius s'inspire clairement, voir Ioppolo 1994, 4505-23. Voir le même article (en particulier : 4536-8) également pour une étude spécifique de la question des causes chez Sénèque.

22. *Cf.* Veillard 2015, 162.

23. *Cf.* Ioppolo 1994, 4537.

quand il se trouve face à la richesse. Et précisément cette ambivalence est représentée, dans chacune de ses caractéristiques, dans deux dialogues. Dans le cadre du *De vita beata*, le premier aspect émerge grâce aux analyses du rapport du sage à la richesse ; dans le *De tranquillitate animi*, le deuxième aspect est bien illustré par le rapport problématique du *proficiens* Sérénus à la richesse et au luxe qui l'entourent. Les deux perspectives présentées ici, particulièrement significatives également en relation à l'œuvre spécifique dans laquelle elles sont évoquées, se complètent mutuellement et définissent de manière exhaustive le cadre du problème.

## 3. SÉNÈQUE ET LA RICHESSE

### 3.1. *Le bon usage de la richesse dans le* De vita beata

Comme on le sait, la figure de Sénèque a suscité de nombreuses controverses depuis l'Antiquité[24] concernant le rapport, jugé contradictoire[25], entre sa fortune, qui était, selon les témoignages, particulièrement prospère[26], et les exhortations mêmes du philosophe, présentes dans plusieurs de ses œuvres, à entretenir avec la richesse une forme de distance apaisée[27]. À cet égard, la relation entre le contexte historico-biographique des accusations dont est victime Sénèque autour de l'an 58 après J. C. et la composition du *De vita beata*[28] est significative. En effet, bien que la datation de cette œuvre soit encore incertaine, des études récentes[29] trouvent une sorte d'écho entre les arguments développés ici par le philosophe pour défendre la possibilité

24. Voir à ce sujet les récits des *Annales* de Tacite ou de l'*Historia Romana* de Dion Cassius.

25. *Cf.* Motto 1966, 254-8.

26. Voir, par exemple, Tacite, *Ann.* XIII, 42.

27. Sur le rapport entre les aspects biographiques et philosophiques du Cordouan pour ce qui concerne le thème de la richesse, voir Wedeck 1955, 540-4 ; Griffin 1976, 286-314 ; Fuhrer 2000, 201-19 ; Levick 2003, 211-28. Récemment, le thème a été développé par Jones (2014, 393-429) avec une attention particulière accordée à la notion d'hypocrisie, qui, dans l'histoire de la critique sénéquienne, tout comme dans l'œuvre de Sénèque lui-même, occupe une place centrale. Son étude montre que l'aspect critique de l'approche sénéquienne n'est pas seulement à rechercher dans le rapport de sa vie à sa théorie, mais peut-être principalement dans les positions philosophiques qu'il assume à ce propos dans ses propres écrits.

28. Une lecture intéressante, explicitement éloignée des considérations biographiques du dialogue, se trouve chez Asmis 1990, 219-55.

29. *Cf.* Mutschler 2014a, 141-2, avec bibliographie citée.

d'un bon usage de la richesse, qui ne doit pas donc être condamnée dans tous les cas, et l'accusation d'incohérence entre théorie et vie pratique, portée contre lui, à cette date, par Publius Suillius Rufus[30]. C'est dans ce contexte que s'inscrivent certains des arguments les plus intéressants du Cordouan sur le sujet[31].

La réponse de Sénèque à ceux qui critiquent les gens qui, tout en se consacrant à la philosophie, sont, comme lui, en possession de richesses, ne se fait pas attendre[32] et repose précisément sur la notion de « préférable » analysée plus haut :

> Qui, en outre, parmi les sages (je parle des nôtres, pour qui la vertu est le seul bien) nie que ces choses que nous appelons des indifférents ont en elles-mêmes quelque prix et que certaines valent mieux que d'autres ? À certaines on accorde quelque part de considération, à d'autres beaucoup. Ne t'abuse pas, dès lors : au nombre des objets qui valent plus on compte les richesses. (*Vit. Beat.* 22, 4; trad. V. Laurand, 2005).

S'inscrivant clairement en continuité avec la vision stoïcienne de la question, Sénèque révèle au lecteur sa perspective sur la nature de la richesse et le fait en reliant explicitement l'argument de l'indifférence au principe stoïcien fondamental, selon lequel la vertu est le seul bien. Le philosophe fournit ici une synthèse parfaite des principales caractéristiques de la richesse : faisant partie des « indifférents préférables », elle a une certaine valeur et doit être considérée comme telle. L'aspect le plus important réside, une fois encore, dans le type de relation établie avec elle[33]. Le sage, s'il en a l'occasion, préférera la

30. Tacite, *Ann.* XIII, 42 ; sur les détails de cette accusation, *cf.* Seita 1982, 312-28.

31. Comme preuve supplémentaire de la complexité du thème de la richesse dans la réflexion philosophique de Sénèque, il faut noter, comme l'a déjà fait Griffin (1976, 295-6), que le *De vita beata* présente, par moments, une vision pour ainsi dire « optimiste » du thème en question, en contraste avec le ton plus « pessimiste » dont Sénèque a fait preuve ailleurs. En effet, certaines considérations développées ici permettent de mettre en évidence, avec plus de vigueur, les aspects plus positifs de la richesse comme, par exemple, le fait qu'elle donne au sage la possibilité d'exercer davantage sa vertu parce qu'elle lui offre plus d'occasions de le faire ; il est également significatif que Sénèque ne montre pas ici d'intérêt particulier pour l'investigation à propos des limites et de la mesure à l'intérieur desquelles la richesse doit être maintenue, limites qu'on trouve chez Zénon. Voir sur ce dernier point, Bénatouïl 2008, 2. Néanmoins, ce dialogue reste, à notre avis, une excellente source à laquelle se référer pour reconstituer les principaux traits théoriques de la notion analysée.

32. Sénèque, *Vit. Beat.* 21, 1-4.

33. Le sage, affirme Sénèque, est capable d'établir une relation de commandement avec la richesse, la traitant comme un simple outil – comme un indifférent –, sans se laisser dépasser

richesse[34] à la pauvreté[35], sachant toutefois que si elle venait à manquer, il la laisserait partir sans s'en soucier[36]. Il sait que son être vertueux, son être heureux, n'est en rien constitué, qualifié, par la quantité de biens qu'il possède, puisque celle-ci, du point de vue moral, est précisément indifférente[37]. Et c'est justement cet aspect de la question qui conduit Sénèque à mettre en garde le lecteur contre la confusion entre richesse et bonheur, contre la croyance qu'une abondance de biens va de

par elle (*Vit. Beat.* 26, 1). Cette idée est exprimée à travers un vocabulaire appartenant au champ sémantique des hiérarchies sociales ; on retrouve notamment l'image de l'esclave et du maître. Le même vocabulaire est utilisé par le philosophe en *Ep.* 74, 17, toujours à propos des « préférables ». Le bien suprême ne coïncide pas avec les *externa* et ne doit pas être confondu avec eux, car ces derniers doivent être utilisés comme s'ils étaient des esclaves et non comme une partie intégrante de nous. Nous voyons ici une référence à l'un des célèbres paradoxes stoïciens : celui concernant la liberté du sage. Seul le sage peut être vraiment libre, car il est le maître, et non la victime de ses propres actions (voir D.L. VII, 33 ; Cicéron, *Parad. Stoic.* 5, 34). Il faut d'ailleurs noter que cette imagerie est parfois présente même lorsqu'il s'agit d'exprimer les dynamiques relatives aux mouvements de la passion, qui est souvent associée à l'idée d'une chose qui, dès qu'elle est déclenchée, ne peut plus être contrôlée mais, au contraire, contrôle la personne qui y est soumise (Sénèque, *De ira* 1, 7, 2 ; 1, 9, 2). La passion est, en ce sens, un mauvais serviteur, car elle ne suit pas les injonctions de la raison, elle échappe à son contrôle.

34. D'autres « préférables » classiquement considérés comme tels (*Vit. Beat.* 22, 2-3), la beauté et la santé, sont également nommés ici, associés aux « rejetables » qui leur correspondent, à savoir la laideur et la maladie. Il faut également observer qu'en *Vit. Beat.* 21, 4, Sénèque, pour mieux souligner le rapport correct du sage avec la richesse, oppose l'acte de préférer à celui d'aimer. Il nous semble que cette opposition met en évidence le sain détachement que le sage entretient à l'égard des biens extérieurs, parvenant à ne pas surestimer leur importance et leur valeur.

35. Sur le thème de la pauvreté et sa représentation dans la réflexion de Sénèque, voir Dross 2010, 332-47. Elle montre, de manière très convaincante, que l'attention particulière portée par Sénèque au thème de la pauvreté doit être lue dans une perspective pédagogique (340). En particulier, l'association entre philosophie et pauvreté exprime, dans cette perspective, à la fois la non-pertinence du statut social et économique en vue de se consacrer à l'étude et à la pratique de la philosophie et l'importance, presque socratique pourrait-on dire, de ne pas s'engager dans cette voie avec l'idée de gagner de l'argent grâce à l'activité philosophique (341). Par ailleurs, l'exercice de la philosophie sous la forme d'un exercice de pauvreté parfois décrit par Sénèque – c'est le cas, par exemple, en *Ep.* 18, 5-7, analysé par Dross (2010, 341) – doit être lu non pas comme une prise de position théorique sur le lien nécessaire entre les deux instances, mais, plutôt, comme une occasion pour le *proficiens* de travailler son jugement droit : la pauvreté est vue comme un indifférent et non comme un mal ; *cf.* Dross 2010, 340-2.

36. Sénèque, *Vit. Beat.* 21, 2 ; 22, 5.

37. « Pour moi, si les richesses s'écoulent, elles n'emporteront rien qu'elles-mêmes ; toi, tu seras frappé de stupeur et tu te croiras abandonné de toi-même, si elles s'éloignent de toi. Chez moi, les richesses ont leur place, chez toi, elles prennent toute la place. Pour conclure : les richesses m'appartiennent, tu leur appartiens » (*Vit. Beat.* 22, 5) (Trad. V. Laurand, 2005).

pair avec une « abondance de vertus »[38]. À cet égard, le philosophe utilise deux images particulièrement éloquentes en *Ep.* 76, 31 : celle de l'acteur et celle du nain et du géant. L'acteur, lorsqu'il est sur scène, élégamment paré, monté sur des chaussures qui le grandissent artificiellement, affiche une attitude fière et noble ; mais une fois la représentation terminée, il se dépouille de ses somptueux atours et retrouve sa taille et son apparence normales. Les costumes de scène nous donnent une image déformée de la personne en question, qui semble meilleure qu'elle ne l'est en réalité. En effet, poursuit Sénèque, un nain reste un nain même si on le met au sommet d'une montagne, de même qu'un géant ne perd pas sa nature de géant si on le met au fond d'un fossé. L'erreur consiste donc à juger les gens non pas pour ce qu'ils sont réellement dans leur intériorité, libres de tout ornement, mais pour ce qu'ils *semblent* être grâce à leurs immenses fortunes, pour leur extériorité (§ 32)[39]. Mais au fond, croire qu'être riche revient à être heureux, c'est commettre la même erreur que celui qui, comme nous l'avons vu plus haut, confère aux indifférents le statut de biens ; dans les deux cas, en effet, on attribue la plus grande valeur à ce qui, en réalité, ne l'a pas.

Cependant, à y regarder de plus près, Sénèque semble ajouter ici un autre élément caractéristique de la relation concrète que le sage entretient avec la richesse[40]. Non seulement il est capable de la traiter avec le détachement approprié, mais il l'utilise pour élargir son horizon d'action (*Vit. Beat.* 21, 4). Les occasions pour exercer la vertu sont d'autant plus nombreuses que les ressources dont il dispose sont abondantes car, très intuitivement, elles lui permettent de différencier

38. Voir *Ep.* 76, 30-33 ; 87, 18. La relation entre sagesse et richesse expliquée ici concerne un autre des paradoxes stoïciens (Cicéron, *Parad. Stoic.* 6, 42-52), celui selon lequel seul le sage est riche : seul ce dernier, en effet, possède la *vraie* richesse. Elle ne consiste pas en la possession de ressources abondantes, mais en la vertu qui lui permet de se satisfaire de ce qu'il a sans avoir le désir constant d'accroître ses richesses. *Cf.* Bénatouïl 2008.

39. Sur le couple d'opposés que constituent (1) l'intérieur, lieu de l'âme et de l'activité psychique et (2) l'extérieur, lieu de la Fortune (y compris les indifférents) dans la philosophie de Sénèque, voir Traina 1978, 9-23 et Lotito 2001, 131-75. Sur le rôle central de la Fortune dans l'acquisition et la possession de biens, Sénèque, en *Tranq.* 11, 1-4, en utilisant un lexique juridico-économique, affirme que l'attitude du sage face à la mort, événement qui implique la perte de ses biens (*possessiones*) ainsi que de son corps, correspond à celle de celui qui sait qu'il doit rendre ce qui lui a été prêté (*commodatus*) pendant toute une vie. Sur ce sujet, en lien avec les notions d'usufruit et de propriété, *cf.* Bénatouïl 2008.

40. Laurand (2005, 104-5) souligne déjà l'attention portée à la dimension pragmatique des actions vertueuses du sage que l'on entrevoit dans les expressions que Sénèque utilise ici.

l'activité vertueuse (*Vit. Beat.* 22, 1). Cette considération, croyons-nous, réussit à mettre en valeur l'utilité de la richesse qui, si elle est gérée correctement, peut être mise au service fécond de la vertu. Toutefois, un tel « cercle vertueux » ne peut se constituer et perdurer, que si l'âme de celui qui est en relation avec la richesse est elle-même vertueuse.

Que peut-il toutefois se passer dans l'âme d'un disciple du stoïcisme lorsqu'il se rapporte concrètement à la richesse et au luxe ? Pour répondre à cette question, il convient, désormais, de procéder à l'analyse d'une véritable « étude de cas » : le *proficiens* Sérénus et son rapport complexe avec le luxe et la richesse dans le *De tranquillitate animi*[41].

### 3.2. *Sérénus et son rapport à la richesse et au luxe dans le* De tranquillitate animi

Il est reconnu que les stoïciens antiques plaçaient au centre de leur analyse éthique une distinction rigide, une séparation abyssale, pourrait-on dire, entre le sage (*sophos*) et l'insensé (*phaulos*)[42] ; dans cette perspective, la figure de celui qui progresse sur le chemin de la vertu est mise au second plan, comme dissimulée[43]. Sénèque, tout

41. Nous abordons ici les thèmes de la richesse et du luxe (décrit par le philosophe à travers Sérénus comme une forme d'ostentation de la richesse : *Tranq.* 1, 8-9) de manière unifiée, puisqu'ils sont présentés par Sénèque lui-même en étroite corrélation. La vie confortable que le *proficiens* a décidé d'abandonner au profit d'une vie frugale réapparaît parfois sous ses yeux sous la forme d'un luxe qui se répercute partout, le faisant tanguer plus que nécessaire et l'amenant à se poser des questions, jamais vraiment radicales, sur son propre cheminement et le choix qu'il a fait. Notons, dans ce sens, que l'un des arguments qui constituent la réponse de Sénèque à son ami, probablement en dialogue direct avec les considérations sur la vie modérée instable de Sérénus, concerne précisément le rapport avec le patrimoine (*patrimonium*). Ce dernier est considéré comme l'une des plus grandes sources d'inquiétude et de contrariété pour les êtres humains et ceci, poursuit Sénèque, s'applique à tous, riches et pauvres. En ce sens, on peut comprendre que le rapport avec le luxe décrit dans *Tranq.* 1, 8-9 confronte plus profondément Sérénus à *son* choix d'une vie simple et donc à *son* rapport avec le patrimoine (*Tranq.* 8). Enfin, en *Vit. Beat.* 24, 5-25, 8, Sénèque présente, grâce aussi à une série de situations typiques, l'attitude détachée du sage qui évalue les richesses comme des indifférents. Afin de corroborer sa thèse, le philosophe évoque quelques éléments qui peuvent être rattachés à ce qui est décrit comme du luxe dans le *De tranquillitate animi*, comme nous le verrons. Des références sont faites à l'or et à l'argent, aux meubles précieux, au lit confortable (*Vit. Beat.* 25, 1-2).

42. *Cf.* Stobée, II, 7, 5b8, p. 65, 7-11 Wachsmuth ; dans la même veine : Stobée, II, 7, 11g, p. 99, 3 – p. 100, 6 Wachsmuth.

43. À ce propos, Daraki (2005, 381) souligne ce contraste en se référant à « deux races d'hommes ».

en s'insérant dans ce même cadre théorique[44], met l'accent, dans son enquête, sur les différentes nuances des mécanismes psychologiques typiques de celui qui n'est pas sage, ce qui témoigne, sans aucun doute, de l'importance de la vocation pédagogique de son œuvre. Ce dernier point est en effet visible dans les nombreuses références qu'il fait à la figure éthico-anthropologique du *proficiens*, qui est conçu comme celui qui est à mi-chemin entre l'*insipiens* et le *sapiens*. Il a choisi d'entreprendre le chemin philosophique en direction de la vertu, et pour cette raison il ne peut pas être considéré comme absolument insensé, mais dans le même temps, il montre encore certaines fragilités et une faiblesse qui l'éloignent, à des degrés variés, de la perfection de la sagesse. À ce propos, dans la *Lettre* 75, le philosophe lui-même opère des distinctions à l'intérieur de la catégorie des *proficientes* en la subdivisant en trois groupes, fondés sur la base des défauts desquels ils se sont libérés et de ceux qui les entravent encore[45]. En d'autres termes, on peut être loin de la perfection de différentes manières.

À y regarder de plus près, le *proficiens* représente un sujet idéal pour une étude de cas, précisément en vertu de son « ambivalence » : il peut dire quelque chose, non seulement sur lui-même, mais aussi sur son état initial – l'ignorance – et celui vers lequel il tend – la sagesse –, dévoilant ainsi toute sa complexité : il n'est pas une figure monolithique, mais multiple et pleine de nuances. C'est dans ce contexte théorique que s'insère le personnage de Sérénus, destinataire et interlocuteur du *De tranquillitate animi*[46], lequel représente, d'une

44. Bellincioni (1978, 83) fait remarquer que, pour Sénèque, celui qui n'est pas encore sage est en fin de compte à considérer comme faisant partie des *stulti* ; en ce sens, en maintenant le caractère pour ainsi dire exclusif du sage, Sénèque ne se distingue pas complètement de ses maîtres. Cependant, tout l'intérêt de l'analyse du philosophe réside dans son attention aux différences de degrés qui distinguent les insensés entre eux.

45. En particulier, les trois groupes nommés dans la *Lettre* 75 sont décrits comme suit : le premier groupe (§ 9) est composé de ceux qui sont particulièrement proches d'atteindre la sagesse ; ils ne sont plus victimes ni des passions ni des vices ; cependant, ils n'ont pas eu l'occasion de tester le résultat de leur progrès et, de ce fait, ils manquent de la confiance en soi tirée de la conscience de leur condition quasi vertueuse. L'opinion de certains, poursuit Sénèque, est que ce groupe comprend aussi les *proficientes* qui ont échappé aux maladies de l'âme, mais pas encore aux passions et qui, de ce fait, sont exposés au risque de retomber dans les anciennes erreurs (§ 10). Le second groupe (§ 13) est constitué de ceux qui se sont libérés des pires vices, y compris les passions, mais pas définitivement ; en ce sens, pour eux, la possibilité de régression existe toujours. Enfin, le troisième groupe (§ 14) n'est soumis qu'à quelques vices. Sur cette analyse, *cf.* Nocchi 2008, 45-8.

46. Sur ce dialogue et les questions historiques qui y affairent, *cf.* Mutschler 2014b, 153-9.

façon presque exemplaire, le *proficiens* sénéquien[47]. Il se trouve de plain-pied sur le chemin de la formation ; il s'en remet à Sénèque, ami et maître, « médecin de l'âme »[48], à cause de sa condition psychologique et éthique problématique, de laquelle il souhaite s'affranchir pour aller vers une plus grande stabilité et une plus grande fermeté. Ce que lui-même décrit, avec les difficultés de celui qui n'arrive pas à donner un nom[49] et donc à comprendre de bout en bout ce qu'il vit, apparaît donc comme une situation de profonde incertitude, de *fluctuatio* de l'âme[50] différente de la violence de la passion destructrice, qui est l'objet, par exemple, du *De ira*. Cette instabilité coïncide avec une forme d'impasse : Sérénus n'arrive pas à avancer avec fermeté sur le chemin de la vertu, mais ne régresse pas pour autant en reprenant celui du vice. Somme toute, il doit composer avec le rythme incertain de ses propres progrès, au point d'éprouver à son endroit une profonde déception.

Pour amener Sénèque à saisir ce qui est au cœur de sa condition et pour parvenir à exprimer ses états d'âme, Sérénus juge opportun de procéder à une narration basée sur la description des contextes expérientiels concrets où son malaise se manifeste le plus souvent. Le premier exemple, particulièrement significatif pour les besoins de notre enquête, concerne précisément sa relation problématique à la richesse et au luxe dont il est souvent entouré[51].

L'histoire de Sérénus est celle de quelqu'un qui a choisi de changer de vie[52]. Il a décidé de vivre dans la *parsimonia* (1, 5), dans la *frugalitas*

47. Sur le personnage de Sérénus et sa valeur paradigmatique, *cf.* Lotito 2001, 20-5.

48. *Tranq.* 1, 2. Sur l'image du médecin-philosophe et toute la constellation sémantique qui lui est liée – par exemple, les passions comme maladie de l'âme –, voir Armisen-Marchetti 1989, 132-8.

49. Cf. *Tranq.* 1, 4.

50. La *fluctuatio*, qui est une image tirée du champ sémantique de la mer, de l'eau, est mentionnée par Sérénus dans *Tranq.* 1, 17 pour tenter de rendre compte de l'état d'oscillation psychologique qui le saisit. Dans les mêmes lignes, ce mouvement ondulatoire, également associé à la nausée causée par le mal de mer, est contrasté et différencié, toujours dans l'image évoquée par Sérénus, de la tempête – de la passion. Voir, sur l'image liée au mouvement de la mer, Armisen-Marchetti 1989, 138 ; Lotito 2001, 13-20. Pour une interprétation plus élaborée et développée de cette dynamique psychologique du personnage de Sérénus, voir Cassan 2022, 137-43.

51. Lotito (2001, 29) identifie deux autres situations difficiles : l'équilibre qui manque à Sérénus dans son rapport (1) avec les dynamiques de la vie publique et (2) avec l'étude et l'écriture.

52. Sur l'identité historique du personnage de Sérénus, sur sa condition économique aisée et sur la magnificence des milieux qu'il fréquentait en raison de son origine sociale et de sa carrière (cf. *Tranq.* 1, 10), on se rapportera à Lotito 1997, 50-9 ; 2001, 20-4.

(1, 9)[53]. Son lit et ses vêtements sont simples et ne sont pas là pour être exhibés, sa nourriture est servie avec modération et ses serviteurs, comme les ornements de sa maison, sont pensés pour remplir avec le plus d'efficacité leur objectif propre plutôt qu'en fonction de l'ostentation. Sérénus est convaincu de tout cela, mais il est parfois témoin, hors de sa maison, de certaines situations de faste et de luxe – une table bien dressée, des plafonds décorés, des valets bien vêtus – dont la vue n'est pas entièrement sans effet sur lui. Il décrit à ce propos une situation de vie qui ressemble beaucoup au cadre théorique de la *Lettre* 87, 31-33, mentionnée plus haut :

> Et pourtant, à peine me suis-je mis à apprécier tout cela que je me laisse éblouir par la pompe d'une quelconque troupe de pages, par le défilé de domestiques couverts d'or et plus soigneusement apprêtés que pour un défilé public, par un bataillon d'esclaves tout étincelants, par une maison précieuse du sol au plafond, par ces plafonds mêmes, qui brillent à tous les angles des richesses qui y sont prodiguées, par cette foule enfin, qui suit et accompagne les fortunes que l'on dilapide. Que dire encore de ces eaux limpides, dont on voit le fond tellement elles sont transparentes, et qui courent le long des salles de festin ? Que dire des festins eux-mêmes, dignes de leur décor ? (*Tranq.* 1, 8 ; trad. J. Dross, 2014)

L'éclat du luxe (*luxuria*), poursuit Sérénus, s'impose avec force à ses yeux, allant jusqu'à faire vaciller un peu sa vision, aveuglé qu'il est par toutes les splendeurs et les richesses éblouissantes qui l'entourent (voir 1, 8 : *fulgentia* ; 1, 9 : *splendor*)[54]. Et c'est là l'élément à souligner :

53. Cf. *Tranq.* 1, 5-8.

54. Il est intéressant de noter que Sénèque lui-même se trouve impliqué dans une situation, selon le récit qu'il en fait en *Ep.* 87, qui ressemble un peu à ce qui arrive à Sérénus. Ici, le philosophe doit faire face à un événement qui teste son rapport à la richesse et à l'ostentation, montrant toute sa fragilité et sa faiblesse de *proficiens.* Il raconte les détails d'un voyage qu'il a entrepris avec son ami Maximus, voyage qui s'est déroulé sous le signe d'une vie simple et réduite à l'essentielle : très peu de domestiques, pas d'objets superflus, logement et nourriture réduits au strict minimum, voiture la moins raffinée. Malgré la conviction de la bonté de ce choix, Sénèque ne peut cacher sa réaction de honte envers sa condition à la vue de passants plus riches : « Chaque fois qu'un équipage un peu élégant vient à notre rencontre, j'ai beau m'en défendre, je rougis, preuve que les principes que j'approuve, que je vante, n'ont pas encore chez moi une base constante, inébranlable » (*Ep.* 87, 4 ; trad. H. Noblot revue par P. Veyne, 1993). Sénèque, comme Sérénus, ne renie nullement la position théorique qui l'a conduit à entreprendre certains choix de vie, mais, grâce à la conscience de l'effet que provoque en lui la vue des passants les plus élégamment parés, il remet en question son propre progrès, confirmant son état d'imperfection.

les yeux. Notons que la vue est souvent mentionnée par Sénèque en association avec l'image de la lumière[55], dans ce contexte, sous la forme de la splendeur. Une telle association peut être comprise, dans un cadre plus général, en relation au lien entre lumière et connaissance (et donc, entre obscurité et ignorance), typique du monde antique[56]. Cependant, la complexité de la corrélation ne s'arrête pas là et semble assumer, dans la narration du Cordouan, des nuances ultérieures de signification particulièrement intéressantes pour ce qui concerne notre enquête. Dans la *Lettre* 21, 2, Sénèque, alors qu'il s'adresse à Lucilius, souligne la distance entre une vie passée à étudier et à suivre les principes de la philosophie et une vie loin de ces derniers, à courir après la – fausse – gloire. Pour transmettre cette idée, l'image utilisée est celle de la différence *inter splendorem et lucem*. Le premier (appelé aussi *fulgor*, rappelant ainsi le lexique utilisé par Sérénus)[57] est instable, peu fiable, brillant reflet d'une lumière étrangère, comme l'est la vie vécue au nom de l'ostentation publique, la seconde au contraire fonde fermement son origine sur elle-même à l'instar de la vie menée en philosophe.

Au fond, la précarité vacillante du *splendor* et du *fulgor* de la *Lettre* 21 présente une forte résonance avec la condition de confusion aveuglante et oscillante, causée par la vue de toutes ces richesses, dans laquelle se manifeste le malaise de Sérénus. Mais il y a plus : quelques lignes après le passage que nous avons mentionné (*Tranq*. 1, 8), le *proficiens* fournit une précision importante concernant son rapport avec le luxe environnant, en plaçant l'expérience qu'il traverse sur le bon plan : ses yeux, son sens de la vue sont davantage affectés, davantage impliqués par l'impact du luxe que ne l'est son âme (1, 9 : *facilius aduersus illam animum quam oculos attollo*). Il quitte ces situations, non pas plus mauvais (1, 9 : *non peior*) mais plus triste (*tristior*), non pas véritablement changé en profondeur dans ses intentions et ses jugements, mais certainement ébranlé par la force avec laquelle certaines images lui sont apparues. Il semble en ce sens que ce qui est en jeu ne se situe pas tant au niveau du jugement[58], c'est-à-dire de l'adhésion réelle à l'idée que la richesse et le

55. Sur cette image, *cf.* Armisen-Marchetti 1989, 131-2. Sur le thème de la vue dans la philosophie de Sénèque, *cf.* Solimano 1991 et Gazzarri 2020, 106-7.

56. Cf. *Ep.* 88, 45.

57. Le splendor est également mentionné pour son caractère pour ainsi dire « aveuglant » dans Ep. 115, 6 ; dans le même ordre d'idées, le fulgor est évoqué dans Ep. 48, 11.

58. *Cf.* Lotito 2001, 36.

luxe en question soient des biens – et non pas des indifférents – mais plutôt au niveau de la perception et de la représentation[59], qui ont un fort impact sur une personnalité qui n'est pas encore absolument solide. Ainsi, pour reprendre le lexique employé dans la *Lettre* 87, bien que la cause antécédente du luxe et de la richesse ait eu une certaine influence sur l'âme du progressant, représentant ainsi un potentiel danger, il a su réagir de la meilleure façon à la situation à laquelle il était confronté. En somme, l'adhésion de Sérénus aux préceptes fondamentaux de la philosophie ne semble pas être remise en question[60]. Il est bien sûr vrai que l'expérience de voir des serviteurs élégamment préparés, des maisons précieusement décorées et des banquets richement aménagés a encore un effet excessif sur lui, mais après tout, il reste un *proficiens* qui travaille actuellement sur sa formation et à la consolidation de sa propre intériorité[61]. Et c'est cette intériorité qui s'oppose, comme l'a noté G. Lotito (1997, 50-9), à l'extériorité du monde et des choses. Cette démarcation est également soulignée par des environnements hautement significatifs dans lesquels Sérénus se déplace et auxquels il se rapporte de différentes manières : l'intérieur de sa propre maison, bien préparée pour vivre une vie simple et modérée, et l'extérieur de la ville, plein d'embûches et de sources potentielles de perturbations[62]. En vertu de cela, dans les moments les plus « risqués » de sa journée, il choisit, en faisant preuve d'un certain degré de maîtrise de soi, de rentrer chez lui, en se retirant à la hâte (*Tranq.* 1, 11). En prenant soin de sa propre intériorité, en la « protégeant », il agit activement sur la seule dimension sur laquelle il peut réellement intervenir, réussissant ainsi à sauvegarder ce qu'il a conquis jusqu'à présent.

59. *Cf.* aussi Lotito 1997, 54, n. 13. Pour ajouter un élément supplémentaire aux considérations sur le thème de la lumière et sa relation avec le thème de la vue, notons que les premiers stoïciens, dans le sillage d'Aristote (*De An.* III, 3, 429a2-4), associaient l'origine de la *phantasia* à la lumière (*phôs*) en raison de sa fonction « d'illumination » de soi et de son objet (Sextus Empiricus, *M.* VII, 162-63). Sur la représentation dans le stoïcisme, *cf.* Ioppolo 1990, 433-449 et Hankinson 2003, 59-84.

60. Voir Cassan 2022, 141. Comme Sénèque lui-même l'affirme en *Ep.* 35, 4, l'un des critères permettant d'établir la qualité du progrès moral est le degré de stabilité de ses intentions. La constance est donc une caractéristique du sage et, dans une certaine mesure, du progressant. La différence entre les deux consiste dans le fait que, tandis que le progressant (Sérénus, dans le cas présent) est secoué, mais ne bouge pas, le sage n'est pas même secoué.

61. L'attention de Sérénus à sa propre intériorité est évidente dès le début du dialogue (1, 1), lorsque le protagoniste déclare qu'il partage avec Sénèque les résultats d'une pratique d'introspection.

62. *Cf.* Lotito 1997, 52-4.

En conclusion, les perspectives que l'on vient d'esquisser sur le thème de la richesse dans la philosophie de Sénèque laissent entrevoir une image globale qui, bien que complexe et variée, est, dans l'ensemble, cohérente. Dans le sillage des anciens maîtres stoïciens, le discours du Cordouan offre au lecteur des arguments efficaces, accompagnés par la vivacité du récit de celui qui a vécu ces paroles dans sa propre chair ; et ceci non seulement par rapport aux événements biographiques qui, comme nous le savons, l'ont appelé à confronter ses théories aux aléas de sa vie personnelle, mais aussi en vertu de son rôle de guide dans une société qui était particulièrement sensible à la question de la richesse. À ce propos, la critique de Sénèque, dans le troisième livre du *De ira*[63], contre les attitudes absurdes de certains envers l'argent et le luxe, souvent à l'origine de querelles furieuses, est significative. D'ailleurs, Sénèque est lui-même conscient du haut degré de diffusion de la profonde fascination que la culture de son temps manifeste à l'égard de la richesse[64] car, en plus d'être, comme nous l'avons vu, particulièrement attirante, elle est aussi l'objet d'enseignements erronés de la part des parents qui éduquent les enfants à désirer l'or et l'argent comme s'ils étaient les plus grands biens[65].

À cet égard, la proposition stoïcienne est particulièrement adaptée, car elle promeut la conquête d'un rapport serein avec la richesse, tout en maintenant un certain détachement et, surtout, en gardant à l'esprit que celle-ci n'est pas la priorité de la vie humaine. Ainsi, en reprenant les deux récits par lesquels nous avions ouvert l'introduction – la perte de biens par Zénon lors d'un naufrage et l'acquisition de richesses par Sénèque – nous constatons que si, à première vue, les deux événements peuvent sembler opposés l'un à l'autre, en réalité, à la lumière de l'analyse qu'on vient de mener, ils s'avèrent en quelque sorte équivalents, puisqu'ils ne sont rien d'autre que des occasions d'exercer sa vertu.

63. Cf. *De ira* 3, 33-35.
64. *Cf.*, par exemple, *Ep.* 115, 9-11.
65. Cf. *Ep.* 115, 11.

# RÉFÉRENCES

ALBRECHT, M. von. 2003. "Soldi e ricchezza in Seneca. Temi ed immagini." In *Moneta mercanti banchieri. I precedenti greci e romani dell'Euro* (Atti del convegno internazionale, Cividale del Friuli, 26-28 settembre 2002), edited by G. Urso, 257-70. Pisa : Edizioni ETS.

ARMISEN-MARCHETTI, M. 1989. *Sapientiae facies : étude sur les images de Sénèque.* Paris : Les Belles Lettres.

ASMIS, E. 1990. "Seneca's *On the Happy Life* and Stoic Individualism." *Apeiron* 23 (4) : 219-255.

BELLINCIONI, M. 1978. *Educazione alla sapientia in Seneca.* Brescia : Paideia.

BÉNATOUÏL, Th. 2006. *Faire usage : la pratique du stoïcisme.* Paris : Vrin.

– 2008. "Les possessions du sage et le dépouillement du philosophe : un paradoxe socratique et ses reprises stoïciennes." *Rursus* [En ligne], 3 | 2008, mis en ligne le 15 février 2008, consulté le 19 novembre 2021. URL : http://journals.openedition.org/rursus/213.

BRENNAN, T. 2014. "The *kathekon* : A Report on Some Recent Work at Cornell." *Philosophie antique* 14 : 41-70.

CASSAN, M. 2022. Animus. *Studio sulla psicologia di Seneca.* Lexis Supplements, Venezia : Edizioni Ca' Foscari.

DARAKI, M. 2005. "Les deux races d'hommes dans le stoïcisme d'Athènes." In *Les stoïciens*, edited by J.-B. Gourinat, G. Romeyer Dherbey (dir.), 381-402. Paris : Vrin.

DROSS, J. 2010. *Voir la philosophie. Les représentations de la philosophie à Rome. Rhétorique et philosophie de Cicéron à Marc Aurèle.* Paris : Les Belles Lettres.

DROSS, J. 2014. (éd.) *Sénèque, La Tranquillité de l'âme.* Traduction inédite et présentation par J. Dross. Paris : Points.

FUHRER, T. 2000. "The Philosopher as Multi-Millionaire : Seneca on Double Standards." In *Double Standards in the Ancient and Medieval World*, edited by K. Pollmann, 201-19. Göttingen : Duehrkohp und Radicke.

GAZZARRI, T. 2020. *The Stylus and the Scalpel – Theory and Practice of Metaphors in Seneca's Prose.* Berlin/Boston : De Gruyter.

GOULET, R. 2006. *Diogène Laërce. Vie et doctrines des Stoïciens*, introduction, traduction et notes par R. Goulet. Paris : Le Livre de Poche. [Édition séparée du livre VII de *Diogène Laërce. Vies et doctrines des philosophes illustres.* Traduction française sous la direction de M.-O. Goulet-Cazé. 1999. Introductions, traductions et notes de J.-F. Balaudé, L. Brisson, et al. Paris : Le Livre de Poche].

GRIFFIN, M. T. 1976. *Seneca : A Philosopher in Politics.* Oxford : Clarendon Press.

HANKINSON, R. J. 2003. "Stoic Epistemology." In *The Cambridge Companion to the Stoics*, edited by B. Inwood, 59-84. Cambridge : Cambridge University Press.

INWOOD, B. 1985. *Ethics and Human Action in Early Stoicism.* Oxford : Clarendon Press.

IOPPOLO, A. M. 1990. "Presentation and Assent : A Physical and Cognitive Problem in Early Stoicism." *The Classical Quarterly* 40(2) : 433-49.

-. 1994. "Il concetto di causa nella filosofia ellenistica e romana." *Aufstieg und Niedergang der römischen Welt* 36(7) : 4491-545.

JONES, M. 2014. "Seneca's *Letters to Lucilius* : Hypocrisy as a Way of Life." In *Seneca Philosophus*, edited by J. Wildberger et M.L. Colish, 393-429. Berlin/Boston : De Gruyter.

KIDD, I. G. 1986. "Posidonian Methodology and the Self-Sufficiency of Virtue." In *Aspects de la philosophie hellénistique : neuf exposés suivis de discussions* (Entretiens sur l'Antiquité Classique 32), edited by H. Flashar & O. Gigon, 1-28. Geneva : Foundation Hardt.

KLEIN, J. 2015. "Making Sense of Stoic Indifferents." *Oxford Studies in Ancient Philosophy* 49 : 227-281.

LAURAND, V. 2005. *Sénèque. De la vie heureuse*, trad. fr.et commentaire de V. Laurand. Paris : Ellipses.

LEVICK, B. 2003. "Seneca and Money." In *Seneca uomo politico e l'età di Claudio e di Nerone.* Atti del Convegno internazionale (Capri 25-27 marzo 1999), edited by A. De Vivo et E. Lo Cascio, 211-28. Bari : Edipuglia.

LOTITO, G. 1997. "Anatomia di un vizio. A proposito di Seneca *de tranquillitate animi* 2.6 s." In *Filologia antica e moderna. Due giornate di studio su tradizione e critica dei testi, Arcavacata, 16-17 novembre 1995*, edited by A. Roselli, 47-77. Soveria Mannelli (Catanzaro) : Rubettino.

– 2001. *Suum esse. Forme dell'interiorità senecana.* Pàtron Editore : Bologna.

MOTTO, A. L. 1966. "Seneca on Trial : The Case of the Opulent Stoic." *The Classical Journal* 61(6) : 254-8.

MUTSCHLER, F.-H. 2014a. "*De vita beata.*" In *Brill's Companion to Seneca : Philosopher and Dramatist*, edited by G. Damschen, A. Heil, 141-6. Leiden-Boston : Brill.

– 2014b. "*De tranquillitate animi.*" In *Brill's Companion to Seneca : Philosopher and Dramatist*, edited by G. Damschen, A. Heil, 153-9. Leiden-Boston : Brill.

NOCCHI, F. R. 2008. *Il* De tranquillitate animi *di Seneca : contenuti e metodi per educare al dominio delle passioni.* Roma : Aracne.

REESOR, M. E. 1951. "The 'indifferents' in the Old and Middle Stoa" » *Transactions and Proceedings of the American Philological Association* 82 : 102-10.

SEITA, M. 1982. "Un'affaire politico-giudiziaria dell'antica Roma : l'attacco di Suillio a Seneca." *Latomus* 41 : 312-28.

SETAIOLI, A. 1986. "Citazioni da Zenone nelle opere morali di Seneca." *Prometheus* 12(1) : 72-84.

SOLIMANO, G. 1991. *La prepotenza dell'occhio. Riflessioni sull'opera di Seneca.* Genova : Università di Genova.

TRAINA, A. 1978. *Lo stile "drammatico" del filosofo Seneca.* Pàtron : Bologna.

VEILLARD, C. 2015. *Les stoïciens, tome II : le stoïcisme intermédiaire (Diogène de Babylonie, Panétius de Rhodes, Posidonius d'Apamée).* Paris : Les Belles Lettres.

VEYNE, P. 1993. (éd.). *Sénèque. Entretiens. Lettres à Lucilius.* Paris : Robert Laffont. [trad. revue de Noblot, H. 1958. *Sénèque, Lettres à Lucilius*, texte établi par F. Préchac et traduit par H. Noblot, Tome III : livres VIII-XIII, Paris : Les Belles Lettres].

WEDECK, H. E. 1955. "The question of Seneca's Wealth." *Latomus* 14 : 540-4.

WILDBERGER, J. 2006. *Seneca und die Stoa : der Platz des Menschen in der Welt.* Berlin/New York : De Gruyter.

## RECENSION D'OUVRAGE

*Economics and Performativity : Exploring Limits, Theories and Cases*
Nicolas Brisset
Abingdon, Routledge, 2019.

## BRUNO AMBROISE *

La valeur du livre que Nicolas Brisset a fait paraître chez Routledge est certainement à la hauteur de ses très grandes ambitions. Car ce livre particulièrement érudit, écrit par un jeune économiste maniant le concept avec aisance, étonne en effet par sa maitrise des réflexions épistémologiques les plus pointues. Il pourrait d'ailleurs figurer dans une collection de philosophie : il s'agit d'un très beau texte de philosophie économique, écrit par un économiste très informé des débats qui ont cours tant dans sa propre discipline qu'en philosophie et en sociologie. De fait, le sujet du livre – la performativité de l'économie – requérait ce croisement disciplinaire, puisque l'auteur y entreprend d'analyser l'utilisation devenue récurrente du concept de « performativité », issu de la philosophie du langage, en économie et, plus encore, en sociologie économique.

L'idée de performativité économique, développée par l'école sociologique proche des idées de Michel Callon et qualifiée de

* Chargé de Recherche en philosophie au CNRS, Institut des Sciences Juridique et Philosophique de la Sorbonne (ISJPS : UMR 8103, CNRS et Université Paris 1 Panthéon Sorbonne).

« performativiste » par Brisset, entend repenser les relations entre les théories économiques et les pratiques économiques : suivant cette idée, les économistes façonneraient des outils théoriques tels que la réalité économique en viendrait à se conformer aux modèles qu'ils avancent, à la façon dont le verdict d'un juge rend l'accusé coupable.

Ce nouveau modèle d'analyse de l'efficacité performative de l'économie (comme science ou comme discours) suscite un intérêt croissant et se développe rapidement, comme en témoignent plusieurs publications récentes[1]. Précisément, dans son livre, Brisset entend questionner « la pertinence explicative des outils conceptuels que [ce modèle] mobilise » et, ce faisant, « apporter une contribution significative à la question de la performativité ». L'enjeu, on le voit, est à la fois économique et philosophique.

Précisons que la sociologie performativiste entend fonder une approche critique de la discipline économique, sans procéder à une critique idéologique. Sa perspective consiste plutôt à partir du discours de la discipline économique en considérant qu'il se trouve au cœur de l'activité économique elle-même. L'idée initiale se trouve dans l'ouvrage fondateur de Callon, *The Laws of the Market* (1998) : « L'économie, au sens large du terme, performe, forme et formate la réalité économique, plutôt qu'elle n'observe son fonctionnement ». Cette conception s'appuie souvent sur l'étude du rôle qu'ont joué les équations Black-Scholes-Merton dans la constitution des marchés financiers, tel qu'il a notamment été décrit par David MacKenzie *et al.* (2008) dans le livre *Do Economists Make Markets ? – On the Performativity of Economics* (2008). En effet, dans ce cas précis et documenté, un pur modèle économique semble avoir contribué à la construction du marché qu'il était d'abord censé décrire. L'approche performativiste entend généraliser ce type de perspective, en considérant qu'il s'agit là d'un modèle général d'explication de l'influence que les théories économiques ont sur le monde réel. S'appuyant généralement sur la théorie sociologique de l'acteur-réseau, selon laquelle le monde est un réseau d'humains et de techniques, l'approche performativiste entend ainsi comprendre comment l'économie comme science détermine les outils socio-techniques disponibles aux acteurs pour leurs pratiques économiques quotidiennes, et comment ceux-ci altèrent la réalité sociale de manière à la faire correspondre à ce qu'en dit l'économie.

1. Voir, par exemple, Muniesa 2015.

C'est tout à la fois à cette méthodologie particulière et à sa conception propre de la performativité qu'est consacrée l'analyse critique de Brisset, dont le motif central est que cette perspective ne permet pas d'envisager que la performativité de la théorie économique rencontre des résistances : elle serait incapable d'expliquer que le monde ne se conforme pas toujours au modèle théorique, contrairement à ce qui est régulièrement avéré dans le monde réel. Pour Brisset, cette impossibilité tient précisément à ce que cette approche ne considère jamais que les individus sont engagés dans un monde social fait de normes et d'institutions objectives, susceptibles de s'opposer à l'efficacité performative supposée de la théorie considérée. Elle serait donc incapable de penser *l'échec* de l'efficacité performative de la théorie, sans voir qu'elle se prive par-là d'un critère central de falsifiabilité (au sens de Karl Popper 2017), et ce parce qu'elle « rend le monde social beaucoup plus plastique qu'il ne l'est en réalité » (5). À cet égard, l'un des enjeux du livre de Brisset est de réintroduire toute l'objectivité du social dans la compréhension de la performativité économique.

Pour y parvenir, il est nécessaire selon l'auteur de fournir une compréhension claire de l'échec performatif : sa proposition sera empruntée à la fois à l'économie des conventions et aux thèses philosophiques de David Lewis, en avançant qu'une « théorie échoue à performer le monde social lorsqu'elle échoue à devenir une convention », au sens où une convention est un ensemble de « pratiques partagées basées sur des croyances collectives » (6). Ce critère lui permettra de critiquer la sociologie performativiste au motif qu'avec elle, « nous oublions les conditions sous lesquelles [les outils socio-techniques] prennent place au sein d'un monde social qui les précèdent », l'auteur insistant sur le fait que les conventions sont « des éléments objectifs du monde social ».

Le livre procède en trois parties : il étudie d'abord en détail la théorie de la performativité économique développée par l'école performativiste ; il propose ensuite un modèle alternatif de la performativité en revenant d'une certaine façon à la conception de la performativité issue de la philosophie du langage, centrée sur ses conditions d'efficacité. Cette analyse lui permet alors de dégager trois conditions de la réussite performative, pensée comme « devenir-convention » : la théorie performativement efficace devra 1) être capable de servir de cadre cognitif à partir duquel les agents perçoivent le monde ; 2) indiquer une option pertinente quand l'accord est général ; 3) être compatible avec toutes les conventions constituant déjà le monde social. Trois études de cas, courtes mais très denses, finissent l'ouvrage, en mettant à l'épreuve la pertinence de chacun des trois critères retenus.

Dans sa première partie, l'auteur revient sur la conception de l'efficacité performative défendue par la « sociologie performativiste », elle-même indexée sur l'idée avancée par Callon, selon laquelle la théorie économique réalise le monde économique. Or, selon ce dernier, la théorie participe à la construction du monde social en ce qu'elle définit des outils que les agents sociaux utilisent dans leurs prises de décision. C'est en ce sens qu'elle serait performative.

Si on la compare aux idées de John L. Austin (1975), initiateur du concept de « performatif » qui entendait par son moyen remettre en cause l'opposition entre le dire et le faire en montrant que les énoncés font des choses, la sociologie performativiste rejoint bien la volonté de remettre en cause la neutralité supposée des énoncés descriptifs (ou théoriques) ; mais elle insiste d'abord et avant tout sur les aspects techniques, en considérant que les techniques « font faire des choses ». Callon (2018) avance en effet que le marché n'est qu'un ensemble d'instruments socio-techniques construits avec l'aide des économistes. Aussi, lorsqu'elle intègre le concept de performativité, la sociologie performativiste en renouvelle de fait le contenu : elle considère que l'économiste influence la réalité, non pas directement par son discours, mais par des technologies d'aide à la décision. Dans ce cadre, la notion est associée de manière centrale à l'idée de « faire faire » : « La discipline économique performe le réel dans la mesure où, par des outils techniques, elle fait faire des choses aux acteurs du monde social » (17).

Or, selon Brisset, cette transformation du concept de « performativité » conduit la sociologie performativiste à un écueil. Car, initialement, le concept de performatif requérait des conditions sociales et institutionnelles qui, lorsqu'elles n'étaient pas réunies, conduisaient à un échec. Mais l'idée de conditions sociales nécessaires à la bonne réception du discours est précisément rejetée par la sociologie performativiste, qui se concentre d'abord sur l'équipement socio-technique qui aide l'agent à prendre une décision, et non plus sur ses conditions sociales.

Pour montrer le caractère problématique de cette définition, Brisset estime nécessaire de faire un détour par la sociologie des sciences de Latour et Callon (2006). Dans ce cadre hyper-constructiviste où un fait scientifique doit parvenir à se faire accepter au sein d'un réseau, on comprend facilement comment, par exemple, le modèle d'équation Black-Scholes-Merton de construction des prix s'est imposé. En effet, en 1973, ces équations étaient loin d'être acceptées comme valables sur les marchés financiers ; d'autres calculs étaient en compétition avec eux. Mais, selon la sociologie performativiste, l'équation a réussi à prévaloir au terme de controverses, de telle sorte qu'elle est devenue *une référence en fonction de laquelle d'autres constructions peuvent se développer.*

Partant de ce modèle, la sociologie performativiste considère que les marchés sont construits par des outils techniques, eux-mêmes informés par une théorie qui n'est pas nécessairement connue des acteurs qui utilisent les outils et mettent donc en place les marchés. La théorie influence donc leurs comportements et leurs résultats, en raison des instruments mis en œuvre, sans que les acteurs en soient nécessairement conscients. De ce point de vue, comme le dit Brisset, « les marchés sont des instruments socio-techniques qui peuvent jouer sur la nature des biens produits, distribués et consommés, mais aussi sur leur valeur. Le projet performativiste essaie, de là, de comprendre la façon dont l'économie crée un concept, celui de marché, à travers les instruments dont il informe le développement » (32)

On peut alors dire que « dans le cadre de la théorie de la performativité, les économistes produisent des faits qui sont acceptés comme tels par les agents sociaux » (29). Dans cette perspective, c'est en fait la science elle-même qui est vue comme une technique, son enjeu étant de faire faire des choses à d'autres actants. Or, Latour et Callon (2006) traitent le monde social comme le milieu scientifique : le monde social se construirait de la même manière et serait élaboré comme un assemblage d'actants hétérogènes, humains et non-humains.

Dès lors, la sociologie performativiste, remarque Brisset, s'oppose conjointement à deux positions différentes : 1) la critique (fondée sur les travaux de Karl Polanyi) que la sociologie économique oppose à l'économie *mainstream* ; 2) la conception standard de l'influence des théories économiques, qui s'appuie sur l'idée de conventions.

Selon Brisset, la première position correspondrait à la majeure partie des approches sociologiques qui peuvent se réduire à une analyse en termes d'encastrement, au sens de Polanyi (2001), selon laquelle l'économie, en tant que sphère d'activités particulières, est nécessairement encastrée dans une sphère sociale plus large. Ainsi, en règle générale, la sociologie économique actuelle voit le marché comme une structure sociale, en combinant deux éléments : une définition de l'économie comme type d'activité défini par sa place au sein de l'espace social ; l'idée que la sphère économique est encastrée dans des institutions sociales qui dépassent le seul cadre économique.

Mais la sociologie performativiste de Callon établit précisément une rupture avec ces approches, puisqu'elle refuse de penser la réalité économique en termes d'encastrement. Comme le dit Brisset,

> [...] c'est une position stratégique fondée sur une ontologie sociale privée de catégories collectives et résultant d'une perspective épistémologique [selon laquelle] les marchés ne doivent pas être considérés comme des structures sociales accueillant des acteurs voulant échanger, [mais] sont, au contraire, des lieux techniquement équipés, créés par l'échange, considérés comme des processus d'individuation, et la qualification/disqualification de biens singuliers, (61-2).

Ce pourquoi Callon (2018) en vient même à rejeter l'idée de société et se positionne contre le concept d'encastrement, en soutenant plutôt que le marché est un outil socio-technique qui n'est pas donné (et qui contraint les échanges) mais construit. À ce titre, chaque échange est vu comme une innovation. La sociologie performative établit donc une rupture nette avec la sociologie économique inspirée par Polanyi (2001).

Brisset montre ensuite son éloignement par rapport à la tradition économique qui traite la réalisation opérée par l'économie en termes de conventions. Pour l'expliciter, Brisset se concentre sur la notion de « prophétie auto-réalisatrice », mise en avant par Robert K. Merton (1948), selon laquelle une théorie est susceptible de conduire à se propre vérification. Il y aurait alors deux façons standard d'appréhender ce genre de phénomène. D'un côté, en économie, on s'interroge sur la capacité de la théorie à « prévoir », d'un point de vue épistémologique, ce qui va arriver. Dans ce cadre, la question est celle de savoir si la théorie économique est dotée d'un pouvoir prédictif ; on mobilise alors le concept d'équilibre et l'approche se fait en termes de conventions de coordination. D'un autre côté, la sociologie économique essaie de comprendre en quoi les discours théoriques construisent le monde social. L'idée de départ est celle d'une influence sociale des discours théoriques, suivant l'analyse que Pierre Bourdieu (2001) a offerte du langage et plus précisément de « l'effet de théorie », selon lequel une description a toujours tendance à agir comme prescription. Ainsi, les scientifiques proposent des catégorisations du monde, susceptibles d'être reconnues de telle sorte qu'elles ont pour effet d'imposer une vision du monde. Le problème sociologique est alors de savoir comment les individus intègrent ces visions du monde conçues comme des conventions. Dans ce cas, l'approche se fait alors en termes de conventions d'interprétation.

Pour Brisset, on peut conjoindre ces deux perspectives en soutenant que les théories « influencent le monde social en implantant une nouvelle référence conventionnelle » (76). Il propose alors de les réinterpréter au moyen de la théorie économique des conventions, selon laquelle il existe deux types de conventions : des conventions stratégiques et des conventions interprétatives. Selon l'approche en termes de conventions stratégiques, qui provient de l'étude des jeux de coordination, ce type de convention résout le problème de l'indétermination dans la coordination. De son côté, l'approche en termes de conventions interprétatives part de la constitution d'un contexte d'interprétation ancré dans la classification économique. La convention est alors un cadre interprétatif, ou un modèle conventionnel d'interprétation : face à une situation complexe, les agents se réfèreraient à un modèle interprétatif qu'ils partagent ; ce contexte commun d'interprétation délimiterait le champ des possibilités et faciliterait les choix à opérer.

Brisset cherche alors à montrer que ces deux approches permettent de rendre compte de l'efficacité des théories économiques de manière distincte de la sociologie performativiste ; pour y parvenir, il procède à une comparaison entre l'explication de la naissance d'un marché selon Polanyi (2001) et l'explication de la naissance d'un marché selon Marie-France Garcia-Papet (1986), qui a servi de point d'appui à la conception performativiste. Pour le premier, il faut considérer le discours économique comme un facteur de l'évolution institutionnelle, qui joue à la fois sur les mentalités et les structures légales. Polanyi

(2001) explique ainsi que les économistes classiques ont modelé l'économie par la dissémination d'une mentalité marchande, qu'on peut voir comme une convention interprétative.

Ce que trouvent les tenants de la sociologie performativiste dans les analyses de Garcia-Papet (1986), par contre, c'est un agent économique rationnel qui est en quelque sorte créé par des outils socio-techniques lui permettant d'agir dans un monde incertain suivant une logique marchande. Dès lors, on le voit, le marché n'est plus défini en termes de croyance (la « mentalité marchande » de Polanyi 2001), mais comme un instrument de calcul auquel se réfère les acteurs pour prendre une décision – et donc comme une pratique qui provient de la théorisation des économistes. Dans cette perspective, le monde social n'est pas déjà là, mais il se construit à travers des outils dont le développement a pu être informé par des théories économiques. On voit donc que la sociologie performativiste opère en quelque sorte un renversement explicatif.

C'est après avoir exposé ces différentes options que Brisset formule dans un troisième chapitre, parmi d'autres critiques portées à l'encontre du modèle performativiste, sa critique centrale, et à mon sens décisive, selon laquelle la sociologie performativiste s'avère incapable de penser l'échec de la performativité et, de ce fait, fait perdre à la notion de « performativité » son potentiel heuristique. Pour situer cette critique, il faut tout d'abord noter avec Daniel Miller (2002) que, si Callon considère que l'économie contribue à la construction du monde social, il abandonne toute attitude critique à son égard et dès lors partage avec l'économie standard l'oubli du social et une vision sous-socialisée de l'acteur. En effet, selon Callon (2018), l'*homo oeconomicus* existe en propre, précisément en raison de la contribution de la science économique à la constitution de l'économie. Or, comme le rappelle Brisset citant Miller (2002), tout marché doit s'inscrire dans un système social préexistant, qui a ses propres valeurs, rituels, etc. ; il n'est pas quelque chose qui s'inscrit dans un milieu vide de toute institution. Il doit notamment s'inscrire, comme l'avait montré Max Weber (2004), dans un ordre symbolique spécifique – c'est-à-dire tout ce que Callon refuse de prendre en compte en en faisant un simple outil technique qui construit le monde social.

Autrement dit, la sociologie performativiste oublie « les conditions sociales dans lesquelles les théoriciens agissent » (98) et qui expliquent pourquoi une théorie prend effet plutôt qu'une autre. Ainsi, « Callon en est réduit à considérer que la performativité n'est qu'un simple jeu de confrontation entre différents corpus théoriques » (98) sans qu'on comprenne pourquoi l'un l'emporterait sur l'autre. Dès lors, « en substituant l'encastrement technique à l'encastrement social, la théorie de la performativité abandonne toute critique heuristique de la théorie économique et surestime la plasticité du monde social » (98), voire oublie l'objectivité du social. Ce faisant, elle ne permet pas de comprendre *pourquoi* une théorie prend effet plutôt qu'une autre.

Une autre critique avancée par Brisset, qui est empruntée à David Bloor (1999), me semble également dirimante : c'est le reproche qu'à vouloir privilégier le rapport aux objets selon le principe de symétrie (selon lequel il ne faut pas privilégier les acteurs humains sur les actants non-humains), la sociologie performativiste oublie que ce rapport est nécessairement médiatisé par des règles d'usage. Un objet, en effet, ne donne pas, à lui seul ou de lui-même, son mode d'emploi ; comme le dit Brisset : « les principes d'usage d'un outil technique et les raisons pour lesquelles des acteurs se coordonnent à propos d'un outil ne proviennent pas de l'outil lui-même. » (113) En l'oubliant, parce qu'elle se refuse à prendre en compte l'inscription sociale de cet usage, la sociologie performativiste s'empêche de pouvoir comprendre la mise en œuvre des techniques et donc, en l'occurrence, la réussite performative d'une quelconque théorie économique. C'est sur ces critiques très fortes, dont la sociologie performativiste ne peut pas sortir indemne, que se clôt la première partie de l'ouvrage

Dans la deuxième partie de l'ouvrage, plus positive, Brisset va défendre une approche conventionnaliste de la performativité, permettant de réintégrer des facteurs sociaux dans l'explication. C'est pourquoi il estime nécessaire de développer une ontologie des faits sociaux, qui doit permettre d'établir les limites de l'action des théories dans le monde social. Brisset repart notamment des propositions de John R. Searle (1995), qui considère que les faits sociaux sont des entités qui nous dépassent et nous contraignent[2]. Le projet central de Brisset vise alors à reconstruire la performativité économique comme une implémentation de faits sociaux, inspirée par la théorie

2. On s'étonnera toutefois que le travail pionnier de Margaret Gilbert (1992), à qui Searle emprunte beaucoup de choses, ne soit pas mentionné dans un ouvrage pourtant très référencé.

économique, au sein d'un monde social susceptible de résister à ce processus. Au-delà des propositions de Searle, Brisset propose de penser les objets sociaux comme des conventions, à la manière de D. Lewis (1969) : son projet proprement conceptuel consiste ainsi à établir une ontologie structurale de la réalité sociale, constituée de conventions considérées comme des effets émergents, ou comme « résultat de représentations individuelles qui apparaissent aux agents comme des faits externes » (118).

Il s'agit donc dans cette partie du livre de voir la performativité comme un fait institutionnel, en l'occurrence une convention. Brisset repart des analyses de Searle (1995), selon lesquelles un fait institutionnel est le support d'une assignation de fonction, qui prend la forme « X vaut comme Y dans un contexte C ». Dès lors, on peut considérer, nous dit Brisset, qu'« un fait institutionnel est une représentation commune du monde qui permet à certaines décisions d'être prises. Il s'ensuit que l'économie « performe » le monde social dès lors qu'elle permet l'émergence d'une nouvelle assignation de fonction – par exemple, « X est un bien », qui signifie qu'on traitera et échangera X selon un ensemble de règles fondées sur la théorie des marchés » (120) Mais encore faut-il pouvoir rendre compte, dans ce cadre, de la possibilité d'échec d'une théorie économique. Brisset estime alors nécessaire de redéfinir le « fait institutionnel » en utilisant les idées de Lewis (1969) afin de comprendre pourquoi les individus suivent, ou pas, les assignations de fonction. Il faut alors comprendre les caractéristiques primitives du fait institutionnel : c'est un « accord collectif, formel ou tacite, inscrit dans des actes sociaux [...]. [...] Dès lors, une théorie économique sera seulement performative quand elle sera capable de s'établir elle-même comme une croyance, et prendre ainsi forme au sein d'un corps de pratique dans lesquelles elle sera, *in fine*, seulement un résumé » (125).

Brisset propose donc de faire appel à la conception lewisienne de la convention : « une théorie est performative si elle devient une convention au sens où Lewis la définit – c'est-à-dire une convention si elle convient au monde social en tant que point de référence, de telle sorte qu'elle génère des modèles de comportements qui permettent aux agents de se coordonner. » (130). Cette idée permet à Brisset de revenir à des propositions évoquées dans la première partie et de considérer les théories économiques comme des conventions potentielles : en fonction de sa formation, une théorie peut avoir un statut conventionnel dans une population donnée. En ce sens, une théorie peut être à l'origine d'une nouvelle assignation de fonction et devenir une convention qui génère un comportement régulier et partagé par une population donnée. On aboutit alors à une conception claire de la performativité d'une théorie, comme établissement potentiel d'une convention : « la performativité devient l'introduction d'une représentation du monde, autant que d'une croyance partagée à propos du comportement à adopter » (135).

Une fois ce cadre posé, un enjeu reste de savoir ce que veut dire le fait qu'une théorie influence le monde social en amenant les membres de la population à agir en fonction de cette théorie : la performativité réussie doit maintenant être conçue comme « l'imposition d'un nouveau cadre cognitif impliquant de nouvelles habitudes d'action » (136). Or, cette compréhension permet précisément de distinguer des choix faits en fonction d'une nouvelle théorie mais qui ne sont pas créés par elle, des choix qui n'existent que parce que la théorie les rend possible en modifiant les représentations qu'on a du réel – efficacité proprement performative. Brisset avance ainsi qu'une théorie économique est performative au sens propre dès lors qu'elle crée de nouvelles classifications du monde, en imposant de nouveaux cadres d'appréhension ou de perception.

Mais, dès lors, la question cruciale devient celle « des conditions de la nouveauté » (142), c'est-à-dire de la mise en place de ces nouvelles conventions. Ce sont ces conditions qui, de fait, permettent de discriminer les théories performatives efficaces de celles qui ne le sont pas. On comprend alors naturellement que Brisset en vienne à définir la performativité par ses conditions de félicité : c'est cette approche qui permet d'identifier des échecs,

> à savoir les raisons potentielles des échecs à sélectionner une convention issue d'une théorie économique dans un champ social particulier. Ainsi, en considérant que la performativité est un processus conventionnel et en identifiant certaines caractéristiques qu'une théorie doit respecter afin d'accomplir le monde social, nous sommes devenus capables de développer une critique en donnant des raisons pour lesquelles les acteurs sociaux peuvent soit accepter, soit rejeter la théorie. (153).

Toutefois, après avoir posé qu'une théorie est réductible à un ensemble de conventions et avoir ainsi compris qu'une théorie est performative lorsqu'elle réussit à instaurer ces conventions, il convient selon Brisset de clarifier le statut ontologique de celles-ci. La nécessité de l'analyse ontologique est censée dériver de la troisième condition de félicité nécessaire à la performativité d'une théorie : le fait de devenir une convention dans un monde déjà constitué, lequel impose des contraintes ontologiques à ce « devenir ». Il s'agit en fait là de justifier l'existence d'entités sociales comme des conventions, irréductibles aux agents individuels mais s'imposant à eux. Reprenant un argument de G. Hodgson (2006) (lui-même inspiré par David Hume 2007), Brisset soutient que le plus simple échange nécessite une structure sociale : il doit y avoir des conventions pour qu'un comportement normé du type de l'échange existe. Il explique notamment que la posture strictement réductionniste, ou individualiste, rend impossible le choix d'une action, car celle-ci doit être guidée par une extériorité qui permet la coordination. Ainsi, conclut-il, « une convention est une prémisse nécessaire pour l'explication du comportement humain en société » (170).

On notera toutefois qu'il s'agit là d'une explication *épistémologique*, et non pas ontologique, à la nécessité d'un troisième terme qui prend le nom de structure. On peut tout à fait accorder ce point à Brisset sans comprendre encore la nécessité de passer à une explication d'ordre ontologique. Mais, en réalité, on devine que la nécessité, pour Brisset, « de présupposer un cadre social à toute action humaine » (170), joue un rôle stratégique d'arrière-plan, car, d'un point de vue ontologique, elle lui permet de sauvegarder une forme d'individualisme : il s'agit ainsi pour lui de construire une sorte d'alliance entre un institutionnalisme méthodologique et un individualisme ontologique, considéré comme plus naturel ou intuitif. `

Dès lors, pour résoudre un peu plus la question ontologique, Brisset va proposer une explication de l'émergence ontologique du social. C'est à mon sens le passage le moins convaincant de l'ouvrage, car l'argument présenté (dit du « parallélisme entre le praticien des sciences sociales et l'acteur », 172-3) reste là encore d'ordre épistémologique ; son développement est par ailleurs très rapide et semble oublier une partie importante de la littérature philosophique sur la question. Certes, on admettra que la conception proposée est immédiatement attractive ;

mais elle l'est surtout parce qu'elle correspond aux présupposés de nombreux travaux sociologiques. Cette hypothèse, selon laquelle « on peut définir les institutions comme l'incarnation, à travers des outils socio-techniques, de conventions produisant au sein d'une population un ensemble de croyances (auto-réalisatrices) cohérentes » (173) est avancée trop rapidement, mais permet toutefois à Brisset de résoudre son problème d'émergence par une construction à trois étages :

1) La survenance (*supervenience*) sociale, selon laquelle la convention est une entité ontologiquement subjective : elle n'existe qu'en tant que les individus la traitent et la voient comme un donné.

2) L'irréductibilité, selon laquelle les limites rencontrées par l'individualisme méthodologique montrent qu'il est logiquement impossible de considérer que la convention repose sur des fondements purement individualistes.

3) La causalité sociale rétroactive, selon laquelle la convention intervient bien de l'extérieur en faisant converger les croyances des individus vers le respect des règles nécessaires à la vie sociale.

À la lecture, ces hypothèses, en elles-mêmes intéressantes, donnent l'impression qu'elles auraient pu être plus fondées à l'aide de quelques travaux classiques en sociologie et en anthropologie, ou se nourrir de la lecture des travaux de V. Descombes (notamment Descombes (1995)) ; elles permettent en tout cas à Brisset de conclure que, contrairement à ce que pense Callon, un monde commun existe bien et – chose décisive – qu'il y a donc des limites externes à la performativité.

Brisset conclut en effet cette deuxième partie en offrant « une nouvelle définition de la performativité comme un processus établissant une nouvelle convention impliquant de nouvelles pratiques sociales selon un principe de démarcation » (179), qui, de fait, permet d'identifier trois limites à la performativité d'une théorie : la limite « d'empiricité », la limite « d'auto-réalisation », et une limite de cohérence avec les conventions en place.

Dès lors, cet effort théorique permet effectivement de comprendre l'efficacité ou non d'un discours théorique comme l'économie, en offrant des moyens d'examiner si, oui ou non, une théorie est performative. L'explication proposée par Brisset permet de fait d'identifier clairement le phénomène recherché.

Un doute peut toutefois surgir ici chez le lecteur familier des sociologies ou des économies critiques : que deviennent, dans les explications fort intéressantes de la performativité offertes par Brisset, les rapports de force ou les relations de pouvoir ? On a l'impression que celles-ci, pourtant centrales dans l'explication marxisante ou la sociologie économique critique, disparaissent un peu trop facilement du tableau. Ou, plus exactement, on peut se demander comment on pourrait bien les faire rentrer dans la conceptualisation en termes de « conventions », si l'on admet, avec Brisset ou d'autres, que les « conventions structurent l'environnement social » (176).

Dans la troisième et dernière partie du livre, Brisset teste la validité de sa proposition en examinant si elle permet de rendre compte des ratés et des échecs de la performativité d'une théorie. Il le fait en analysant trois « scènes » considérées soit comme des lieux classiques d'expression de la performativité économique, soit comme des points d'illustration des difficultés qu'une théorie doit surmonter pour accomplir le monde social.

La première question envisagée est celle de savoir comment une théorie donnée peut valoir concrètement comme convention – c'est la contrainte d'empiricité : « pour avoir la capacité à pénétrer le monde social en prenant le statut d'une convention, il est encore nécessaire que la théorie prenne la forme empirique d'une convention » (183). Cette mise en forme doit se traduire par la capacité, pour la théorie, d'établir un cadre de décision commun à toute la population permettant de choisir entre différents choix. Ainsi, la théorie doit devenir un nouveau cadre d'action et offrir de nouvelles stratégies aux individus.

Brisset prend comme exemple le concept de « rationalité », qui sert autant de point d'ancrage théorique en économie que d'outil politique pour produire des acteurs plus rationnels, notamment au travers des *nudges*. Les *nudges* sont ces outils techniques influençant les acteurs sociaux sans les priver de leur droit à choisir. Leur objectif est donc bien de redéfinir le cadre dans lequel un agent en vient à agir. Étudiant cette mise en œuvre du concept initialement théorique qu'est la rationalité de l'acteur, Brisset souligne que, pour devenir performatif, « un concept théorique [...] doit avoir en même temps une valence positive et normative, le concept doit être capable de décrire en même temps que de prescrire un comportement donné » (185). Or, de fait, le concept de rationalité a acquis cette double portée : d'une part, empirique en permettant désormais de repérer un comportement qualifié d'irrationnel, notamment parce que la théorie économique s'est concentrée sur la théorie du choix, comme quelque chose déterminant un comportement pouvant ou non être testé. D'autre part, sa portée normative s'est accentuée en ce que ce programme de rationalisation est devenu constitutif de nombreuses politiques publiques – c'est devenu un objectif à poursuive. L'exemple semble donc probant de concept théorique devenu empirique, qui s'est « transformé afin de devenir pratique en acquérant une portée empirique » (187).

La deuxième scène observée par Brisset est l'exemple déjà cité de la mise en œuvre des équations Black-Scholes-Merton. Dans cette troisième partie, cet exemple permet de tester la deuxième condition de la performativité identifiée, celle de l'auto-réalisation. L'hypothèse généralement admise dans la littérature est que ces équations ont modelé les marchés financiers, d'une certaine façon spécifique : « les équations BSM ont changé le monde car elles ont changé le regard que les acteurs portent sur lui » (212). Selon une idée largement partagée et développée par MacKenzie (dans MacKenzie *et al.* 2008), c'est ce changement de perspective sur le marché des options qui changea le marché lui-même. Or, Brisset s'oppose à cette lecture en soutenant que le modèle offert par les équations n'a jamais été performatif, mais simplement faux – jusqu'à ce que les acteurs s'en rendent compte eux-mêmes. Selon lui, on observait en fait un simple mimétisme dans l'usage des équations BSM, mais on n'assistait pas alors à une forme d'auto-réalisation, qui aurait conduit le marché à se conformer au modèle. Brisset, notant ici une forme d'échec de la performativité de la théorie, rappelle ainsi à très juste titre qu'il ne faut pas confondre le phénomène réel et la représentation du phénomène, et que celle-ci ne parvient pas toujours à affecter le premier. Comme il le souligne judicieusement : « Il est difficile de changer la nature [des choses] » (219).

La troisième scène étudiée est celle de la mise en place d'un marché aux organes. Il s'agit dans ce cas pour Brisset d'étudier comment certaines conventions sociales données peuvent empêcher un processus performatif (au sens préalablement défini d'un devenir-convention), lorsque ce processus entre en conflit avec ces conventions initiales. L'enjeu pour Brisset est de souligner le rôle important des normes, puisque la mise en œuvre d'une théorie tient à la compatibilité, ou pas, de cadres normatifs (ou classificatoires) différents. Dans l'exemple considéré, il observe précisément un échec de l'imposition d'une nouvelle représentation du corps (qui autoriserait la possibilité d'un marché aux organes), du fait que d'autres représentations majoritaires sont incompatibles avec elle.

Bien sûr, pour parvenir à cette conclusion, Brisset devrait étudier les représentations sociales et leur modification au cours de l'histoire (comme il l'annonce lui-même, 227). On s'attendrait donc ici à ce que l'auteur fasse appel à l'anthropologie culturelle ; mais il utilise surtout les travaux de V. Zelizer (2005) (lesquels sont très intéressant, mais offrent surtout des hypothèses plutôt que des données sur la question symbolique des organes) et une étude du droit romain (lequel évolue au cours de l'histoire et résulte plutôt d'un certain ordre symbolique qu'il ne le produit). On est donc un peu déçu par l'étayage empirique et historique. Reste que l'explication avancée est tout à fait intéressante : selon Brisset, dans le cas de la mise en place d'un marché aux organes, la performativité de la théorie, si elle était opérante, ferait qu'une nouvelle conception de l'organe en viendrait à s'imposer (comme bien vendable sur un marché), de manière à permettre à d'autres actions de se mettre en place (la vente de l'organe) (240). L'organe devrait donc en venir à être considéré comme une chose échangeable, si cette nouvelle classification était devenue une nouvelle convention que les agents suivaient (en laissant le marché gérer la distribution de ces organes). Or, en l'occurrence, les agents ne la suivent pas ou s'y opposent ! Pour Brisset, cet échec patent tient à « l'illégitimité de l'insertion d'un bien symboliquement préaffecté (au sens de Zelizer 2005) dans un système de distribution qui ne lui correspond pas » (251) D'où la prohibition du marché des organes, quasiment universelle, qui entraîne l'échec de la performativité du marché des organes. Brisset en conclue très justement qu'une des conditions de félicité pour former le monde à l'image de la théorie est que cette « formation » soit socialement acceptée.

De la sorte, est bien attestée la résistance du monde social à l'instauration performative de nouvelles conventions, et la proposition de Brisset peut donc se prévaloir d'identifier, contrairement à l'école performativiste, les « frictions » entre la théorie et le réel, qui font que la théorie devient ou non performative (complètement ou pas). On remarquera toutefois que, là encore, la solution avancée évacue une question non-négligeable dans le monde social : celle des enjeux de pouvoir. Car l'instauration d'une nouvelle convention peut être plus ou moins acceptée, plus ou moins imposée : il y a dans le monde réel tout un jeu de négociation possible pour imposer une représentation, en fonction des acteurs ou des institutions qui souhaitent en faire une convention ; mais on a l'impression que dans le monde social tel qu'il est envisagé par Brisset, les choses sont totalement acceptées ou pas, sans qu'apparaisse aucun processus de domination, ou même de conviction. Comme on l'a déjà souligné, cette explication, conceptuellement juste, manque en fait d'une véritable analyse sociologique ou historique du changement de représentations, des acteurs qui y agissent ou en pâtissent, etc., laquelle permettrait d'avoir une conception un peu moins monolithique de l'efficacité performative, qui accepterait peut-être des degrés de réussite au terme d'une mise en place toujours plus ou moins conflictuelle (un peu comme Austin [1975] l'avançait pour les actes de parole, toujours susceptibles de divers types d'échecs ou de ratés).

## CONCLUSION

Le livre de Brisset avait de multiples objectifs et une ambition conceptuelle assumée : critiquer l'usage que la sociologie performativiste fait du concept de performativité pour mieux repenser celui-ci afin de l'utiliser effectivement pour réélaborer certains processus par lesquels certaines options théoriques en viennent à prendre effet dans le monde économique réel. Il le fait de manière très claire et réussie, en mobilisant à la fois l'économie et la philosophie, pour avancer cette idée que la performativté correspond à un devenir-convention de certaines idées théoriques qui, une fois reconnues (ou institutionnalisées) dans le monde social comme valides (et donc normatives), déterminent les actions des agents dans ce même monde, en ce qu'ils sont guidés par elles. L'idée est donc que, dans certain cas, certaines hypothèses conceptuelles parviennent à prendre tellement de poids dans les représentations des agents économiques qu'ils en viennent à agir en fonction d'elles. Par ailleurs, Brisset nous fournit les moyens permettant de penser les conditions de réussite de telles hypothèses.

Assurément, donc, à l'égard de ses ambitions théoriques propres, ce livre très dense est une réussite. Dans sa grande érudition, il pèche par certains aspects sous-développés ou par des aperçus argumentatifs qui nécessiteraient d'être déployés pleinement. Telle est la rançon de la somme énorme de problèmes évoqués dans l'ouvrage. Cependant, même quand il méconnaît certains aspects du domaine duquel relève certains des problèmes qu'il explore – à cet égard, la méconnaissance de la tradition wittgensteinienne de l'approche du social est problématique (notamment celle de D. Bloor lui-même 1997), tout comme l'absence de prise en compte des conflits inhérents aux relations sociales –, ce travail reste tout à fait pertinent et passionnant. Il ne reste donc plus à Brisset qu'à compléter ce livre par d'autres travaux, peut-être plus locaux ou plus circonstanciés, plus sociologiquement et historiquement informés en tout cas. Toutefois, ce premier travail très abouti nous offre déjà son lot de nourritures conceptuelles et nous met en appétit pour la suite !

## RÉFÉRENCES

Austin, J. L. 1975. *How To Do Things With Words*, 2nd Ed. Oxford : Oxford University Press.

Bloor, D. 1997. *Wittgenstein, Rules and Institutions.* London : Routledge.

–. 1999. "Anti-Latour." *Studies in History and Philosophy of Science* 30(1) : 81-112.

Bourdieu, P. 2001. *Langage et pouvoir symbolique.* Paris : Seuil.

Callon, M. 1998. *The Laws of the Market.* Oxford : Blackwell Publishers.

Descombes, V. 1995. *La denrée mentale.* Paris : Minuit.

Gargia-Papet, M.-F. 1986. "La construction sociale d'un marché parfait : le marché au cadran de Fontaines-en-Sologne." *Actes de la recherche en sciences sociales* (65) : 2-13.

Gilbert, M. 1992. *On Social Facts.* Princeton : Princeton University Press.

Hodgson, G. M. 2006. "What are institutions ? " *Journal of Economic Issues* 40(1) : 1-25.

Hume, D. 2007 [1740]. *A Treatise of Human Nature.* Oxford : Oxford University Press.

Latour, B. et M. Callon. 2006. *Sociologie de la traduction : textes fondateurs.* Paris : Presses des Mines

Lewis, D. K. 1969. *Conventions : A Philosophical Study.* Oxford : Blackwell.

MacKenzie, D., Muniesa, F. & L. Siu. 2008. *Do Economists Make Markets ? – On the Performativity of Economics.* Princeton : Princeton University Press.

Merton, R. K. 1948. "The self-fulfilling prophecy." *Antioch Review* 8(2) : 193-210.

Miller, D. 2002. "Turning Callon the right way up." *Economy and Society* 31(2) : 218-33.

Muniesa, F. 2015. *The Provoked Economy : Economic Reality and the Performative Turn.* London : Routledge.

Polanyi, K. 2001 [1944]. *The Great Transformation.* Boston : Beacon Press.

Popper, K. 2017 [1934]. *La logique de la découverte scientifique*, trad. fr. Ph. Devaux. Paris : Payot.

SEARLE, J. R. 1995. *The Construction of Social Reality*. New York : Free Press.
WEBER, M. 2004. *L'éthique protestante et l'esprit du capitalisme*, trad. fr. J.-.P. Grossein. Paris : Gallimard.
ZELIZER, V. 2005. *The Purchase of Intimacy*. Princeton : Princeton University Press.

# ANCIENS NUMÉROS / *BACK ISSUES*

*Revue de Philosophie Économique – Review of Economic Philosophy*

Je soussigné(e) / *I would like to put the following order and will sign this order form below*

Nom / *Name* :........................
Institution / *Institution name* :
N° TVA / *VAT number (if applicable)* : ......................................................................................
Adresse / *Address* :...........................................................................................................
..........................................................................................................................................
C.P. / *Zip Code* :...................... Ville / *City* :.................................................................
*State (if applicable)* :.........................................................................................................
Pays / *Country* : ................................................................................................................

......... fascicules, au prix de 30 euros TTC (frais de port en sus), selon détail ci-dessous :
*Or order by issue, at individual price of 30 € per issue (p&p to be added)*
*(Notice: unless otherwise specified, all issues contain both English and French essays, each essay displays abstracts in both languages)*

.......... ex. du numéro / *copie(s) of issue* 2, vol. 22, décembre 2021, *Varia*, 978-2-7116-5225-9

.......... ex. du numéro / *copie(s) of issue* 1, vol. 22, juin 2021, *Étudier la pensée économique par le prisme de l'épistémologie historique*, 978-2-7116-5224-2

.......... ex. du numéro / *copie(s) of issue* 2, vol. 21, décembre 2020, *Varia*, 978-2-7116-5223-5

.......... ex. du numéro / *copie(s) of issue* 1, vol. 21, juin 2020, *Normes et normativité en économie*, 978-2-7116-5222-8

.......... ex. du numéro / *copie(s) of issue* 2, vol. 20, décembre 2019, *Varia*, 978-2-7116-5221-1

.......... ex. du numéro / *copie(s) of issue* 1, vol. 20, juin 2019, *La philosophie économique au Japon*, 978-2-7116-5220-4

.......... ex. du numéro / *copie(s) of issue* 2, vol. 19, décembre 2018, *Varia*, 978-2-7116-5219-8

.......... ex. du numéro / *copie(s) of issue* 1, vol. 19, juin 2018, *L'agent économique et ses représentations*, 978-2-7116-5218-1

.......... ex. du numéro / *copie(s) of issue* 2, vol. 18, décembre 2017, *Varia*, 978-2-7116-5217-4

.......... ex. du numéro / *copie(s) of issue* 1, vol. 18, juin 2017, *La questions de l'autre en économique*, 978-2-7116-5216-7

.......... ex. du numéro / *copie(s) of issue* 1, vol. 17, décembre 2016, *Varia*, 978-2-7116-5215-0

.......... ex. du numéro / *copie(s) of issue* 1, vol. 17, juin 2016, *Néolibéralisme(s) et démocratie(s)*, 978-2-7116-5214-3

.......... ex. du numéro / *copie(s) of issue* 2, vol. 16, décembre 2015, *Varia*, 978-2-7116-5213-6

.......... ex. du numéro / *copie(s) of issue* 1, vol. 16, juin 2015, *Justice et environnement*, 978-2-7116-5212-9

.......... ex. du numéro / *copie(s) of issue* 2, vol. 15, décembre 2014, *Varia*, 978-2-7116-5211-2

.......... ex. du numéro / *copie(s) of issue* 1, vol. 15, juin 2014, *Les figures de l'entrepreneur,* 978-2-7116-5210-5
.......... ex. du numéro / *copie(s) of issue* 2, vol. 14, décembre 2013, *Varia,* 978-2-7116-5209-9
.......... ex. du numéro / *copie(s) of issue* 1, vol. 14, juillet 2013, *Critical Realism in the Social Science, Agency and the Discusive Self*, 978-2-7116-5208-2
.......... ex. du numéro / *copie(s) of issue* 2, vol. 13, décembre 2012, *Varia,* 978-2-7116-5207-5
.......... ex. du numéro / *copie(s) of issue* 1, vol. 13, juillet 2012, *Experimental Economics : Some Methodological Aspects*, 978-2-7116-5206-8
.......... ex. du numéro / *copie(s) of issue* 2, vol. 12, décembre 2011, 978-2-7116-5205-1
.......... ex. du numéro / *copie(s) of issue* 1, vol. 12, juillet 2011, 978-2-7116-5204-4
.......... ex. du numéro / *copie(s) of issue* 2, vol. 11, décembre 2010, 978-2-7116-5203-7
.......... ex. du numéro / *copie(s) of issue* 1, vol. 11, juillet 2010, *Markets, Governance and Human Development*, 978-2-7116-5202-0
.......... ex. du numéro / *copie(s) of issue* 2, vol. 10, décembre 2009, 978-2-7116-5201-3
.......... ex. du numéro / *copie(s) of issue* 1, vol. 10, juillet 2009, *Enjeux éthiques en économie de la santé (French language only)*, 978-2-7116-5200-6
.......... ex. du numéro / *copie(s) of issue* 2, vol. 9, décembre 2008, 978-2-7117-3511-2
.......... ex. du numéro / *copie(s) of issue* 1, vol. 9, juillet 2008, *Démocratie d'entreprise (French language only)*, 978-2-7117-3510-5
.......... ex. du numéro / *copie(s) of issue* 14, 2006/2, 978-2-7117-3507-5
.......... ex. du numéro / *copie(s) of issue* 13, 2006/1, 978-2-7117-3506-8
.......... ex. du numéro / *copie(s) of issue* 9, 2004/1, *Le concept d'identité / Identity Concept,* 978-2-7117-3502-0
.......... ex. du numéro / *copie(s) of issue* 8, 2003/2, 978-2-7117-3501-3
.......... ex. du numéro / *copie(s) of issue* 7, 2003/1, *Autour de John Rawls (French language only)*, 978-2-7117-3500-6

Paiement / *Payment should be sent* :

- ❒ par chèque bancaire à l'ordre de « Librairie Vrin » (joindre le chèque au bulletin d'abonnement) / by *Bank Order written to "Librairie Vrin"*
- ❒ par virement sur notre compte / *by wire transfer to our account*
  BIC : PSSTFRPPPAR
  IBAN : FR28 2004 1000 0100 1963 0T02 028
- ❒ par règlement administratif (joindre le bon de commande au bulletin d'abonnement)

Date : ................................ Signature

À renvoyer par courrier postal ou électronique :
*Please send via postmail or email the order form completed with date and signature*:

Librairie Philosophique J. Vrin
Service abonnement
6 place de la Sorbonne
75005 Paris – France
abonnement@vrin.fr